대한민국史

대한민국史

史

단
군
에
서
김
두
한
까
지

한겨레출판

역사를 보는 자신의 눈을

네 말도 옳고, 내 말도 옳고

역사의 '객관적 서술'이란 대다수의 역사가들이 가슴속에 간직하고 있을 '고상한 꿈'이라고도 합니다. 그러나 이 꿈이 과연 채워질 수 있을까요? 모든 사람까지는 아니더라도 대다수의 사람들이 공감할 수 있는 객관적 관점이란 것이 존재할 수 있을까요? 역사상의 사건들에는 숱한 이해당사자들의 상충하는 이해가 얽히고 설켜 있으며 어느 것 하나 단순한 것이 없습니다.

황희 정승의 옛이야기 하나를 들어보겠습니다. 황희 정승이 어느 날 길을 가다가 두 사내가 다투고 있는 광경을 보았습니다. 황 정승은 다가가 연유를 물었고, 한 명이 먼저 자신의 억울한 사정을 이야기하였습니다. 그 말을 듣고 난 황 정승은 "네 말이 옳구나"(汝言이 是也라)라고 답했습니다. 그러자 상대방이 펄쩍 뛰며 억울한 것은 자기라며 자신의 입장에서 이야기를 했습니다. 이야기를 다 듣고 난 황 정승은 이번에도 "네 말이 옳구나"라고 답했습니다. 그러자 이번에는 황 정승의 하인이 나섰습니다. "아니 대감마님, 두 사람이 싸우는데 어찌 양쪽이다 옳을 수 있습니까? 필경 어느 한쪽의 주장은 거짓이 아니겠습니까?" 그 말을 들은 황 정승은 "네 말이 또 옳구나"(汝言이 亦是也라)라고 답했습니다.

조선왕조 500년 최고의 명재상이라는 황희의 판단력이 이 정도밖에 안 되는 것일까요? 그런 해석도 가능하겠지만, 제가 보기에는 황희의 고사에는 역사적 사건에 대한 서술을 이해하는 데 중요한 교훈이 담겨 있습니다. 인간이 살아온, 그리고 살고 있는 세계는 상충하는 이해의 충돌과정이었고, 그것을 기록한 역사 서술이나 사료는 대개 서로 첨예하게 대립하는 이해관계에서 어느 한쪽의 입장을 정당화하는 서술이나 기록이었습니다. 만약 자신의 입장을 정당화하려는 어느 한쪽의 주장이 말도 안 되게 엉성하거나, 역사가나 이야기를 듣는 사람이 사건을 둘러싼 상반된 주장에 대한 충분한 증거를 갖고 있다면 사태의 핵심을 파악할 수 있을지 모르지만 대개의 경우 현실은 그렇지 않습니다. 처녀가 애를 배도 할말이 있고, 핑계 없는 무덤은 없는 처지에 당사자들의 주장만 들을 경우 그들의 주장은 다 그럴듯해 보일 수밖에 없습니다.

모두 자기의 입장을 정당화할 뿐

똑같은 사건에 대한 이야기가 말하는 사람의 입장과 이해관계에 따라 너무나 다른 이야기가 되어버린다는 점을 예리하게 보여주는 영화가 한 편 있습니다. 얼마 전 세상을 떠난 일본의 구로사와 아키라 감독이 남긴 〈라쇼몽〉(羅生門)이 바로 그 작품입니다. 아쿠타가와 류노스케의 소설을 극화한 이 영화는 부부가 길을 가다가 도적을 만나 남편은 살해당하고 아내는 겁탈당한, 어찌보면 사실관계가 아주 단순한 강도살인·강간 사건을 다루고 있습니다. 그러나 이 영화는 도적의 입장에서, 아내의 입장에서, 무당의 입을 통해서 죽은 남편의 입장에서, 그리고 숨어서 사건을 지켜본 나무꾼의 입장에서 사건을 재구성하여 동일한 사건에 대한 서로 너무나 다른 네 편의 이야기를 보여줍니다.

그 어느 누구도 진실을 말하지 않았습니다. 영화 속에서 교토 지방에서 가장 악명 높은 도둑이라는 다조마루는 그가 여자를 겁탈하고 남편을 죽였다는 것은 인정하지만 진실을 이야기하지 않습니다. 사실 그는 칼싸움도 제대로 못하는 겁쟁이로 또 다른 겁쟁이인 여인의 남편과의 싸움에서 죽을 뻔하다가 살아났으니까요. 다조마루는 도적으로서 자신의 허명만이라도 지키고 싶어했던 것입니다. 다조마루의 이야기는 여인의 강인함을 강조했지만, 여인은 자기의 약함을 눈물로 호소합니다. 자신을 보호해주지 못한 남편은 자기가 몸을 버렸다고 냉랭한 눈으로 쳐다보았고, 여인은 남편에게 자기를 죽여줄 것을 호소합니다. 그 여인은 결국 남편을 죽이고 자살하려 했으나 자살에 실패했다고 울면서 말합니다. 무당의 입을 통해서 죽은 남편은 아내를 비난합니다. 아내가 도적 다조마루에게 자기를 데려가 달라고 했다는 것이지요. 다조마루와 달아나다가 멈춰선 아내는 도적에게 남편을 죽이고 가자고 말했고 도적조차 그 말에 놀랍니다. 다조마루는 여인을 쓰러뜨리고 발로 밟고는 남편에게 이 여자를 죽일까 살릴까 물었습니다. 마침 여자가 달아나자 다조마루는 여자를 쫓아갔다가 몇 시간 뒤 돌아와 남편을 풀어주었습니다. 다조마루가 떠난 뒤 남편은 배신감 때문에 자살했다고 말합니다. 사건의 당사자가 아니어서 객관적 입장이라 할 수 있는 나무꾼도 법정에서 진실을 말하지 않은 것은 마찬가지입니다. 그 역시 사건의 현장에서 값비싼 단검을 훔쳐갔으니까요.

어느 누구도 진실을 이야기하지 않고 자신의 입장을 정당화하기 위해 사실을 왜곡하는 것이 인간의 본성임을 보고, 영화에 등장하는 승려는 이런 인간사의 모습이 전쟁이나 지진, 화재나 역병보다 훨씬 더 무섭다고 탄식합니다. 반쯤 부서진 건물에 라쇼몽이란 현판이 걸린 큰 문 아래에서 비를 피하면서요.

〈라쇼몽〉보다는 격이 한참 떨어지지만, 요즘 쉽게 구해 볼 수 있는 영화 중에서는 〈커리지 언더 파이어〉(Courage Under Fire)가 비슷한 주제를 다루고 있습니다. 할리우드식으로 미국의 양심이 승리를 거두어 모든 진실이 밝혀지는 너무나 손쉬운 결말이 마음에 들지 않지만, 이 세상에 존재하는 모든 주장들이 실상은 잘 포장된 거짓일 수 있다는 점을 나름대로 잘 보여주는 영화입니다.

안중근은 테러리스트, 신채호는 사기꾼?

아마 우리 사회의 구성원 대다수는 테러리즘에 반대할 것입니다. 저 멀리 유럽이나 중동에서 이름도 생소한 아랍의 무장세력에 의한 테러행위가 발생하기만 하면 예외없이 신문이나 방송에서 테러리즘을 비난해 왔으니까요. 그러나 안중근 '의사'는 어떻습니까? 기차에서 내리는 비무장 정치인을 권총으로 암살한 행위, 바로 전형적인 개인테러행위 아닐까요? 그런데 테러리즘 일반이 나쁜 것이라면 유독 안중근 '의사'의 '의거'는 훌륭한 행위일 수 있을까요? 안중근 의사의 행위가 옳은 일이었다면, 어떤 테러행위도 정당화될 수 없다는 명제가 잘못된 것이고, 테러리즘 일반이 나쁜 것이라면 안중근 의사의 행위는 어떤 이유로도 정당화될 수 없습니다.

단재 신채호 선생은 어떻습니까? 변절의 기미가 보이는 이광수를 꾸짖기 위해 세수할 때조차 고개를 숙이지 않으셨다는 그분을 많은 역사학자들은 우리 독립운동의 고고한 지사로 주저없이 꼽습니다. 그러나 이분도 일제관헌의 관점을 적용한다면 고고한 지사이기는커녕 자본주의 사회의 기본질서를 교란한, 요즘으로 치면 유가증권 위조의 파렴치범입니다.

문제는 관점과 기준입니다. 일어난 일은 분명 하나입니다. 안중근 의사는 분명 이토 히로부미를 쏴죽였습니다. 신채호 선생은 분명 유가증권을 위조했습니다. 이는 부인할 수 없는 사실입니다. 그러나 어떤 입장에 서느냐에 따라 그 행동의 의미는 달라집니다. 안중근 의사는 대한국의 의병장으로서 우리를 침략하는 일본국의 수괴 이토를 사살했다고 주장했습니다. 이 입장에 서느냐, 일본제국주의자들의 입장에서 보느냐, 아니면 일제의 입장과 일부 겹치기도 하지만 모든 개인테러행위를 비난하는 입장에 서느냐에 따라 그 행동의 의미는 완전히 달라집니다. 이래서 역사는 골치 아픕니다.

세상일도 골치 아프고, 역사 역시 골치 아픕니다. 역사를 공부한 죄로 어쩔 수 없이 골치 아픈 이야기들을 풀어나가지 않을 수 없습니다. 신문과 방송에서, 그리고 교과서에서 말하는 것을 다 믿을 수 있는 세상이 오면 얼마나 좋을까요? 그러나 그런 꿈같은 세상이 앞으로 올는지는 모르겠지만, 적어도 지금은 분명 그런 세상이 아닙니다. 이런 세상에서 살아가기 위해서는 세상의 이런저런 이야기들에 대해 합리적인 의문을 품는 자세, 세상일을 판단하는 자신의 관점을 확고히 하는 입장, 그리고 자신의 관점에 대해서도 엄격함을 유지하려는 자세가 필요합니다. 자기 눈으로 세상과 역사를 보고, 또 자신의 판단까지도 의심해보는 그런 자세 말입니다.

이중잣대란 말이 있습니다. 자신에겐 관대하고 남에게는 엄격한 그런 자세를 말하는 것이지요. 쉽게 얘기해서 남이 하면 불륜이고 자기가 하면 로맨스랄까요? 기회주의자 박정희를 찬양하고 기념하면서 자식들에게 올바르게 살라고 가르칠 수는 없습니다. 일제의 학살만행과 정신대 만행에 분노하고, 노근리 학살에 참담해 하면서 베트남에서의 민간인 학살 의혹을 방치해둘 수는 없습니다. 역사는 이래서 골치 아픕니다.

역사를 산다는 것

세상이 참 많이 변한 것 같으면서도 별로 변하지 않았다는 생각도 듭니다. 혼돈된 현실 속에서 저희같이 직업으로 역사를 공부하는 사람들이 아니더라도 역사를 돌이켜보게 될 때가 많습니다. 분단과 통일, 주한미군 문제를 비롯한 미국과의 관계, 독재잔재의 청산, 경제개혁 등등 우리가 직면한 모든 문제는 다 얽히고 설킨 역사적 뿌리를 갖고 있습니다. 어느 때보다도 역사를 이야기하게 되는 때인가 봅니다. '역사' 하니, 문익환 목사님의 시가 생각납니다. 역사를 말하는 것이 아니라 역사를 산다는 것이라는 말씀이 말입니다. 여기 모은 글들은 오늘의 역사를 살아가고 있는 사람들이 부딪치게 되는 사건이나 제도, 생각 등의 역사적 뿌리를 찾아보려는 작은 노력입니다.

　얼마 전 수업시간에 6월항쟁에 관한 비디오를 틀어주다가 속으로 울었습니다. 그리웠습니다. 그 많던 사람들은 다 어디로 갔나? 한열이의 장례식 날, 시청 앞 광장이 꽉 찼는데 아직도 대열의 후미는 연세대를 벗어나지 못했던 그 인파. 오늘의 혼돈된 현실 속에서 그 사람들도 그 어딘가 굽이에서 서로를 그리워하고 있을 것이라는 생각이 들었습니다. 역사를 살아갔던 그 사람들의 이야기를 같이 나눠보도록 하겠습니다.

2003년 1월

한홍구

| 차례 |

머리말 _역사를 보는 자신의 눈을

1부

승리의 짜릿한 감격은 없었다

우리 손으로 자주적인 근대화에 실패하고 제국주의 세력에 의해 휘둘리며 살아왔다는 것을 새삼 지적하
는 것은 우리 역사가 피동적으로 전개되었다고 단정하려는 것은 아니다. 민족의 해방과 근대적 민족국가
의 건설을 위해 우리는 참으로 끈질기게 주체적 노력을 기울여왔으나 불행히 승리하지 못한 것이다.
단 한번 승리, 어떤 민중가요가 노래하는 그 단 한번 승리의 짜릿한 감격을 아직 맛보지 못했다는 것이다.

단 한번도 왕의 목을 치지 못한…

_유산된 민주혁명

우리는 그동안 너무나 바쁘게 살아왔다. 은근과 끈기의 민족이라는 별명은 어디론가 사라지고 '바쁘다 바빠'를 연발하는 인간들만 살게 된 것이다. 옌벤에서 온 동포가 몇 달 뒤에 서울로 찾아온 부인에게 하도 '빨리빨리' 하라고 말하다가 핀잔을 먹었는데, 한두 달 지나자 부인 역시 '빨리빨리'를 입에 달고 살게 되더라는 글을 본 적이 있다. 이 바쁜 사회에서 우리는 너나없이 계획적, 주체적으로 사는 것이 아니라 하루하루 닥치는 일들 속에 휩싸여 어찌 사는지 모르게 살고 있는가 보다.

승리의 짜릿한 감격은 없었다

이 바쁜 생활은 개인들의 문제라기보다는 우리가 정신없이 숨가쁘게 살아온 역사의 반영일 것이다. 우리의 근현대사는 우리가 숨고를 겨를을 주지 않고 우리의 주체적 역량보다 한 발 앞서 전개되었다. 조선 후기 이래의 자생적인 근대화의 싹은 제대로 피지도 못한 채 제국주의의 침략에 짓밟혔다. 이 과정에서 우리는 개항을 당했고, 마침내 일제에 강점당했다. 일제강점기에 우리는 줄기차게 민족해방운동을 벌였지만, 일제는 소련의 공격과 원자폭탄의 충격 속에서 연합국

1945년 해방 직후 미군을 환영하는 인파.

에 서둘러 항복해버렸다. 일제의 패망이 있기까지 우리의 역할을 과
소평가해서는 안 되지만, 그렇다고 해방을 순수한 전취물이라고 말
하는 것도 곤란하다. 일제의 패망은 우리에게 너무 빨리 찾아왔고, 어
쩌면 우리는 해방마저 당한 것인지도 모른다. 그리고 우리는 누구도
예상하지 못했던 분단을 당했다.

　우리 손으로 자주적인 근대화에 실패하고 제국주의 세력에 의해
휘둘리며 살아왔다는 것을 새삼 지적하는 것은 우리 역사가 피동적으
로 전개되었다고 단정하려는 것은 아니다. 민족의 해방과 근대적 민
족국가의 건설을 위해 우리는 참으로 끈질기게 주체적 노력을 기울여

왔으나 불행히 승리하지 못한 것이다. 단 한번 승리, 어떤 민중가요가 노래하는 그 단 한번 승리의 짜릿한 감격을 아직 맛보지 못했다는 것이다.

이렇듯 숨가쁘게 근대로 끌려들어오는 와중에 우리는 중요한 통과의례를 치르지 못했다. 왕의 목을 치지 못하고, 다시 말해서 시민혁명을 이루지 못하고 제국주의적 근대에 편입된 것이다. 제국주의의 침략이라는 위기에서 나라를 구하기 위해 일어선 세력들은 낡은 왕조를 뒤엎고 새로운 출발을 꾀하기보다는 보국안민(輔國安民)과 충군(忠君)을 내세우며 근왕주의(勤王主義)적 태도를 보였다. 1894년 농민혁명 당시의 전봉준이 그랬고, 대부분의 의병장들이 또 그랬다. 의병운동으로부터 불과 10년, 우리 임시정부는 입헌군주제 논의도 별로 거치지 않고 민주공화제로 직행했다.

시민혁명을 거치지 못하고 제국주의적 근대에 편입되었다는 것은 전근대의 부정적 요소들이 고스란히 다음 시대에 살아남았다는 것을 의미한다. 전근대의 부정적 요소를 척결하는 시민혁명을 거치지 못한 현실에서 근대/전근대의 이분법적 도식은 우리 사회를 설명하는 데 별로 도움이 안 된다. 전 시대를 정리하지 못한 불행은 비단 시민혁명의 결여에서만 찾을 수 있는 것이 아니다. 대한민국은 친일잔재를 청산하지 않은 채 건설되었다. 청산 못한 정도가 아니라 친일파를 척결하려던 반민특위가 오히려 친일경찰의 공격을 받아 해산당했고, 친일잔재 청산을 부르짖던 소장파 의원들은 남로당 프락치로 몰려 투옥되었다. 그리고 백범 김구 선생이 암살당했다. 모두 1949년 6월의 뜨거운 여름에 일어난 일이다. 이 세 가지 사건은 친일파 청산을 외치던 민족세력들이 오히려 친일파에 청산당한 서로 분리될 수 없는 하나의 사건이었다.

개인주의의 결여, 국가주의의 과잉

미완의 혁명이라 불리는 1960년의 4월민주항쟁도 마찬가지였다. '부정선거 다시 하라!'를 목표로 출발한 학생시위는 이승만의 퇴진이라는 기대 이상의 성과를 얻었다. 그러나 학생들과 시민들이 흘린 피의 수혜자가 된 민주당 정권은 혁명의 계승자이기보다는 이승만 정권 수립 당시 권력의 배분에서 배제된, 어떤 의미에서 자유당 정권보다 더 보수적인 집단이었다. 그래도 제2공화국 시절에 존재했던 개혁의 열망과 가능성은 5·16 군사반란으로 짓밟혀버렸다. 그리고 근 20년 세월이 흘러 기회는 다시 왔다. 1979년 가을 반유신 민주화운동은 박정희 정권을 존망의 위기에 몰아넣었다. 그러나 독재자 박정희의 죽음은 18년이라는 독재기간을 생각하면 너무 늦게, 민주화운동의 역량을 생각하면 너무 빨리 왔다. 다잡은 박정희 정권을 민주화운동의 힘으로 끝장내기 직전, '용인술의 천재' 박정희는 자기 왼팔, 오른팔과 술자리를 같이하다가 왼팔이 쏜 총에 오른팔과 함께 사살되었다. 그렇게 찾아온 '서울의 봄'은 광주학살과 더불어 군부독재의 겨울로 급속히 바뀌었다. 민주화운동이 확실하게 장사지내지 못하고 허무하게 보낸 박정희는 지금 부활을 꿈꾸고 있다.

7년 만에 다시 찾아온 기회였던 6월민주항쟁 역시 군사독재를 청산할 수 없었다. 대통령 직선제의 실시는 오래 참던 볼일을 보는 시원함을 기대하게 했으나 그 결과는 마저 다 배설하지 못한 떨떠름함이었다. 그리고 다시 10년이 흘러 우리는 '역사적인' 정권교체를 이루었지만, 이 감격의 꿈이 깨어지는 데는 오랜 시간이 걸리지 않았다.

정권교체로 민주화가 이루어진 듯했지만, 군사독재의 잔재는 버젓이 살아 있다. 아니, 잔재가 남은 정도가 아니라 5·16 군사반란의 장본

인이며 자신은 유신잔당이 아니라 유신본당이라고 당당히 말하는 자는 공동여당의 제왕으로 군림하며 국가보안법에 손도 대지 못하게 했다.

우리는 조선시대의 백성에서 일제강점기의 황국신민을 거쳐 대한민국 국민으로 진화했다. 그러나 시민혁명을 거치지 못한 우리는 국가의 구

1948년 5·10 단독선거투표 모습. 시민혁명을 거치지 못한 우리는 국가의 구성원으로서의 책임과 권리를 갖는 시민으로 자각할 기회를 별로 갖지 못했다.

성원으로서의 책임과 권리를 갖는 시민이라는 자각을 심화시킬 기회를 별로 갖지 못했다. 시민혁명의 결여는 이 땅에 개인주의가 발전할 수 있는 토양을 없애버렸다. 제국주의와 맞서 싸우기 위해 집단으로서의 민족을 강조할 수밖에 없었던 민족해방운동에서도 개인주의가 설 자리는 없었다. 국민총화를 외친 독재자에게나 독재타도를 외친 민주화운동세력에나 개인주의는 이기주의의 동의어일 뿐이었다. 정당한 개인주의의 결여는 우리 사회에 국가주의적 사고방식이 횡행하도록 길을 터주었다.

시민 없는 시민사회

우리 사회에 결여된 것은 시민만이 아니었다. 우리 사회에는 국가 우위의 냄새가 물씬 풍기는 국민만이 있을 뿐, 국가라 할지라도 함부

로 침범할 수 없는 자유와 권리의 주체로서의 사람들을 의미하는 인민(people)은 존재하지 않는다. 원래 대한민국 헌법이 제정될 때 헌법초안에는 인민으로 되어 있었으나, 이승만의 충복 윤치영(尹致暎)이 헌법독회 과정에서 공산당이 즐겨 쓰는 인민이란 말을 쓰자고 하는 사람은 사상이 의심스럽다고 하여 국민이 그 자리를 차지하게 되었던 것이다. 흔히 시민운동을 비판하면서 '시민 없는 시민운동'이라 하지만, 더 큰 문제는 강력한 국가에 대해 '시민 없는 시민사회'가 민주주의 본연의 견제 기능을 제대로 하지 못하고 있는 점이다.

이식된 근대화를 거치는 과정에서 적어도 형식적으로 상당한 진보가 이루어진 것은 분명한 사실이다. 그러나 이런 성과들은 우리 민중이 정당한 투쟁을 거쳐 쟁취한 것이 아닌 경우가 많았다. 그 대표적인 것이 1948년부터 시행된 보통선거제도이다. 서구에서 보통선거권의 역사는 그야말로 피로 얼룩진 역사였다. 여성참정권의 경우 이를 보장하기 위한 운동을 18세기 말에 처음 시작한 프랑스의 메리쿠르는 '미친년' 소리를 듣다가 정말로 미쳐버렸고, 구즈는 "여성이 단두대에 오를 권리가 있다면 의정단상에 오를 권리도 있다"고 말하다가 의정단상에 오르기 전에 단두대에 올라야 했다. 여성참정권이 프랑스에서 1946년에야 보장된 것을 본다면 우리의 남녀평등 보통선거가 1948년에 실시된 것이 얼마나 빠른 것인지 알 수 있다. 1952년에 실시되었던 지방자치제도도 이승만 정권이 국회를 약화시키고 지방 토호들에게 족보에 기록할 벼슬자리를 주어 이들을 포섭하기 위해 실시한 것으로 풀뿌리 민주주의와는 거리가 먼 것이었다.

보통선거나 지방자치제는 분명 민주주의의 중요한 요소지만, 한국에서 이런 제도는 이식된 민주주의의 시혜물로, 국가의 대중조작

기제로 출현하였으며, 대중들은 이에 무임승차하게 된 것이다. 그러니 돈 받고 표를 파는 매표행위가 선거 때마다 문제되는 것도 역사적인 이유가 있는 것이다. 전근대의 잔재를 청산하지 않고 무늬만 민주주의인 선거가 실시되고, 게다가 계급과 이념에 기초한 정당정치는 한국전쟁으로 말살되고 보니, 종친회, 화수회(花樹會), 향우회, 동창회 등 혈연, 지연, 학연으로 똘똘 뭉친 조직들이 근대적 이익집단을 대신하여 기승을 부리게 되었다.

　　우리가 겪은 근대화의 특징은 이식(移植)근대화이면서 동시에 압

절호의 기회, 그러나 6월항쟁도 군사독재를 청산할 수 없었다.

축근대화라는 점이다. 한 예로 도시화 비율을 보면 1949년 17.3%이던 것이 1960년 28%, 1980년 57.3%, 1995년 78.5%로 가파르게 상승했다. 서구에서 최소 150년에서 200년은 걸렸을 변화를 우리는 불과 30~40년 만에 해치운 것이다. 1970년대까지 우리의 유행가에 유달리 고향타령이 많았고 지금도 추석과 설이면 민족의 대이동이 벌어지는 것도 다 이 압축근대화의 부산물이다. 선발주자를 따라잡기에 급급한 후후발 산업화(late-late-industrialization)는 민주적 인간관계의 정립이나 전통적 의식의 극복을 통한 근대적 시민의식의 함양 없이 생산의 확대와 생산성 향상을 향해 줄달음쳐갔다.

전근대와 근대의 기괴한 공존

이렇게 독재자가 '잘살아보세' 라는 하나의 목표를 정하고 다급하게 줄달음쳐간 사회에서 인권이니 환경이니 하는 것은 사치였다. 중세 말 근대 초기의 유럽에서 일어난 마녀사냥도 빠른 시대변화의 무게를 감당하지 못해 일어났다는데 우리는 그보다 몇 배 빠른 청룡열차를 타고 근대로 돌입했고, 아직도 그 열차에서 내리지 않고 있다. 한 시대를 제대로 정리하지 못하고 다음 시대로 바쁘게 이동한 결과, 잔재라고 부르기에는 너무 거대한 전시대의 부정적 유산이 다음 단계에 그대로 살아남아 있다. 근대와 전근대의 이 기괴한 공존이 한국적 근대의 특징이다.

감당하기 힘들 정도로 빠른 근대화를 치러내며 우리가 이룬 진보는 참으로 소중한 것이다. 그러나 이 진보에 스스로 대견해 하기에는 너무 가슴 답답하고 숨이 콱콱 막히는 현실을 근대와 전근대의 기괴한 공존은 보여준다. 게다가 우리는 통일된 민족국가의 건설이라는

24

근대의 핵심과제도 해결하지 못한 채 포스트모던의 시대로 들어가고 있다. 포스트모던 한국에서는 아직도 동성동본 결혼과 호주제의 폐지를 결사반대하는 갓 쓰고 수염 기른 유림들의 시위를 볼 수 있다. 언론은 동교동, 상도동, 청구동의 봉건영주들과 그들의 가신(家臣)들이 지배하는 정치권을 통렬히 비판한다. 자기 회사 사주를 '밤의 대통령'으로 모시는 언론은 더 큰 문제를 안고 있지만 가신으로 불리는 정치인들의 행태를 보면 그런 비판이 나올 만도 하다. '민주공화국' 대한민국의 역대 대통령은 조선시대의 왕보다 훨씬 막강한 권력을 휘두를 뿐 아니라 더 권위주의적이었다. 과학기술과 조직에 힘입어 조선시대와는 비교가 안 될 정도로 인적, 물적 자원에 대한 통제와 동원력을 누린 독재자들은 그 근대적 힘을 전근대적 권위주의와 결합시켜 자신의 권력을 강화했다. 전근대의 부정적 요인이 근대의 부정적 요인과 결합하여 민주화를 가로막은 것이다.

살아남은 자의 슬픔, 그러나…

왕의 목을 치지 못한 채 근대화를 겪은 우리 사회에서 권위주의의 혜택을 누리는 자가 어디 독재자뿐이었겠는가? 형식적 민주주의는 상당히 진전되었지만 우리 사회의 뿌리 깊은 수구세력은 오히려 이 발전에 힘입어 헤게모니를 유지하고 있다. 각계의 기득권층도 다들 젊은 시절이 있었고 민주주의에 대한 꿈도 있었을 것이다. 그러나 그들은 독재권력이 우리 사회의 각 부분을 굴복시키는 과정에서 마음의 상처를 입으며 살아남은 사람들이었다. 법조계의 원로들은 1971년 사법파동에서 살아남은 사람들이었고, 1990년대 초반 전교조의 탄압에 앞장섰던 학교장들은 대개 1961년 교원노조가 탄압받을 때

한 발 비켜 서 있던 사람들이었다. 그리고 지금 무소불위의 권력을 휘두르는 보수언론인들은 1975년과 1980년 언론계 대학살의 생존자들이었다. 이들 중에는 그 당시부터 권력의 앞잡이가 된 자들도 있었겠지만, 대개는 쫓겨나는 동료들의 아픔을 같이 느끼며 살아남은 자들의 슬픔, 부끄러움, 도덕적 책무에 번민했을 것이다. 그러나 자기들의 지위가 높아지고 해당 분야에서 권력을 장악하자 그날의 아픔은 죽은 자들, 그리고 죽음을 기억하는 자들에 대한 공격성향으로 나타났다. 우리 사회의 뿌리 깊은 보수성은 개혁의 기회를 거듭 놓친 축적된 패배의 산물이었다. 그러나 그래도 우리는 다시 일어나 마침내 여기까지 왔다.

자유총연맹은 있어도 제대로 된 자유주의를 한번도 가져본 적이 없는 우리 사회에 신자유주의의 광풍이 몰아치고 있다. 한 발은 군사독재의 시대에 딛고, 다른 한 발은 엉거주춤 민주화의 시대에 걸치고 있는 오늘도 우리는 바쁘게 살고 있다. 한 시대를 제대로 장송하지 못한 채 정신없이 새 시대로 들어가다보면, 우리는 항생제의 남용이 병균의 내성만 키워주듯 전시대의 잔재가 새 시대의 화려한 옷 속에 반민주성을 감추고 도사리고 앉아 역사의 진보를 가로막게 되는 악순환을 거듭할 수밖에 없다. 이 악순환을 벗어나려면 시대를 거슬러올라가 미해결의 과제를 모조리 해결할 수는 없지만, 독재잔재만큼은 확실히 청산하고 나아가야 할 것이다.

왕정은 왜 왕따당했나

_입헌군주제 논의와 공화제의 도입

일제의 억압에서 우리가 해방되었을 때 유력한 정치세력은 한결같이 공화제 도입을 지지했다. 새로이 어떤 정치체제의 국가를 세울 것인가 하는 초미의 관심사에서 사회주의적 공화제인가 자본주의적 공화제인가가 문제였지, 왕정의 복고나 입헌군주제는 전혀 고려의 대상이 아니었다. 대한제국이 멸망하고 채 10년이 되지 않아 1919년 상해에서 대한민국 임시정부가 수립될 때도 왕정의 복고나 입헌군주제의 채택은 논의의 대상이 아니었다. 왜 500년 왕조가 무너진 자리에 새로운 국가를 세울 때 전제왕정의 부활이나 하다못해 입헌군주제도 의제로 상정되지 못한 것일까? 민주공화제에 대한 우리의 의식과 준비가 그만큼 철저했기 때문일까? 아니면 다른 어떤 이유가 있었던 것일까?

무식한 나라엔 입헌군주제가 낫다?

입헌군주제라는 새로운 방식은 1880년대부터 〈한성순보〉 등을 통해 간간이 소개되었지만, 이 제도의 도입을 하나의 운동으로 추진한 것은 1890년대 말의 독립협회였다. 그러나 이런 논의는 일부 지식인들에게 한정된 것이었다. 입헌군주제에 대한 지식이 축적되고 그 제

조선조의 마지막 왕가. 왼쪽부터 황태자 영친왕, 순종, 고종, 순종비, 덕혜옹주.

도에 대한 이해가 본격적으로 이루어진 것은 아무래도 1900년대 중반 이후로 보아야 할 것이다. 양계초(梁啓超)의 『음빙실문집』(飮氷室文集)이 국내에서 널리 읽히기 시작한 것도 이 무렵이고, 신문·잡지·교과서 등에서 입헌군주제를 비롯하여 전제군주제와 공화제 등의 정체에 대해 자주 논의된 것도 1905～06년을 전후한 시기였다.

　이 시기는 바로 러일전쟁에서 승리한 일제가 을사조약을 강제로 체결하여 우리의 국권을 본격적으로 침략해오던 시기였다. 이런 때에 입헌군주제에 대한 관심이 고조된 것은 이 제도가 국권의 침탈을 막고 국권을 회복할 수 있는 방안으로 인식되었기 때문이다. 당시의 신문이나 잡지를 보면 일본이 강대한 청나라와 러시아를 격퇴한 것은 바로 입헌통치로 인민의 권리를 존중하고 개인의 자유를 보호함으로써 애국심이 생겼기 때문이라거나 일본이 서양의 풍조를 먼저 본받아 입헌정치로 동양의 패권을 독점할 수 있었다는 인식을 쉽게 찾아볼 수 있다. 요컨대 서구 열강이나 일본이 부강하게 된 근원을 입헌정치에서 찾은 것이다.

당시의 입헌군주제 논의에서 또 하나 주목해야 할 것은 개신유학자들 중에 이 이론을 수용한 사람이 상당수 있다는 점이다. 이들은 입헌군주제를 군주제를 유지하면서 유교정치의 이상이라고 할 수 있는 군민동치(君民同治)를 이룰 수 있는 것으로 보았다. 개신유학자들은 입헌제를 중국 고대의 제도와 유사한 것으로 보았다. 이들 중 상당수는 국가 멸망의 원인이 전제정치에 있다고 보았고, 입헌정치의 불가피성이 명확해지는 상황에서 입헌제를 중국의 삼대(三代)시대의 정치제도와 유사한 것으로 이해한 것이다. 이와 같은 개신유학자들의 입헌제 수용은 유인석(柳麟錫) 등 위정척사파들이 망국의 근본원인을 개화로 인식하고 개화의 실체를 서법(西法)으로 보면서 공화제와 입헌제를 싸잡아 비판한 것과는 분명히 다른 태도였다.

그런데 역사는 전제군주제에서 입헌군주제를 거쳐 민주공화제로 단선적으로 발전하는 것은 아니다. 을사조약을 전후한 시기, 입헌군주제에 대한 논의는 부국강병을 이루기 위한 수단으로서뿐만 아니라 공화제에 대한 논의를 방지하기 위하여 이루어지기도 했다. 일찍이 독립협회는 "자유나 민권을 모르는 백성들에게 민권을 주어 하원을 설치하는 것은 위태하다"면서 "무식한 나라에서는 군주국이 민주국보다 견고"하다고 하여 민중들의 국정참여를 반대하였다. 유길준(兪吉濬)도 입헌군주제를 시행해야 하는 이유를 프랑스혁명을 예로 들면서 무지한 인민의 소란은 사유재산을 보호하기 위해서라도 막아야 하기 때문이라고 강조했다. 입헌군주제를 소개하는 데 앞장선 원영의(元泳義) 같은 논객은 민중의 우매성 때문에 입헌군주제조차 즉각적으로 시행할 수 없다고 생각했다. 또 당시의 지식인들이 주장한 입헌군주제는 의회를 통해 군주의 절대권에 일정한 제약을 가하는 것을 추구하기는 했으나, 그 의회는 국민 모두가 참여하는 민주적인 의회는 분명 아니었다.

1910년 이전, 공화제 주장 거의 없어

중국의 경우 청 왕조는 만주족에 의해 수립된 정복왕조였다. 따라서 청 왕조를 무너뜨리고 한족에 의한 공화혁명을 이루려는 운동은 당시 중국민족주의의 요구를 대변한다고 할 수 있었다. 중국에는 공화제와 민족주의가 쉽게 결합할 수 있는 요소가 있었던 것이다. 그러나 우리의 경우 조선 왕조의 왕실, 또는 대한제국의 황실은 민족주의적 세력의 입장에서 볼 때 그 무능이 비판의 대상은 될 수 있을지언정, 정통성을 쉽게 부인할 수 있는 존재는 아니었다.

1910년 이전, 공화제에 대한 논의나 공화제를 실시하자는 주장은 거의 찾아볼 수 없다. 비록 일제에 침략을 당해 만신창이가 되었다 해도 엄연히 군주제가 존재하는 상황에서 군주제 자체를 부정하는 논의는 쉽지 않았다. 중국에서도 공화주의운동이 해외의 화교들에 의해 주도되었듯이, 해외, 특히 미국 동포들이 공화제도를 적극 주창하였다. 미국 동포들 중에도 대동보국회는 보황주의(保皇主義)의 입장에서 입헌군주제를 지지하였지만, 공립협회(共立協會)는 좀더 적극적으로 전제정치의 폐습을 비판하면서 공화주의를 거론했다. 그러나 공립협회도 이 시기에 군주를 부정하고 국민국가를 수립하고자 한 것은 아니었다. 국내에서는 공립협회와 연결된 신민회(新民會)에 관한 일제 자료에 공화주의에 대한 언급이 보이지만, 많은 학자들은 자료의 신빙성에 대해 의문을 제기하고 있다.

3·1운동 이전 1910년대의 독립운동에서는 대한제국의 부활을 바라는 복벽주의(復僻主義)나 최소한 입헌군주제의 실시를 통해 군주제를 유지하려는 보황주의가 대세를 이루었다고 할 수 있다. 복벽주의의 대표자는 척사론의 맥을 이은 의암 유인석(毅庵 柳麟錫)이었다. 그는 돌아오지 않은 밀사 이상설(李相卨) 등과 더불어 고종을 연해주로 망명시켜 망명정부를 세우려는 계획을 세우기도 했다. 최익현(崔益鉉)과 함께 의병운동을 일으킨 임병찬(林炳瓚)이 주도한 대한독립의군부 역시 입헌공화론은 내란을 불러일으킬 것이라며 황제를 복위시키고, 황제의 명에 의해 향약을 실시하여 유교적 질서를 복원해야 한다고 주장했다. 이들이 광복시키려 한 것은 국가와 제정만이 아니라 '강상(綱常)의 대륜(大倫)', 즉 유교질서도 포함되어 있었다.

천황이 오래간 이유

복벽운동의 한계는 척사유생들이 지배층의 입장에서 민중들을 향약으로 대표되는 구질서 속에 묶어두려는 것이었기 때문에 반일의 역량을 극대화할 수 없었다는 점이다. 실제로 의병전쟁 기간에 척사의병장들은 발군의 전투력을 과시한 평민의병장들을 사소한 꼬투리

고종을 연해주로 망명시켜 망명정부를 세우려 계획했던 유인석(위)과 의친왕을 망명시켜 상해임시정부에 가담시키려 한 김가진(아래).

를 잡아 양반능욕죄로 처형하기도 했으며, 의병군 내에 들어와 있던 동학 농민군 잔여세력을 색출하여 처형하기도 했다. 이런 상황에서 여전히 전통적 신분질서를 강조하는 복벽주의자들이 대중들의 지지를 받기는 어려웠다.

한 가지 흥미있는 사실은 복벽론자들이 군주제로의 복귀를 바라기는 했지만, 그 군주제가 전제군주제는 결코 아니었다는 점이다. 개화파나 입헌군주제 지지자들이 메이지 치하의 일본을 모델로 삼았다면, 복벽론자들은 일본의 막부제를 본받고 싶어했다. 일본의 막부제에서 실권은 '장군'이 장악했고, '천황'은 완전히 잊혀진 존재였다. 일본에서 '천황'의 가문이 만세일계(萬世一系)를 '자랑'할 수 있게 된 비밀도 여기에 있다. 바꾸어 말하면 일본의 '천황' 가문이 이어진 것은 위대하거나 힘이 있어서가 아니라 힘없이 뒷방으로 밀려나 있었기 때문이다. '황제'가 다스린 중국에서 왕조의 교체 주기는 200~300년이었던 반면, 국왕이 다스린 한국에서 왕조의 교체 주기는 500년이었고, '천황'이 다스린 일본에서는 '천황' 가의 맥이 끊어지지 않았다. 만약 일본의 '천황'이 중국 '황제'에까지는 못 미치더라도 조선 '국왕'에 버금가는 권한을 행사하였다면 만세일계는 꿈도 꾸지 못할 일이었다.

조선 국왕의 권한은 중국의 황제권에 비하면 대단히 약했지만, 그 권한은 동등한 영주들 중 서열 1위(first among equals)에 불과한 서구

32

봉건국가의 국왕과는 비교가 되지 않게 강력했다. 일본 막부제 아래서 '천황'의 권위와 권한은 조선시대의 국왕은 물론이고, 개명군주제 또는 외견적(外見的) 입헌군주제 형태의 메이지 시대의 일본이나 프로이센의 입헌군주의 권한에 비해 훨씬 약했던 것이다. 복벽론자들이 추구한 모델에 따른다면 대한제국이 복원된다 하더라도 황제는 명목상의 군주일 뿐, 실권은 대신들이 장악할 수밖에 없었다. 조선 초기 정도전과 뒷날 태종이 되는 이방원의 대립에서 보인 왕권과 신권의 대립에서 신권이 극대화된 형태를 복벽론자들은 꿈꾸었던 것이다. 물론 신권의 극대화 아래에서 민권이 설 자리는 없었다.

한편 1915년에 이상설을 중심으로 결성된 신한혁명당 역시 고종을 국외로 탈출시켜 신한혁명당의 당수로 옹립하고 독립운동을 전개하려 했다. 이 당에 모인 사람들의 면면을 보면 이상설 이외에 신규식(申圭植), 박은식(朴殷植), 류동열(柳東說) 등 뒤에 임시정부의 요인들이 다수 포함되어 있었다. 특히 신규식은 중국의 공화주의 혁명인 신해혁명에 참여한 인물이었다. 이상설 역시 상당히 진보적인 사상을 견지해온 인물로 많은 독립운동가들이 그의 휘하에서 배출되었는데 1915년 당시에는 보황주의적인 입장으로 돌아가 고종의 망명을 추진한 것이다. 이들은 당시 1차대전에서 독일이 승리할 것으로 판단하고, 그렇게 되면 중국에서 일본과 독일의 이해가 충돌하여 독립전쟁이 발발할 수 있을 것으로 보았다. 이 독립전쟁에서 조선의 동맹국은 중국과 독일이 될 것인데, 독일이나 위안스카이(袁世凱)에 의해 제정이 부활된 중국이 모두 군주국이기 때문에, 공화주의를 정강으로 채택하는 것은 불리하기 때문에 고종을 운동의 맹주로 추대하려 한 것이었다.

'대동단결선언'의 공화주의적 지향

우리 독립운동에서 공화주의적 지향이 명확하게 제시된 것은 이미 세상을 떠난 이상설 이외에 신한혁명당의 핵심인물들인 신규식·박은식 등에 조소앙(趙素昻) 등이 가세하여 1917년 발표한 '대동단결선언'이다. 이 선언의 서명자들은 융희 황제(순종)의 주권포기는 군주의 주권포기일 뿐으로, 한인이 아닌 일본에 대한 주권 양여는 근본적인 무효이며, 따라서 순종의 주권 포기는 우리 국민 동지들에 대한 묵시적 선양이기 때문에 주권은 국민에게 상속되었다고 주장했다. 이 선언은 3·1운동 직후 공화주의가 전면에 제기될 수 있는 기반이 되었다.

'대동단결선언'이 독립운동사에서 중요한 자리를 차지하는 것은 분명하지만, 3·1운동 직후 수립된 임시정부가 입헌군주제도 건너뛰고 별다른 반대 없이 공화제로 직행할 수 있었던 것은 고종의 죽음과 밀접한 관련이 있는 것으로 보인다. 왕정의 복고를 추진하든 입헌군주제를 추진하든 간에 국민의 통합의 구심역할을 할 정통성을 가진 인물이 필요하다. 그런데 순종의 경우 건강상태, 즉 독살음모의 후유증으로 인해 정상적인 군주, 또는 입헌군주의 역할을 수행할 만한 처지에 있지 못했다. 또 대한제국의 마지막 황태자로 영친왕이 있었지만, 그는 여덟 살 어린 나이에 일본에 볼모로 끌려가 일본식 교육을 받으며 자랐기 때문에 국민의 기대를 받는 위치에 있었다고 할 수 없다. 그런 상황에서 고종이 갑자기 세상을 뜨자 복벽운동이나 입헌군주제 운동은 구심점을 잃고 사라지게 된 것이다. 이와 같은 현실적인 이유, 그리고 이씨 왕가가 독립운동에 거의 기여하지 못했다는 점 때문에 임시정부를 건립할 때 공화제 헌법의 채택에는 별다른 반대가 없었다. 그러나 당시 일제의 통치하에 있던 일반 조선인들에게 공화제의 의미가 얼마만큼 침투될 수 있었는지는 의문이 아닐 수 없다.

1919년 11월 김가진(金嘉鎭)을 총재로, 전협(全協)을 단장으로 하는 조선민족대동단(朝鮮民族大同團)이 고종의 둘째아들인 의친왕 이강(義親王 李堈)의 망명을 시도하여 이강 공이 신의주 건너 중국 단둥(丹東)에서 체포된 것은 이 왕가의 인물이 처음이자 마지막으로 독립운동에 직접 관계한 것이라 할 수 있다. 일부에서는 대동단이 의친왕의 망명을 추진한 것 때문에 대동단을 복벽주의 단체로 분류하기도 하지만, 대동단은 의친왕을 망명시켜 상해임시정부에 가담시키려 한 것이다. 순종이 살아 있고, 또 영친왕이 건재한 상황에서 왕위계승권에서 한 발 비켜 서 있는 의친왕을 내세워 대한제국의 부활을 꾀할 수는 없는 일이었다.

이승만과 비운의 황태자 영친왕

이미 임시정부에서 공화제를 채택하고, 또 민족해방운동 세력 모두가 왕정의 복고에 아무런 관심이 없는 상황에서 1948년 이남에 단독정부가 수립될 때 공화제는 이론의 여지가 없는 정치제도였다. 실제로 일제강점기 말기에 보면 일본에 유학 중인 학생들이 "이 왕가를 매국의 책임자로서 처단하고 입헌공화국을 세울 것"이라고 주장하고 있기도 하다. 1948년 이남 단독정부 수립 이후에 이승만은 비운의 황태자 영친왕의 귀국을 바라지 않았다. 임시정부는 그 헌법에서 구황실을 우대한다고 명시—물론 이에 대한 반대도 상당히 있었다—했지만, 이승만은 이를 철저히 무시했다. 신생 대한민국의 초대 대통령 이승만이 영친왕이 대한제국 황태자 자격으로 귀국하는 것을 달가워하지 않은 것은 충분히 있을 수 있는 일이지만, 황태자가 아닌 자연인 이은(李垠)의 귀국을 막은 것은 이승만의 제왕적·봉건적 사고방식을 잘 드러내는 부분이다. 전주 이씨로 태종의 큰아들인 양녕대군의 후손인 이승만은 셋째아들인 세종의 후손이 대대로 왕 노릇하다가 급기야 나라가 망한 것을 못마땅히 여겼다고 한다. 이승만이 미국 유학 시절, 한국 사정을 잘 모르는 미국인들에게 조선의 왕족인 '프린스 리'로 행세한 것이야 젊은 날의 치기로 보면 그만이지만, 이은을 자신의 잠재적 경쟁자로 여겼다는 사실은, 그리고 이은이 잠재적 경쟁자가 될 수 있었다는 사실은 민주공화제를 시행하기 위한 기반이 취약했다는 점을 보여준다. 양녕대군의 후손 이승만은 효령대군의 후손 이기붕(李起鵬)을 후계자로 점찍고, 그 아들인 강석(康石)을 양자로 삼았다가 이기붕 일가의 비극적인 자살을 가져왔다.

1948년 대한민국 정부가 수립되면서 민주공화제가 채택되어 우리 역사에서 형태상의 군주제는 완전히 사라져버렸지만, 지난 50년간의 '민주공화제' 실험에도 '군주제'가 내용적으로 극복되었다고는 할 수 없다. 현재의 김대중 대통령은 과거의 독재자들에 비하면 형편없이 권한이 축소되었음에도 '제왕적 대통령'이라는 비판을 받는다. 그런 비판을 하는 자들이 과거 군사독재 시기의 '제왕적'이 아니라 실질적으로 '제왕'으로 군림한 독재자들에 대한 비판은 고사하고, '제왕'으로 떠받들기에 앞장섰던 자들이라는 점은 역겨운 일이다. 그러나 '가신정치'가 계속되는 권력 핵심의 분위기며, '대군마마'들이 사기꾼과 어울려 다녀도 제대로 쓴소리한 사람이 없었던 것을 보면 그런 비판이 전혀 근거가 없는 것이라고는 할 수 없다. 불행한 일이다. 역사학도의 노파심에서 한 가지 더 보태고 싶은 것은 왕조시대의 제왕보다 현대의 대통령이 훨씬 더 큰 권한을 행사하고, 훨씬 더 많은 인적·물적 자원을 동원할 수 있다는 점이다. 조선시대의 제왕들은 지금과는 달리 정부 내에서 관료들의 비판에서도 자유롭지 못했다.

대한민국의 법통을 말한다

_다시 생각하는 임시정부의 정통성 계승론

대한민국은 임시정부를 계승하였는가? 우리의 헌법 전문에는 "우리 대한민국은 3·1운동으로 건립된 대한민국 임시정부의 법통… 을 계승하고"라고 규정되어 있다. 그러니 1948년에 수립된 대한민국이 1919년에 수립된 대한민국 임시정부의 법통을 계승하였다는 것에 의문을 제기한다면 헌법에 도전하는 발칙한 행동이 될 수 있을 것이다. 대한민국이 임시정부의 법통을 계승했다는 주장은 헌법은 물론 교과서에서도 가르쳐왔기 때문에 많은 국민들이 이를 상식으로 받아들이고 있다. 그러나 1980년대 후반 이래 민족해방운동사나 현대사를 전공하는 역사학자들 중 대한민국 정부가 임시정부의 법통을 계승했다고 주장하는 사람은 별로 없다. 한마디로 쑥스럽기 때문이다.

김구는 단독정부 수립을 반대했다

1948년의 대한민국 정부가 임시정부의 법통을 계승하였는가 여부는 '인물의 계승'과 '정책의 계승'이라는 두 가지 측면에서 살펴볼 수 있을 것이다. 먼저 인물의 계승을 살펴보기로 하자. 대한민국 정부의 대통령 이승만, 부통령 이시영, 국무총리 이범석이나 정부직은 아니지만 국회의장이었던 신익희 등이 임시정부나 광복군의 요인 출신이었던 것은 분명한 사실이다. 이들의 면면만 본다면 대한민국 정부가 임시정부를 계승한 것으로 생각할 수 있을지도 모른다. 그러나 대한민국 정부의 고위관료, 특히 경찰과 군에서는 과거 일제에 복무했던 친일파들이 주류를 형성했다. 또 실제로 임시정부를 이끌었던 김구 주석과 김규식 부주석을 비롯하여 조소앙, 조완구, 최동오, 윤기섭, 엄항섭, 김붕준 등 국무위원급의 다수는 단독정부 수립을 막기 위해 남북협상에 참가했지 대한민국 정부에 참여하지 않았다.

임시정부를 상징하는 백범 김구의 경우는 단순히 참여하지 않은 정도가 아니라 남한 단독정부로서의 대한민국 정부의 출범을 극력 반대했다. 남한 단독선거를 향한 움직임이 구체화될 무렵, 김구는 '삼천만 동포에게 읍고함'(泣告: 울며 고함)이란 유명한 글에서 "통일된 조국을 건설하려다 38선을 베고 쓰러질지언정 일신의 구차한 안일을 위하여 단독정부를 세우는 데는 협력하지 않겠다"고 자신의 입장을 확고히 밝혔다. 단독정부의 수립을 막기 위해 남북협상을 벌였던 김구는 남한 단정에 자신이 참여한다는 소문을 듣고는 참을 수 없는 모욕이라고 화를 냈다. 이런 심정이었기에 김구는 자신이 수반으로 있던 한국독립당원 중에서 신생정부에 참가하는 자가 있다면 당으로서 단호히 조치를 할 것임을 천명하기까지 했다. 그는 남한 단정이 결국 조국의 운명을 외국 사람들의 손에 좌우되게 만드는 것으로, 이를 추진하고 있는 사람들의 움직임을 "탐관오리, 모리(謀利), 간상(奸商), 친일역배(親日逆輩), 악질반동배들의 발호"라고 규탄했다. 대한민국 정부가 수립되자 발표한 담화에서 김구는 "비분과 실망이 있을 뿐"이지만, 이를 딛고 통일독립운동으로 나아가야 한다고 강조했다.

온갖 어려움을 이겨내며 임시정부를 유지해온 김구에게 통일정부가 아닌 반쪼가리 정부는 하나가 아니라 열 개, 백 개를 세워도 임시정부의 법통을 물려줄 수 없고, 정통성을 인정할 수 없는 그런 집단일 뿐이었다. 백범이 단독정권에 참여하기를 단호히 거부한 데는 외세에 의존적이며 민족의 열망인 통일을 저버린 이승만 정권이 오래가지 못할 것이라는 현실적인 판단도 물론 작용했다. 그러나 좀더 중요한 이유는 역시 민족의 통일을 향한 백범의 큰 뜻이었다.

백범의 암살이 이승만의 직접적인 지시에 의한 것이라고까지 말할 수는 없겠지만, 이승만 정권의 요인들이 백범 암살 사건에 깊숙이 관련되었다는 것은 이제는 더이상 비밀이 아니다. 특히 백범 암살 사건에 대한 처리과정을 보면 대한민국 정부가 진정 임시정부를 계승한 정부인가를 의심하지 않을 수 없다. 현역 육군 소위였던 암살범 안두희는 사건 발생 48일 만에 2계급 특진하였다. 안두희는 한국전쟁 발발 이틀 뒤에 형집행정지로 석방되었다가 7월10일 육군 소위로 복직되었고 약 1년 뒤에는 소령으로 진급하여 중령으로 예편했다. 임시정부를 상징하는 백범 김구의 암살자를 대한민국은 이렇게 우대했고, 백범 암살의 진상은 지금도 온전히 밝혀지지 않고 있다. 이렇게 볼 때 비록 대한민국 수립 당시 그 수뇌부에 임시정부 출신이 몇 명 포진하였다고는 하지만 임시정부의 인물을 적극적으로 계승하였다고는 할 수 없다.

불온(?)하기 짝이 없는 임시정부 강령

그러나 인물의 계승이 이루어지지 않았다고 해서 어떤 집단이 다

역사학자들 중에 대한민국 정부가 임시정부의 **법통**을 계승했다고 주장하는 사람은
별로 없다. 임시정부 요원들과 직원들의 기념사진.

른 집단의 법통을 계승할 수 없는 것은 아니다. 비록 인물의 단절은
있었을지라도 대한민국 정부가 독립 이후에 실시하려고 했던 임시정
부의 강령과 정책을 충실히 실현했다면 법통의 계승을 인정받을 수
있을 것이다. 그러나 유감스럽게도 대한민국 정부가 실시해온 정책
은 임시정부가 추진하려 했던 정책과는 너무나 거리가 멀었다.

임시정부는 독립운동 진영의 폭넓은 이념적 스펙트럼에서 가장
오른쪽에 자리잡은 보수적인 세력이었다. 그런 임시정부이지만, 임
시정부의 건국강령이나 헌법은 국가보안법이 지배해온 대한민국에

서 감히 입 밖에 낼 수 없는 불온하기 짝이 없는 내용으로 가득 차 있다. 임시정부는 토지혁명을 통해 '문란한 사유제도' 대신 토지국유화를 실현하고, 대생산기관 역시 국유로 한다는 것을 '건국강령'을 통해 천명하였으며, 임시정부의 헌법인 '임시헌장'(1944)은 파업의 자유를 '인민'의 자유와 권리의 하나로 보장하였다. 토지국유화, 중요 산업과 대생산기관의 국유화, 파업의 자유 등의 정책은 1980년대 급진 · 좌경 · 용공으로 탄압받았던 재야단체들이나 1950년대의 진보당에서 오늘날의 민주노동당에 이르기까지 한국전쟁 이후 이남에 출현한 어떤 진보정당의 정강정책보다 급진적인 것이었다. 임시정부의 이런 정책들은 대한민국에서 발붙일 자리를 찾지 못했고, 여기에 훨씬 못 미치는 생존권 차원의 주장을 편 사람조차 빨갱이로 몰아 국가보안법의 먹이가 되곤 했다.

국가보안법이 헌법에 보장된 사상의 자유보다 훨씬 큰 힘을 발휘해온 대한민국에서 용공이란 불순분자의 표지에 다름 아니다. 그런데 임시정부가 활발히 활동했던 수립 초기와 1940년대 전반기에 임시정부는 공산주의를 용인한다는 용공에 머무른 것이 아니라 공산주의자와 적극적으로 손을 잡는 연공(聯共)을 추구한 통일전선정부였다. 임시정부의 초대 국무총리는 우리 역사에서 최초의 공산주의정당인 한인사회당을 창건한 이동휘였으며, 1940년대 전반기의 임시정부에는 사회주의자 내지는 진보적 민족주의자들이 많이 참여했다. 이 시기에 임시정부는 중국공산당 본부가 있던 연안의 화북조선독립동맹의 공산주의자들과의 합작을 추진했을 뿐 아니라, 만주의 김일성이 이끄는 공산주의 항일유격대와 손잡기 위해 노력했다. 백범 김구 등 임시정부 요인들이 1948년 봄에 추진했던 남북협상도 어느 날

갑자기 추진된 것이 아니라 과거 지역은 달라도 같이 항일전선에 서 있던 신뢰에 바탕한 것이었다.

임시정부와 대한민국 정부의 차이가 가장 극명하게 드러나는 부분은 아마도 군사주권에 대한 태도일 것이다. 임시정부는 1940년 9월 광복군을 창건했다. 일제는 징병이다, 학병이다 해서 조선청년들을 총알받이로 끌고갔는데, 중국전선에 배치된 사람들 중 일부가 일본군으로 개죽음하느니 조선청년으로 죽겠다며 목숨을 걸고 탈출하여 수천 리 길을 걸어 임시정부나 독립동맹을 찾아왔다. 광복군은 바로 이들 청년들로 구성된 것이다. 그런데 임시정부로서는 막상 조국을 찾기 위해 목숨을 바치겠다는 열혈청년들이 몰려들자 반가움과 함께 새로운 걱정을 안게 되었다. 백범 김구가 스스로 '거지소굴'이나 다름없었다고 할 만큼 가난하기 짝이 없던 임시정부는 이들에게 무기를 쥐어주는 것은 고사하고 당장 먹이고 입히고 재우는 문제를 해결할 능력이 없었던 것이다.

광복군들, 중국 '9개준승'에 분노하다

한편 대한민국 임시정부의 국군을 표방한 광복군의 창건은 중국 국민당 정부로서도 마냥 환영할 만한 일은 아니었다. 아무리 공동의 적 일제를 상대로 싸운다지만 자기 영토에서 외국 청년들의 무장집단에 대해 아무런 통제권을 갖지 않고 재정적으로만 지원한다는 것은 주권국가의 정부로서 받아들이기 힘든 일이었기 때문이다. 이에 중국군사위원회는 1941년 11월 임시정부에 대해 '한국광복군 9개행동준승'(韓國光復軍九個行動準繩)이라는 문서를 보내 한국광복군을 중국군사위원회의 통할·지휘를 받으며 임시정부가 아니라 중국 최고통수부의 유일한 군령을 접수해야 한다고 통보해 왔다.

임시정부에 '9개준승'은 참으로 모욕적인 문서였지만, 임시정부 국무회의는 "손님인 객군(客軍)은 주재국의 주권을 침해할 수 없다"는 이유로 '아픔을 참으며 이를 접수'〔忍痛接受〕했다. 그러나 당장 임시정부 내에서 거센 반발이 터져나왔다. 군무부장 조성환은 중국 쪽의 경비 원조 20만원(약 2만달러) 때문에 "광복군이 중국에 예속된다면 광복군은 도리어 우리 독립운동을 말살하는 기관일 뿐"이라고 분개했고, 군무부 차장 윤기섭은 "광복군은 중국의 노예군대"라는 극단적인 언사로 '9개준승'에 대한 분노를 표출했다. 의정원 의원 문일민은 "이 자리에서 죽어도 또다시 망국노 노릇은 못하겠다"고 울분을 토했고, 조완구 의원은 '굶어 죽을 각오'를 하고 '9개준승'의 폐기를 선언할 것을 촉구했다. 이런 자주의식을 바탕으로 임시정부는 3년여에 걸친 피눈물나는 노력을 기울인 결과 마침내 1944년 9월 중국 정부로부터 '9개준승'을 폐기한다는 결정을 끌어냈다. 이로써 광복군 총사령부 간부 45명 중 33명을 차지하던 중국군은 광복군에서 철수하게 되었고, 임시정부가 광복군에 대한 작전지휘권과 인사권을 회복함에 따라 광복군은 명실상부한 대한민국 임시정부의 국군으로 거듭난 것이다. 임시정부의 요인들은 왕왕 젊은이들로부터 "고루한 영감쟁이들"이라는 비판을 받기도 했지만 이런 끈질긴 자주의식이 있었기에 독립운동사에 뚜렷한 자취를 남길 수 있었던 것이다.

역사는 반복되는 것일까? 임시정부를 계승하였다고 자임하는 대한민국 역시 국군에 대한 작전지휘권을 보유하고 있지 않다. 그러나 똑같이 작전지휘권이 없다 해도 상황은 너무나 달랐다. 1950년 7월 이승만은 작전지휘권을 미국에 이양하면서 맥아더에게 보낸 편지에

훈련중인 광복군. 작전지휘권이 중국 쪽에 넘어간 것을 치욕으로 알았으며,
끈질긴 노력의 결과 마침내 이를 되찾았다.

서 한국 국민과 정부는 "귀하의 전체적 지휘를 받게 된 것을 '영광'으로 생각한다"고 말했다. 남의 나라에서 군대를 조직해야 했기에 수치를 느끼며 작전지휘권을 중국에 넘긴 임시정부와 달리, 이승만 정권의 작전지휘권의 이양은 영광스러운 일이었다. 치욕과 영광 사이의 거리, 대한민국 임시정부와 대한민국은 최소한 그만큼 떨어져 있다.

임시정부는 중국땅에서 거의 전적으로 중국 정부의 재정지원 아래 광복군을 조직했음에도 불구하고 자기 군대에 대한 작전지휘권이 중국 쪽에 넘어간 것을 치욕으로 알았으며, 끈질긴 노력의 결과 마침내 이를 되찾았다. 반면 대한민국에서는 '객군'인 미군이 안방을 차지한 채 새로운 천년을 맞았다. 1980년대 광주학살에 대한 미국의 책임문제가 집중적인 성토의 대상이 될 때까지 대한민국은 주한미군으

1948년 8월15일 대한민국 정부수립 경축행사.

로부터 국군에 대한 작전지휘권을 회수하기 위해 어떠한 노력도 기울인 바가 없다. 반미감정이 고조되자 미국은 마지못해 한국군에 대한 평시작전지휘권을 한국 정부에 되돌려주었지만, 실제로 군대의 작전이 실행되는 시기인 전시의 작전지휘권은 여전히 '객군'인 미군이 거머쥐고 있다. 김구는 '삼천만 동포에게 읍고함'에서 "미군 주둔 연장을 자기네 생명연장으로 인식하는 무지 몰각한 도배들은 국가민족의 이익을 염두에 두지 아니하고 박테리아가 태양을 싫어함이나 다름없이 통일정부 수립을 두려워하는 것"이라고 피를 토하며 반통일세력을 질타했다. 백범이 간 지 50여 년, 불행히도 이 비판은 지금도 유효하다.

1948년 7월24일 대통령 취임식 때 선서하는 이승만.

임시정부 법통이라도 제대로 계승했다면…

친일잔재의 청산이나 분단극복 문제 등에 대한 임시정부의 핵심적인 정책들 역시 대한민국에서 계승되지 못했다. 이렇게 볼 때 대한민국은 임시정부로부터 인물의 계승은 물론이고, 정책의 계승도 하지 못한 것이다. 그렇다면 이승만 정권을 비롯해서 역대 정권은 왜 임시정부의 법통을 계승했다는 주장을 되풀이하였을까? 이들 정권은 자기네가 결여한 정통성을 임시정부의 업적과 권위를 빌려다가 메워보려 한 것이다. 특히 남북분단의 상황에서 만주에서 항일무장투쟁을 벌인 세력이 이북에서 권력을 장악하고 자신들의 업적을 혁명전통으로 찬양하자 이남의 정권은 임시정부에 가탁하여 이에 대응한 것이다. 남북대결이 지속되는 동안 남과 북은 민족사적 정통성을 놓고 치열한 경쟁을 벌였다. 그 과정에서 남은 임시정부의 법통을 들고 나왔고 북은 항일무장투쟁의 혁명전통을 내세웠다. 그러나 임시정부나 만주의 항일무장투쟁이 모두 우리 민족해방운동에서 대단히 소중한 경험이었음은 분명하지만 민족해방운동에서 정통성이라는 배타적인 개념을 독점할 수 있는 것은 아니다. 일제에 우리가 국권을 빼앗겼던 시기 우리의 민족사적 정통성은 모든 민족해방운동 세력에 분점되어 있었던 것이지, 민족해방운동 내의 어느 특정세력이 독점했던 것은 아니다. 또 분단시대에 민족사적 정통성에 집착한다면 결국 우리가 이룰 수 있는 통일이란 남에 의한 흡수통일이나 북에 의한 적화통일일 수밖에 없다.

1948년에 수립된 단독정부로서의 대한민국 정부가 실제로 계승한 것은 임시정부가 아니라 임시정부를 철저히 부정했던 미군정이었다. 그리고 미군정은 일제의 조선총독부의 모든 법령과 인원을 접수하여 그대로 활용했다. 한번도 제대로 과거를 청산하지 못한 우리나라에서 조선총독부-미군정-대한민국 정부로 이어지는 불행한 계승은 임시정부의 법통을 계승했다는 대한민국 정부의 표방에도 불구하고 면면히 이어져왔다. 임시정부의 법통을 내세우는 것은 실상 민족해방운동에 헌신했던 다른 수많은 집단의 역사적 의미를 부인하는 결과를 가져온다. 극단적인 반공주의하에서 국내의 사회주의운동이나 국외의 항일무장투쟁 세력의 존재는 이남의 역사에서 1980년대까지 철저히 말살되었다. 이런 문제점에도 불구하고 필자는 요즘음 대한민국 정부가 임시정부의 법통이라도 제대로 계승했었다면 하는 생각을 해본다. 적어도 그런 정부라면 통일을 지향하고, 민중의 생존권을 존중하고, 어떤 특권세력에 의한 부와 권력의 독점을 용인하지 않을 뿐 아니라 자주성을 갖는 정부이기 때문일 것이다.

태극기는 정말 민족의 상징인가

_외세에 의한 탄생과 파란만장한 역사

월드컵의 열풍 속에 온 나라가 붉게 물들었고, 우리 현대사에서 어쩔 수 없이 붉은색과 상극을 이루었던 태극기는 그 '붉은 무리'들의 상징으로 펄럭이고 있다. 그동안 국기 게양대에서 고고하게 펄럭이던 태극기, '국기에 대한 맹세'라는 희한한 주문의 대상이 되며 경건주의 · 엄숙주의의 상징이던 태극기는 두건으로, 치마로, 배꼽티로, 애교 있는 스티커로 다시 태어나 우리에게 가깝게 다가섰다. 월드컵이 열린 2002년은 태극기가 태어난 지 만 120년이 되는 해. 태극기가 이렇게 대중 속으로 파고든 것은 태극기의 짧지 않은 파란만장한 역사에서 처음이다.

마건충이 도안… 일본서 첫 게양

조선은 원래 국기가 없었다. 그러니 일본이 일본 국기를 단 운요호(雲揚號)에 조선이 발포한 것을 문제삼는 것을 이해할 수 없었다. 이런 곤욕을 치르면서 조선은 문호개방을 강요받았다. 그 뒤 조선에서 국기에 대한 논의가 본격적으로 이뤄진 것은 일본에 사신으로 갔던 김홍집(金弘集) 일행이 중국의 황준헌(黃遵憲)이 쓴 『조선책략』이란 책을 가져오면서부터였다. 이 책에서 황준헌은 청의 용기(龍旗)를 그대로 쓰라고 권했다. 이는 조선이 청의 속국임을 만천하에 알리라는 것에 다름 아니다. 당시 조선 정부는 청에 조선은 어떤 색의 용기를 사용하면 되겠냐고 물었다. 이에 청의 북양대신(北洋大臣) 이홍장(李鴻章)은 조선 국왕의 깃발인 용을 그린 네모난 기가 중국의 용기와 비슷하니 국기로 써도 좋다면서 한 가지 단서를 달았다. 발톱이 다섯 개인 오조룡(五爪龍)은 천자의 상징이니 제후국인 조선 국기의 용은 발톱을 네 개로 하라는 것이었다.

다행히 조선이 청의 국기를 그대로 쓰는 일은 없었지만, 태극기의 탄생에도 청의 입김은 깊숙이 작용했다. 태극기가 박영효가 일본에 사신으로 갈 때 만들어졌다는 것은 잘 알려진 일이지만, 그 도안을 누가 처음 했는지는 잘 알려지지 않았다. 청의 사신으로 조선에 와 조선과 미국 간의 조미수호통상조약(1882) 체결을 주도한 마건충(馬建忠)과 김홍집 간의 필담을 담은 『청국문답』(淸國問答)을 보면 태극기의 도안자가 마건충임을 알 수 있다. 1882년 4월 11일 마건충은 김홍집과의 회담에서 개인의견임을 전제로 조선의 국기를 흰 바탕에 태극 그림을 사용하고 주위에는 8괘를 그리는 것이 어떻겠냐고 제안했다. 이런 회담이 있은 뒤 7월에 임오군란이 일어나고, 조선은 제물포조약에 따라 대관(大官)을 파견하여 일본에 사죄할 것을 강요받았다. 이때 사신 박영효는 일본 국적의 메이지마루(明治丸)란 배를 타고 갔는데, 이 배의 선장은 영국인 제임스였고, 조선주재 영국 총영사 애스턴도 동승했다. 박영효는 애스턴과 조선 국기에 관해 협의하였는데, 애스턴은 선장 제임스가 세계 각국을 돌아다니느라 각 나라의 국기에 정통한 사람이므로 그의 조언을 받으라고 충고했다. 제임스는 마

1988년 8·15 남북학생회담 출정식을 마치고 거리로 나서는 학생들(위).
월드컵 거리응원 현장에 나부끼는 태극기(아래). 민주세력에서도 큰일이 있으면 태극기를 들고 비장하게 애국가를 부르곤 했다.

건충의 도안대로 8괘가 다 들어가면 복잡하고 다른 나라 사람들이 따라 그리기 힘들다고 충고하였고, 이에 따라 태진손간(兌震巽艮) 4괘를 들어내고 건곤감리(乾坤坎離) 4괘만 남기면서 상하좌우에 있어야 할 정괘를 45도 왼쪽으로 돌려버린 것이다. 이렇게 탄생한 태극기가 처음 게양된 곳은 일본 고베의 박영효 일행 숙소였다. 태극기는 중국인의 기본 도안에 일본에 사죄하러 가는 일본 국적의 배 안에서 영국인 선장을 산파로 해서 태어나 조선 사람들에게 선보이기도 전에 일본에 나부끼는 기구한 운명을 갖게 된 것이다.

태극 · 괘 모양 싸고 끊임없이 시비

태극기뿐 아니라 최근에 일본에서 국가라는 공식적인 지위를 얻은 기미가요 역시 영국인 작곡에 독일인의 편곡을 거쳐 태어났으니, 동아시아에서 근대국가의 상징을 만들어내는 과정에는 외세의 침탈과 개입이 짙었던 것이다. 태극기는 탄생과정에서 외세가 깊게 개입했을 뿐 아니라, 그 내용도 우리 고유의 문화나 전통이 아닌 중국의 『주역』에서 빌려온 것으로 이루어져 있다. 『주역』 '계사전'(繫辭傳)의 "태극이 양의(兩儀: 음양)를 낳고 양의가 사상(四象)을 생하고 사상이 8괘를 생한다"는 말에서 알 수 있듯이 태극기의 기본원리인 태극과 4괘는 『주역』에서 비롯된 것이다.

이렇듯 출생과정도 그 내용도 우리나라 사람이나 우리 고유의 것보다는 외국인과 외국적인 내용이 지배적이고, 애국가의 작사자로 확실시되는 윤치호(尹致昊)처럼 박영효도 말년이 친일로 얼룩지다 보니 민족주의자들의 입장에서 태극기를 민족의 상징으로 내세우는 것이 조금은 껄끄러울 수밖에 없었다. 그래서 나온 시도가 '태극기의 한국화' 또는 '탈중국화' 였다. 한 예로 1957년 '우리국기보양회'에서 펴낸『국기해설』을 보면 태극팔괘를 단군성조(檀君聖祖)의 가르침에 따라 고래 조선에서부터 국기로 사용하였다고 하고 있다. 또 대한민국국기선양회에서 1995년에 태극기 변천사 전시회를 하면서 펴낸 도록에는 1392년에 제작되었다는 범종이 실려 있는데, 이 종에는 현재의 태극기와 흡사한 4괘를 가진 태극기가 선명하게 새겨져 있다. 만일 사실이라면 놀라운 일이 아닐 수 없는 이 종의 실물은 한번도 공개되지 않았다. 이 단체는 태극기가 단군의 홍익인간 이념을 반영한다고 주장했다. 한편 이승만 정권 아래서 문교부 장관을 지냈고, 박정희 시절에는 박정희와 국무위원들에게 1년여에 걸쳐 국난극복사를 강의한 바 있는 이선근(李瑄根)은 이집트와 로마, 아테네, 비잔티움에서 멀리 미국 원주민의 토기 등 고대 유물과 신라의 곡옥(曲玉)에 이르기까지 태극 모양과 조금이라도 유사한 모양은 모두 찾아내어 태극이 중국의 전유물이 아니라 '상고 인류 공통의 우주관'을 상징한다고 강변했다.

1949년 국기제정위원회가 현재의 도안대로 태극기의 모습을 확정한 이후에도 태극기의 음양의 각도와 괘의 배열을 둘러싸고 시비가 끊이지 않았다. 태극기의 모양이『주역』에는 별로 소양이 없었을 영국인 선장의 조언에 따라 보기 좋게 8괘를 4괘로 줄이고, 4괘의 위치도 네 구석으로 배열하다보니 당연히 주역께나 한다는 분들의 입장에서 보면 태극기의 모양은 잘못된 것일 수밖에 없었다. 독립문에도 태극기가 조각되어 있는데, 그 모습을 보면 현재와는 괘의 위치가 다르게 배열되어 있다. 이탈리아와의 축구경기에서도 관중석 벽을 따라 여러 형태의 옛 태극기가 게양되었는데, 괘의 위치나 음양의 모습이 제각각이다. 윤봉길 의사는 폭탄을 던지러 가기 전에 백범 김구 선생과 대형 태극기를 배경으로 찍은 사진을 남겼는데, 사진 속의 태극기는 지금을 기준으로 보면 '잘못'(!) 게양되어 있다. 그런데 어떤 사진첩에는 이를 오늘날의 기준에 맞게 '바로잡아' 놓아 쓴웃음을 짓게 한다.

일본 순사들의 놀라운 재활용 정신

『주역』의 해석에 근거해서 태극기에 대한 시비가 끊이지 않자 이선근은 1959년에 태극기의 도안은 중국의 『주역』에서 나온 것이 아니라며 태극기에 대해 "중국식 역학자의 사고방식"을 갖고 "더이상의 부질없는 해석은 누구나 삼가야 한다"면서, "금후에는 누구든지 문교부가 이미 결정한 대로" 따라야 하며 "국기 도안의 역학적 해설을 고집하거나 함부로 내세우지도 말아 달라"고 단언했다. 그러나 현재 서점에 나와 있는 태극기에 관한 책들 가운데 상당수가 현재의 태극

마건충이 제안한 국기도식(위)과 제임스가 그렸을 최초의 태극기 그림(아래).

기를 잘못된 것이라 주장하면서 나름대로 바로 그린 태극기의 모습을 제시하는 것을 보면 이런 엄포로 태극기를 둘러싼 시비를 잠재울 수 있었던 것은 아니었다. 태극기의 복잡한 내력을 고려하면 초등학교에서 태극기를 잘못 그렸다고 벌받는 학생들에게 안쓰러운 마음이 들게 된다. 물론 태극기를 받아쓰기에서 태국기로 잘못 써서 벌받는

학생들에게까지 동정심을 표하고 싶은 마음은 없지만 말이다.

일제강점기, 나라도 빼앗기고, 말도 글도 빼앗기고, 사람들의 성과 이름마저 빼앗겨버린 빼앗긴 들에 태극기가 휘날릴 곳은 없었다. 대한독립의군부 등에서 태극기 게양운동을 벌였지만, 일제의 탄압으로 확산되지는 못했다. 한 가지 특기할 만한 일은 당시에는 사회주의

독립문에 조각된 태극기는 현재와는 괘의 위치가 다르게 배열돼 있다(왼쪽).
의거 직전 백범 김구와 기념사진을 남긴 윤봉길 의사. 사진 속의 태극기는 지금을 기준으로 본다면 '잘못' 게양돼 있다(오른쪽).

자들도 태극기를 앞세우고 독립운동을 벌였다는 점이다. 조선의용군의 경우 일부 젊은 층은 붉은 깃발을 내걸 것을 주장했지만, 당시 통일전선의 분위기와 태극기의 상징성을 고려하여, 그리고 중국공산당의 권유로 태극기를 그대로 사용했다고 한다.

그러다가 어느 시인의 말처럼 도둑처럼 해방이 왔다. 가장 재빨랐던 것은 일본 순사로 있던 조선인들이었다. 일장기의 원을 반을 먹으로 칠하고 귀퉁이에 4괘를 그려 순식간에 태극기를 만들어 들고 나왔으니, 그 재활용 정신(!) 하나만큼은 알아주어야 한다. 그렇다고 태극

기가 해방 이후 꼭 일장기 위에서 친일파들의 보신 수단으로 다시 태어난 것만은 아니었다. 앞치마에도 그리고, 이불 호청 떼어내어 그리고, 처녀 때 장만한 옥양목 치마를 한번도 안 입고 고이 간직해두었다가 쫙 찢어 사발을 대고 태극을 그린 아주머니들도 많았다. 그렇게 그린 태극기에서 태극 모양이 좀 틀리고 4괘의 위치가 바뀐다고 무슨 상관이 있었을까? 그런 분들이 딸 혼숫감에 그려주어 태극기가 다시 태어날 때가 태극기의 역사에서 가장 감격스러운 순간이었을 것이다.

　해방이 되어 태극기에 봄날이 왔나 싶었지만, 그게 아니었다. 나라는 반 조각이 났지, 일장기가 나부끼던 자리에는 성조기가 펄럭이지, 좌우대립은 극도로 격화되고, 게다가 일장기에 절 하던 친일파들이 태극기를 높이 휘둘러대는 정신없는 순간이 온 것이다. 이북에서 새로운 국기를 제정하자는 이야기가 나온 것은 그 무렵이었다. "구한국의 군주정체에 맞던 국법이나 국기가 신조선의 인민정권에 맞지 않을 것"이라는 이유였다. 이북 공산주의자들은 일제강점기 태극기가 중요한 역할을 한 것은 인정했으나, 해방된 지 2년 동안 이북에 "선진적이며 인민적이며 민주주의적인 헌법"을 마련하게 되었으니 새 국가에 조선시대의 법전인 『대전통편』이 필요 없는 것처럼 낡은 태극기도 맞지 않는다고 주장했다. 이에 따라 그들은 새 국기, 이른바 인공기를 만들어 1948년 7월10일 북조선인민회의 제5차 회의 제2일 회의 중에 그 기를 내걸었다. 1948년 10월이 되자 남로당에서는 이른바 '인공기 게양투쟁'을 벌이기 시작했다. 10월5일 새벽을 기해 전국적으로 태극기가 걸렸던 많은 자리에 인공기가 내걸렸다. 남로당원들은 일반 주택가보다 학교나 면사무소 같은 공공건물마다 인공기를 내걸었고, 서울에서는 독립문과 중앙청에까지 인공기가 내걸렸다.

'국기 경례 거부' 여호와의 증인들의 곤욕

한국전쟁 이후 독재정권들은 백두산 영봉에 태극기를 휘날리자는 '우리의 맹세'나 "조국과 민족을 위해 몸과 마음을 바쳐 충성을 다하자"는 '국기에 대한 맹세'를 제정하고, 국기강하식 때면 전국에서 모든 행인들을 '동작 그만'의 상태로 만들었으며, 심지어는 극장에서도 애국가가 울릴 때면 관객들이 벌떡 일어나게 만들었다. 이렇게 하면 '국민'의 애국심이 솟구치리라고 독재정권이 기대했을까? 독재자들은 바보가 아니었다. 어느 누가 바쁜 걸음을 재촉하다가 말고 길바닥에서 국기에 대한 맹세를 듣는 것을 좋아하며, 연인이나 친구와 즐거운 시간을 보내러 간 극장에서 벌떡벌떡 일어나며 애국심을 되새기겠는가? 독재권력이 노린 것은 태극기와 애국가를 통해 사람들을 길들이려는 것이었다. 태극기와 애국가에 대한 경배를 통해 그 뒤에 숨은 독재자에게 조건반사적으로 복종하게끔 만드는 것, 그것이 국민의례가 넘쳐나던 시기에 독재자들이 노린 것이다. 이 시기에는 학원에서도 군사주의·국가주의가 강화되었다. 이에 따라 종교적 신념에 따라 국기에 대한 경례를 거부하는 여호와의 증인들은 곤욕을 치르고, 줄줄이 퇴학당하기 시작했다. 사법부는 여호와의 증인들이 제기한 소송에서 여호와의 증인들의 국기에 대한 경례 거부를 '사교·이단 집단의 비애국적 행동'으로 몰아붙이면서 교내 질서가 지켜져야 한다고 못박았다. 이 같은 사법부의 판결은 헌법상의 권리인 종교의 자유를 고등학교 학칙이나 교내 질서보다 하위에 두는 행위였다.

독재자들이 태극기와 애국가를 권력유지의 수단으로 이용한 것은 사실이지만, 그렇다고 태극기나 애국가가 파시즘적 국가권력의 전유물은 아니었다. 민주세력에서도 큰일이 있으면 태극기를 들고 나오고, 비장한 마음으로 애국가를 부르곤 했다. 한 예로 1975년 8월 박정희 정권에 의해 의문의 죽임을 당한 장준하 선생의 장례식 때는 동지들이 임시정부에서 쓰던 오래된 태극기를 그의 관에 덮어 애국자의 마지막 길을 전송했다. 관동군 다카키 마사오(高木正雄)에게 죽임을 당한 광복군 장준하는 그렇게 태극기를 덮고 이 땅을 떠났다.

1980년 광주에서 전두환 일당에게 무참히 살해당한 분들을 급히 구해온 관에 모실 때 살아남은 시민들은 대형 태극기를 구해다가 한 장한장 덮어드렸는데, 어찌나 많은 분들이 죽었는지 광주 시내에 태극기가 동이 났다고 한다. 태극기는 광주 시민들이 그렇게 망월동에 묻힐 때 함께하기도 했지만, 광주의 학살자들이 민주정의당을 만들고, 대통령에 취임하는 놀음을 하는 현장에도 어김없이 나부꼈다. '황국신민서사'의 동생 격인 '국기에 대한 맹세'가 울려퍼지는 가운데… 학살자들이 휘두르던 태극기는 사라졌지만, 광주의 시민들과 함께 묻힌 태극기는 20년 가까운 세월이 흘러 망월동 구묘역을 신묘역으로 이장할 때 20여 장이나 거의 온전한 모습으로 다시 세상에 모습을 드러냈다. 열사들의 민주정신이 배어든 불후(不朽)의 태극기로 다시 태어난 것이다.

한국 현대사에서 온갖 영욕을 함께한 태극기가 감정을 갖고 있다면 가장 민망했던 때는 1980년대 학생들의 성조기 소각 사건 때가 아니었을까? 광주 이후 반미의 무풍지대였던 한국은 갑자기 세계에서 반미운동이 가장 치열한 곳이 되었고, 학생들은 광주학살의 배후로 미국을 지목하고, 성조기를 태우기 시작했다. 그런데 정부는 성조기를 불태운 학생들을 국가보안법 위반으로 기소했다. 학생들이 태극기를 태운 것도 아니고, 또 정작 미국에서는 성조기를 불태우는 행위가 헌법상의 표현의 자유로 인정받는데 말이다.

통일조국까지 간다는 건 상상하기 힘든 일

1987년 6월항쟁 때도 학생들과 시민들이 태극기를 많이 들고 나왔지만, 태극기가 본격적으로 시위현장에서 쓰인 것은 1988년의 통일운동 때부터일 것이다. 젊은 학생들은 태극기로 온몸을 감싸고 눈물을 흘리며 결연히 통일의 의지를 불태웠다. 1970년대나 1980년대 초반의 학생시위 현장에서 종종 태극기의 모습을 찾아볼 수 있었다. 그러나 이때는 독재정권이 학생운동을 빨갱이로 모는 것에 맞서 태극기를 빨갱이 공세를 막아주는 호신부처럼 들고 나온 것이었다면, 1980년대 후반의 태극기는 의미가 달랐다. 1986년 이후 학생운동에서 민족해방 사상이 널리 퍼지고, 재일동포 지도자인 배동호 선생의 『애국론』이 널리 읽히면서 '애국'이란 독재자들의 전유물이 아니라 우리 민중들이 되찾아야 할 소중한 덕목으로 부활한 것이다. 이런 분위기 속에서 '식민지 내 조국의 아들로 태어난' 젊은이들이 가야 할 길을 노래한 〈애국의 길〉이란 노래가 애창되었다. 물론 학생운동 일각에서는 이런 태도를 민족주의적 편향이고, 민족주의는 파시즘이나 독재권력과 쉽게 결합한다는 비판도 제기되었다.

1990년대 이후 한동안 민족주의에 대한 비판이 거세게 일다가 요즈음 태극기는 다시 때아닌 전성시대를 맞았다. 그리고 빼앗겼던 붉은색도 다시 살아났다. 이북의 노동당 행사에서도, 빨갱이들의 본고장인 소련의 붉은 광장에서도 수십, 수백만 명이 길거리를 가득 메운 이런 붉은 물결은 있어본 적이 없었다. 30대 후반 이상이면 반공 포스터에나 그렸을 붉은 악마는 이제 온 국민의 상징이 되어버렸다. 동계올림픽 때 김동성 선수가 태극기를 내팽개쳤다면서 비난하던 〈조선일보〉가 네티즌들한테 혼이 날 때부터 조금 감지되기는 했지만, 이미 젊은이들은 태극기에 대해 군사독재정권이 강요하던 엄숙주의·경건주의를 벗어던졌다. 과연 온 나라를 붉게 물들인 붉은 악마 현상이 레드콤플렉스의 진정한 극복으로 나아갈 수 있을 것인가? 동원이 아닌 자발적인 참여, 그리고 이 집단적 열광 속에서도 분명히 발견되는 개인주의는 과연 민족주의가 나치즘이나 일본의 군국주의 같은 광기로 가는 데 충분한 안전판이 될 수 있을 것인가? 우리가 태극기를 흔들며 대~한민국을 외치는 것은 당연한 것이고, 일본인들이 히노마루(일장기)를 흔들며 닛폰을 외치는 것은 섬뜩한 일일까? 이 모든 열풍은 그저 축구경기를 둘러싼 90분 내셔널리즘으로 국한될 것인가? 한국 현대사의 맥락에서 보면 민족주의의 빅뱅과 레드콤플렉스의 약화 조짐이라는 잘 어울릴 것 같지 않은 일이 동시에 벌어지는 현상은 축구 4강의 신화만큼이나 신기한 일이다.

국가라는 조직이 지구상에서 사라지지 않는 한 국기는 존재할 것이다. 그리고 국가는 절대로 스포츠 내셔널리즘을 포기하지 않을 것이며, 세계화의 물결 속에서도 국가대항전이 열릴 때면 국기는 지금보다 더 힘차게 나부낄 것이다. 그러나 〈월간조선〉이 바라는 것처럼 주석궁을 국군 탱크가 점령하지 않는 한, 태극기나 애국가가 통일조국에서 계속 자리를 지킨다는 것은 상상하기 힘들다. 그때는 몇 차례 실험을 해본 단일기처럼 남과 북 모두가 기꺼이 받아들일 수 있는, 남과 북 모두를 아우를 수 있는 새로운 상징이 필요한 것이 아닐까?

우리는 모두 단군의 자손인가

_단일민족 신화의 허상

우리 사회에는 단일민족의 신화가 널리 퍼져 있다. 1960, 70년대에 비해 조금 줄어들긴

했지만 우리 사회의 성원 모두가 '단군 할아버지' 자손이라는 말은 아직도 흔히 들을 수 있

다. 과연 우리는 '단군 할아버지'라는 한 분의 조상으로부터 퍼져나와 혈연적으로 연결된

단일민족일까?

'단군 할아버지론'은 난폭한 주장

답은 "그렇지 않다"이다. 단군의 아버지 환웅과 함께 이 땅에 온 3
천의 무리나 단군이 다스렸던 백성들이 모두 아이를 낳지 않은 것은
아닐진대, 그들의 후손은 어디로 갔을까? 기자의 후손을 표방한 사람
들의 도래에서부터 고려 초기 발해 유민들의 집단 이주에 이르기까
지 우리 역사에서 대규모로 인구가 유입된 사례는 수없이 많다. 또 거
란, 몽골, 일본, 만주족 등의 대대적인 외침과 한국전쟁이 할퀴고 간
상처 역시 무시할 수 없다. 이런 점을 고려한다면 '단군 할아버지'라
는 한 분의 조상으로부터 비롯되었다는 단일민족의식은 하나의 신화

에 지나지 않는다.

종이를 꺼내 그림을 그려보자. 종이의 맨 아래에 나를 표시하고 그 위에 아버지, 어머니를, 그리고 각각 아버지의 아버지, 어머니, 어머니의 아버지, 어머니를 표시하는 식으로 그려보면 종이는 금세 꽉 찰 것이다. 대략 고려 말, 조선 초에 해당될 우리의 25대조 항렬로 거슬러올라가면 우리는 수천만 명의 조상을 갖게 된다. 물론 중복되는 분들이 있을 것이니 그 수는 크게 줄어들겠지만 '단군 할아버지' 시대로 거슬러올라가면 계산상 우리는 2의 100승(乘)을 넘는 그야말로 천문학적 숫자의 조상을 갖고 있는 것이다. '단군 할아버지'는 실존했다 하더라도 그분들 중 한 분일 뿐

'단군 할아버지' 라는 한 분의 조상에서 오늘날의 한국인이 모두 퍼져나왔다는 것은 극단적 민족주의일 뿐이다.

이지, '단군 할아버지' 라는 한 분의 조상에서 오늘날의 한국인이 모두 퍼져나왔다는 것은 극단적 민족주의와 부계 혈통주의가 결합된 아주 난폭한 주장이라 할 수 있다.

고조선의 건국시조로서의 단군의 실체를 인정하는 것과 한민족 전체의 공통조상으로서의 '단군 할아버지'를 받드는 것은 엄청나게 다른 이야기이다. 각 성씨의 족보를 보더라도 자기 조상이 중국으로부터 도래했다고 주장하는 귀화 성씨가 적지 않다. 또 한국의 대표적

인 토착 성씨인 김씨나 박씨를 보더라도 그 시조는 알에서 태어났지 단군의 후손임을 표방하지는 않는다. 이는 대부분의 족보가 처음 편찬된 조선시대 중기나 후기까지는 적어도 '단군 할아버지'라는 공통의 조상을 모신 단일민족이라는 의식이 별로 없었다는 증거가 된다. 또 엄격한 신분제가 유지된 전통사회에서 노비 등 천민과 지배층이 같은 할아버지의 자손이라는 의식은 존재할 여지가 없다.

공통된 조상으로부터 뻗어나온 단일민족이라는 의식이 처음 출현한 것은 우리 역사에서 아무리 올려잡아도 한말 이상 거슬러올라갈 수 없고, 이런 의식이 전 국민적으로 보편화된 것은 좀더 세밀히 연구해 보아야겠지만 신분제와 신분의식이 결정적인 타격을 입은 한국전쟁을 거쳐 1960년대 들어와서일 것이다. 우리 역사에 처음 출현한 국가의 창건자로서 정치적인 군장이자 제사장적 성격을 지닌 임금을 가리키는 칭호였던 단군은 어느새 '단군 할아버지'라는 친근한 이름으로 우리 곁에 다가온 것이다.

제국주의의 침탈과 분단을 겪은 20세기에 단일민족의식은 민족의 단결을 고취하고, 신분의식 타파에 기여하는 등 긍정적인 역할을 일정하게 수행했다. 그러나 단일민족이란 실제 존재하지 않는 허상일 뿐 아니라, 단일민족의식이 역사의 발전에서 긍정적인 역할을 수행할 수 있는 시기도 지나갔다. 우리 사회의 일각에서는 단일민족을 내세우는 것의 순기능이 아직도 필요하다고 생각할지도 모른다. 특히 명백히 같은 핏줄에 한국어를 구사함에도 불구하고 피부색이 다른 이주노동자들보다 나은 대접을 받고 있다고 할 수 없는 조선족 동포들의 처지를 보면, 그리고 출신에 따라 편을 가르고 차별하는 지긋지긋한 지역감정을 떠올리면 같은 민족끼리 왜 이러나 하는 생각을 하게 된다. 갈라진 민족의 통일을 생각하면 우리는 한겨레라고 외치고 싶어진다. 그러나 잠깐! 과연 단일민족의식이 이런 문제들을 극복하는 해답이 될 수 있을 것인가? 우리는 지난 수십 년 간 단일민족임을 외쳐왔지만 이런 문제들은 오히려 더 악화돼 왔다는 것을 기억해야 할 것이다.

'2등신민'의 저주받은 유산

이제 우리는 좀 다른 식으로 생각해야 한다. 같은 민족이기 때문에 차별해서는 안 된다는 논리는 유감스럽게도 다른 민족이라면 차별해도 괜찮다라는 길을 열어두고 있다. 우리보다 앞서서, 우리보다 더 강하게 하나의 민족, 하나의 조국, 하나의 언어를 내세운 나치 독일은 600여만 명의 유대인 학살과 주변 국가에 대한 침략으로 나아갔다. 물론 이런 가능성들이 늘 현재화되는 것은 아니지만, 단일민족의식 속에는 분명 억압과 차별과 불관용이 숨어 있다.

이미 이 땅에는 50만 명에 가까운 외국 출신이 살고 있고 그들의 대부분은 이주노동자들이다. 19세기 후반 이래 우리나라를 떠나 외국으로 이민길에 오른 동포는 약 500만 명. 그들이 그랬던 것처럼 이 땅은 이주노동자들에게 자신의 태를 묻은 고향은 아니지만, 뼈를 묻어야 할 곳이 될 것이다. 그러나 단일민족의식이 살아 있는 한 이 땅은 이주노동자들, 짝을 찾지 못한 농촌 노총각들의 아내가 되어준 동남아 여인들, 그리고 그들 사이에서 태어난 아이들이 발붙일 곳이 못 된다.

다른 인종에 대한 우리의 태도는 이중적이다. 우리는 모든 외국인에 대해서 배타적이고 적대적이지는 않다. 미국인 등 백인종에 대해서 우리는 한 수 접고 들어가는 반면, 동남아나 아프리카 출신들, 그리고 같은 황인종인 중국인에 대해서는 못살고 더럽고 게으르다는 편견을 갖고 있다. 이런 편견은 19세기 말~20세기 초 일본을 비롯한 제국주의자들이 우리 민족에게 보인 편견의 재판인 동시에 인종 간에 위계질서를 매기려 한 일제의 인종관의 잔재이기도 하다.

1930년대 이후 일본군국주의가 팽창을 거듭하면서 일본제국의 판도는 만주와 중국 일부를 거쳐 동남아 일대로 확대되었고, 일본제국 내의 인종적 구성도 대단히 복잡한 양상을 띠게 되었다. '아시아인에 의한 아시아의 건설'을 표방한 대동아공영권 논리를 내세우며

2등신민의 영광? 일본군에 끌려가는 조선인 위안부들.

일제는 여러 인종 간의 '협화'(harmony)를 강조했지만, 이 허울뿐인 협화는 인종집단 간의 평등에 기초한 것은 결코 아니었다. 일본인을 정점으로 인종집단 간에는 뚜렷한 위계질서가 존재했고, 여기서 일본에 이어 두 번째 자리를 차지하게 된 우리 민족은 '2등신민'(二等臣民)으로서의 온갖 참담한 '혜택'과 저주받은 유산을 떠안게 되었다. 돌이켜보면 참으로 어처구니없는 이야기지만 일본제국주의자들이 '미개'한 조선인들에 대해 '동조동근'(同祖同根: 일본인과 조선인은 조상과 뿌리가 같다는 뜻)을 이야기하고, 일본식 이름을 갖는 것을 '허락'하고, '황군'에 참가하는 '은전'을 베푼 것도 다 '2등신민'만이 누릴 수 있는 '영광'이었다.

우리의 근현대사에서 가장 쓰라린 상처의 하나인 일본군 성노예('정신대') 문제 역시 일제가 우리에게 자기 마음대로 부여한 '2등신민'의 지위와 깊은 관련이 있다. 일본군에 의해 성적인 노리개로 농락당한 여성들은 적게는 수만 명, 많으면 20만 명으로 추산되는데, 그중 80% 이상이 조선 여성들이었다. 파렴치한 일제는 '차마' 일등신민인 일본 여성들을 잡아다가 그 짓을 시킬 수 없고, 그렇다고 '황군' 병사들한테 '열등'한 인종 출신의 '질 나쁜 성적 노예'를 공급할 수도 없었기에 '2등신민'인 우리의 누이들을 마구 끌고 간 것이다. 그렇게 끌려간 우리의 누이들은 '닛폰진토 조센진와 덴노헤이카 오나지네(일본인과 조선인은 천황폐하가 같지요)'라는 서툰 일본말을 외우며 옷고름을 풀 것을 강요당했다.

'한겨레'라는 이름의 가치와 한계
우리는 20세기의 전반기에 제국주의자들에 의해 인종차별의 설움을 쓰리도록 겪었다. 혹독한 시집살이를 겪은 며느리가 못된 시어머니가 되는 것일까? 일제잔재의 철저한 청산을 이루지 못한 채 분단과 전쟁에 휩쓸려간 우리나라에 미국식 백인우월주의가 들어오면서 '2등신민' 의식이 살아남았기 때문일까? 쓰라린 역사에서 교훈을 얻지 못한 우리는 우리보다 강한 자에게는 약하나 처지가 못한 자에게는 턱없는 우월감을 갖고 인종차별을 전가해왔다. 노근리 사건을 비롯한 한국전쟁 동안 미군에 의한 민간인 학살에 깔려 있는 인종멸시의 태도는 베트남의 정글에서 재현되었다. 지금도 계속되고 있는 재일 한국·조선인에 대한 차별과 멸시는 이 땅의 이주노동자 등 피부색을 달리하는 사람들을 비껴가지 않는다. 동남아나 중남미로 진출한 한국 기업에서는 일제시대 일본인 공장주들이 조선인 노동자들에게 가한 민족적 멸시와 학대를 다시 볼 수 있다. 우리의 내면에 터를 잡은 백인우월주의는 어김없이 이민보따리에 묻어 태평양을 건너 본고장으로 역수출되어 한흑갈등의 주요인이 되고 있다.

이웃 일본에도 단일민족의식이 깊게 뿌리 박혀 있고, 우리의 단일민족의식은 그런 일본을 상대로 싸우면서 서로 닮아간 측면이 있음을 부인할 수 없을 것이다. 그러나 역사적으로 보면 고려 중엽 이래 중앙정부에서 지방관을 파견해온 우리는, 중앙에서 파견되어 임기를 마치면 떠나야 할 관리 대신 봉건 영주가 대를 이어가며 자신의 영지를 다스려온 일본에 비해 민족공동체의 동질화가 더 오랜 기간에 걸쳐 강하게 진행되었다고 할 수 있다. 대단히 강한 민족적 동질성을 기반으로 전개된 민족사는 그 자체로서 우리에게 소중한 것임은 두말할 나위가 없지만, 인종주의 문제와 관련해 생각해보면 이는 불행히도 인종적 편견이 손쉽게 자랄 수 있는 온상이기도 하다.

민족적 동질성이 상당히 강한 사회와 단일민족사회는 엄청나게 다른 이야기이다. 단일민족사회란 사회구성원 중 소수자들을 의도적으로 배제하고 말살해야 만들어낼 수 있는 위험한 사회이다. 우리가 단일민족이라는 허위의식을 내던져야 함은, 크레파스의 살색이라는 우스꽝스러운 말을 지워버려야 함은, 단지 우리 사회의 인구구성에서 1% 내외에 불과한 이주노동자들의 인권을 위해서만은 아니다.

　단일민족이라는 허위의식을 고집할 때 우리는 우리와 다르지만 동등한 인권을 가진 사람들을 박해하는 대열에 어느새 서게 되는 것이다. 이주노동자의 문제가 불거지기 전까지 우리는 단일민족이라는 말 속에 포함된 억압적 요소를 심각하게 고려하지 못했다. 1988년 〈한겨레신문〉이 처음 창간될 때 분단된 조국의 남쪽에서 살아온 우리는, 그리고 6월항쟁의 피땀이 지역감정에 묻혀버리는 것을 본 우리는 〈한겨레신문〉이라는 제호를 참 잘 지었다고 생각했었다. 그러나 역사는 늘 더디 흐르는 것 같지만 우리가 종래의 과제를 해결하기 전에 새로운 문제를 불쑥불쑥 내던지곤 한다. 단일민족의식의 흔적이 물씬 배어나는 이름을 지닌 〈한겨레〉와 〈한겨레21〉이 어떤 매체보다도 열심히 이주노동자들의 문제를 알리기 위해 고투하는 것이 그 증거가 아닐까?

피부색 다르다고 왜 이리 못살게 구나

　우리는 단일민족의 허상, 혈통의 순수성이라는 신화에 집착하지 말고 현실을 보아야 한다. 재외동포에 관한 법률을 보면 단일민족을 따지는 기준이 꼭 "단군 할아버지" 자손은 아닌 것 같다. 이 법은 재외동포의 정의를 대한민국 국적을 가졌던 자 및 그들의 자손으로 규정하는 절묘한 조항을 삽입함으로써 대한민국 정부 수립 이전에 이민을 떠난 재중동포나 옛 소련 지역에 거주하는 동포들을 재외동포에서 배제시켜버렸다. 이 몰역사적인 법률은 단일민족에 포함될 수 있는 재외동포의 필요충분조건이 결국 혈연이나 민족의식만으로는 부족하고 "돈"도 있어야 한다는 사실을 보여준다.

명백히 한민족의 구성원인 중국이나 옛 소련 지역의 동포들이 이런 대접을 받는 단일민족사회에서 이주노동자들의 처지는 참담할 수밖에 없다. 한국에 와서, 또는 한국에 오기 전에 이주노동자들이 제일 먼저 배우는 한국말은 "때리지 마세요, 욕하지 마세요, 우리도 사람이에요"라고 한다. 여기에 "월급은 왜 안 줘요?" 같은 말들이 실제로 이들이 사용하는 한국어 교재에 실릴 수밖에 없는 것이 단일민족국가 한국의 현실이다.

이주노동자들의 상당수는 불법체류자이다. 이는 우리의 출입국관리법이 그들의 법률 위반을 부추겨 불법체류자를 양산하고 있기 때문이다. 그러나 이들이 불법체류자라 해도 이들의 체류자격이 불법인 것이지 인권과 자존심까지 불법화된 것은 아니다. 1980년대 후반부터 급증하기 시작한 외국인들의 노동이주가 1997년 말 외환위기 직후 잠시 주춤했다가 다시 가파른 상승세를 보이고 있다는 사실은 우리 경제가 이들의 노동력을 절실히 필요로 하고 있다는 것을 증명한다. 이런 엄연한 현실에도 출입국관리 당국은 이들에게 잘해야 3개월짜리 체류허가를 내줄 뿐 이들이 합법적으로 노동할 수 있는 자격을 주지 않는다.

이주노동자들의 숫자가 늘면서 이주노동자와 한국인들 간의 국제결혼도 증가하고 있다. 최근 들어 국적법이 개정되기는 했으나 1990

민족적 동질성을 기반으로 전개된 민족사는 불행히도
이주노동자 등에 대한 인종적 편견이 손쉽게 자랄 수 있는 온상이다.

년대 내내 우리 사회는 한국 남성과 외국인 여성의 결혼과 한국 여성
과 외국인 남성 사이의 결혼에 큰 차별을 두었다. 그 사이에서 태어난
아이들 역시 차별을 받았다. 한국 남성과 외국인 여성 사이에서 출생
한 자녀들은 바로 한국 국적을 취득할 수 있었지만, 한국 여성과 외국
인 남성 사이에서 태어난 아이들은 1999년까지 한국 국적을 가질 수
없었고, 따라서 취학도 불가능했다. 이 문제는 현재 부모 중 한 사람
이 한국 국적이면 그 자녀도 당연히 한국 국적을 취득할 수 있도록 법
이 개정되었지만, 한국 여성과 결혼한 이주노동자가 한국 국적을 취
득한다는 것은 여전히 사실상 불가능하다. 한국 여성과 결혼한 외국
인 남성의 경우 합법적인 신분을 갖고 3년 이상 연속적으로 거주한

경우 한국 국적의 취득이 가능하지만 3개월짜리 체류허가만 끊어주기 때문에 연속적으로 3년 간 한국에 거주하는 길은 원천적으로 막혀 있다. 사위는 백년 손님이라는 전통 때문에 이들을 국민으로 받아들일 수 없다는 것인지, 아니면 단일민족의 순수한 혈통을 더럽히는 피부색 다른 사람들을 못살게 굴자는 심사인지 알 수는 없지만, 이것이 우리의 현실이다.

'단군'은 한때 민족주의자들의 지혜였지만…

이주노동자들의 역사가 깊어가면서 필연적으로 발생하는 문제는 2세들의 취학문제이다. 그러나 어느 학교도 규정이 없다는 이유로, 선례가 없다는 이유로 이 어린아이들을 받아들이지 않는다. 극히 최근에야 성남에서 10여 명의 몽골 어린이들의 등교를 허락했지만, 그들은 아직 청강생 신분일 뿐이다. 어떤 사람들은 외국인학교에 보내면 될 것 아니냐 말하지만, 사립초등학교 학비의 몇 배가 넘는 외국인학교 학비를 댈 경제력이 있는 사람들이라면 무엇 하러 머나먼 이국 땅에서 3D 업종에 종사하겠는가?

나라가 위기에 처했을 때 단군을 내세워 민족의 구심점으로 삼은 것은 한말-일제 초기 진보적 민족주의자들의 지혜였다. 그들은 남의 땅에서 무기를 들어 군대를 만들고 학교를 세워 아이들을 가르쳤다. 단일민족 담론의 선구자들은 남의 땅에서 독립운동을 하면서 갖은 서러움을 겪어본 사람들이었다. 피부색과 말이 다르다고 이 땅에 살고자 하는 사람들을 박해하는 우리의 이지러진 모습은 과연 그들이 꿈꾸던 민족국가의 모습이었을까?

'장군의 아들', 신화는 없다

_황당한, 그러나 미워하기 힘든…

드라마 〈야인시대〉가 몰고온 화제 때문에 가는 데마다 김두한에 대해 물어오는 사람들이 많다. 그럴 때면 나는 얼마 전 차세대 전투기 도입을 둘러싸고 인터넷에서 수백만 건의 조회 수를 올리며 장안의 화제가 된 김대중 대통령과 부시 간의 전화 이야기를 꺼낸다. 실제로 일어난 것은 아니지만, 김대중 대통령이 미국 대통령에게 "그렇게 해주었으면" 하는 국민의 바람을 담아 잠시만이라도 우리에게 웃음을 안겨준 그 동영상을….

'자랑스러운' 백색테러

그 동영상에서 김대중 대통령이 부시에게 펀치를 날리는 것을 보고 김대중을 반미투사로 생각한다면 웃음거리듯, 〈야인시대〉나 영화 〈장군의 아들〉을 보고 김두한을 항일영웅으로 생각한다면 그 역시 웃음거리다. 김두한은 항일영웅의 아들이지 그 자신이 항일영웅은 아니다.

영웅이 없는 시대, 그리고 '진짜 사나이'―그런 게 '진짜' 있는지 모르지만―가 없는 시대에 김두한에 대한 향수는 주기적으로 되풀이

장안에 화제를 뿌리고 있는 드라마 〈야인시대〉에서 김두한 역을 맡은 안재모의 연기 모습.

된다. 물론 소설이나 영화에 비친 김두한의 생애는 엄청난 과장과 미화로 역사라기보다는 하나의 신화로 우리 앞에 다가왔지만, 아무나 신화의 주인공이 될 수 없다는 점에서 김두한의 생애에는 무언가 특별한 것이 있다.

장군의 아들. 그만큼 김두한 신화에서 김좌진의 위치는 절대적이다. 아버지의 후광이 없었으면 김두한은 그저 뒷골목 깡패의 보스나 해방 뒤 백색테러의 행동대장의 하나로밖에는 기억될 수 없었을 것이기 때문이다. 우리는 김좌진 장군과 쌍벽을 이룬 홍범도 장군의 아들을 기억하지 않는다. 이준 열사의 아들로 진짜 독립군 대장이 되어 중국대륙을 누빈 이용(李鏞) 장군을 기억하는 사람도 거의 없다. 이용 장군은 북에서 고위직을 지냈기 때문이다.

일부에서는 김두한이 정말로 김좌진 장군의 아들이 맞느냐는 의문을 제기한다. 호랑이에게서 어떻게 승냥이가 나오냐는 것이다. 그러나 김두한이 장군의 아들이 아니라는 확증 역시 어디에도 없다. 김좌진 장군의 부인 등 유족들이 김두한을 장군의 아들로 인정하고, 안동 김씨 일가들 역시 김두한을 높이 평가하지는 않지만, 일가로 받아들이는 것을 주저하지 않는데 확증도 없이 김두한이 장군의 아들이 아니라고 주장하는 것은 부질없는 일이다. 다만 흥미있는 것은 김두한이 자신의 이름으로 1963년에 간행된 회고록 『피로 물들인 건국전야』에서 김옥균을 자신의 양할아버지로 묘사한 대목이다. 김좌진이 김옥균의 양자로 들어갔다는 것이다.

김두한의 회고록을 바탕으로 박창규가 1965년에 간행한 『피로 물들인 민족사』에는 김옥균이 김좌진의 백부라고 쓰여 있다. 김옥균과

국회 기자실에 들러 인사하는 1960년대 김두한 의원.

김좌진은 모두 안동 김씨지만, 촌수로는 20촌이 넘는 그냥 같은 문중일 뿐이다. 갑신정변이 실패하고 김옥균이 일본으로 망명한 뒤 역적으로 몰리자, 안동 김씨 문중에서는 김옥균 항렬의 돌림자를 균(均)에서 규(圭)로 바꾸었는데, 김좌진의 아버지는 아마도 형균(衡均)에서 형규(衡圭)로 개명했을 것이다. 이런 사정을 고려해볼 때 김좌진이 김옥균의 양자로 들어갔다는 것은 터무니없는 이야기다. 김두한

이 정말 김좌진 장군의 아들이 맞느냐는 의심이 자꾸 제기되는 것도 따지고 보면 그의 회고록이 말도 안 되는 이야기들로 가득 차 있기 때문일 것이다.

김두한이 본격적으로 항일영웅으로 묘사되기 시작한 것은 1980년대 후반 홍성유가 김두한의 깡패 시절을 다룬 소설을 〈조선일보〉에 연재하면서부터가 아닐까 한다. 이 소설의 원제목은 '인생극장'이었는데, 뒤에 책으로 간행될 때 제목을 '장군의 아들 김두한'으로 달았고, 임권택 감독의 영화도 이 제목을 따서 붙인 것이다. 『피로 물들인 건국전야』나 이 책을 토대로 박창규가 쓴 『피로 물들인 민족사』에는 『장군의 아들 김두한』에서 김두한과 세를 겨룬 일본인 깡패 조직 하야시 패에 대한 이야기는 없다. 대신 고노에(近衛) 패와 일전을 겨룬 이야기가 나온다. 고노에 패와의 일전도 종로의 상권을 지키기 위한 민족적 입장에서 이야기된 것이 아니라 그냥 깡패(협객)들 간의 싸움으로 묘사됐을 뿐이다.

1960년대의 김두한 신화에서 협객 부분은 강조되었지만, 이 협객이 항일협객은 아니었다. 김두한 패와 대결했다는 혼마치(本町: 오늘날의 충무로)의 하야시 패 우두머리 하야시도 사실은 조선 사람 선우영빈(해방 뒤 건설협회 부회장을 지냈다고 한다)이었고, 그 부하들도 대부분 조선 사람들이었다. 다만 그들은 일본인들과 좀더 유착되어 있을 뿐이었다. 김두한도 현재 중앙우체국 앞에 있는 자전거 영업소의 관리권을 하야시로부터 넘겨받는 조건으로 하야시 패에 통합되었다는 증언이 나오는 것을 보면, 김두한과 하야시의 관계는 〈장군의 아들〉류에서 그려지는 대립적 관계는 결코 아니었다.

처음엔 좌익진영에 가담

1960년대까지 김두한이 강조한 것은 자신의 항일이 아니라 반공이었다. '피로 물들인 건국전야'란 제목이 상징하듯 김두한은 해방 직후의 좌우대립에서 우익 백색테러의 행동대장으로 맹활약했다. 백색테러란 말은 김두한의 책에서 아주 자랑스럽게 무수히 등장한다. 1968년에 간행된 『명인옥중기』에 실린 김두한의 회고록은 더욱 과장이 심하여 1945년 12월7일 좌익 계열의 국군준비대를 습격하여 죽창으로 가슴을 박아 일일이 죽음을 확인한 뒤 건물에 넣고 휘발유를 뿌리고 불을 질러 모두 1,300여 명을 일시에 화장했다고 자랑하고 있다. 박창규의 『피로 물들인 민족사』에서는 국군준비대 습격에서 10여 명을 살해했다는데, 몇 년 사이에 전과가 100배로 늘어난 것이다. 그러나 민간인 학살이 한창 자행되던 한국전쟁 발발 이후면 모를까, 1945년 12월에 1,300명은 고사하고 10여 명의 학살은 있지도 않았고 있을 수도 없었다. 이 기록은 비록 허구이긴 하지만, 학살의 주역이 학살을 정당화한 거의 유일한 사례라고 할 수 있다.

1945년 12월이라면 아직 좌우 간에 물리적인 충돌이 본격화되기 전이며, 김두한이 속한 대한민주청년동맹이 결성되기도 여러 달 전의 일이다. 이 시기 김두한은 아편을 밀매하다가 미군정의 단속에 걸려 서대문형무소에서 3개월 가량 옥살이를 한 뒤 출옥하여, 우익이 아니라 좌익 쪽에 가담하고 있었다. 이를 감추다 보니 해방 직후에 김일성이 특사를 보내 김두한을 육군 소장에 남반부 인민군 사령관으로 임명하면서 금단추가 달린 군복을 보냈다는 황당한 이야기가 나오는 것이다. 김두한은 일제강점기와 해방 직후에 최고의 인기를 누린 유명한 만담가 신불출(申不出)의 영향을 받아 좌익 계열의 조선청년전위대에 가담하여 활동하고 있었다. 이 조직에는 김두한과 과거 수표교 밑에서 같이 거지생활을 한 죽마고우 정진룡(丁鎭龍, 김두한 회고록에는 鄭鎭英으로 나온다)도 포함되어 있었다.

정진룡은 김두한과 같이 종로 패에 속해 있다가 부산으로 내려가 부산의 주먹 보스가 되었다가, 해방 이후에 서울로 올라가 하야시 패가 붕괴된 이후 무주공산이 된 명동의 주먹계를 장악한 인물이었다. 그런데 정진룡이 청계천을 건너 종로로 진출하여 5가와 6가를 장악하고 남진해오자 김두한은 위기의식을 느꼈다. 특히 김두한 밑의 중간 보스들이 여럿 정진룡 쪽으로 넘어가자 위기감은 커질 수밖에 없었다. 이에 김두한은 조선청년전위대의 일방적인 해체를 선언하고 부하들을 이끌고 우익청년단체 쪽에 가담한다. 대개의 회고담은 김두한이 처음 멋모르고 좌익에 가담했다가, 염동진(백의사 사령으로 맹인장군으로 알려진 수수께끼의 인물)이나 박용직(朴容直) 등으로부터 아버지인 김좌진 장군이 공산주의자에게 살해당했는데 네가 어떻게 공산당 노릇을 하느냐는 말을 듣고 설득당했다지만, 김좌진 장군이 공산주의자에게 암살당한 사실은 일제강점기에도 알 만한 사람은 다 아는 일이었는데 아들인 김두한만 몰랐다는 것은 믿기지 않는다.

김두한이 가담한 우익청년단체는 대한민주청년동맹이었다. 아니, 정확히 말해 김두한 패가 가담함으로써 이 단체는 1946년 4월에 출범한 것이다. 이 단체의 명예회장은 이승만과 김구였고, 회장은 뒷날 박정희 시대 야당의 총재로 이른바 진산파동의 주역이 된 유진산(柳珍山)이었다. 김두한은 이 단체의 감찰부장이 되었는데, 당시 청년단체의 감찰부는 백색테러의 행동대 역할을 수행하는 곳이었다. 김두한이 이끄는 대한민주청년동맹 별동대는 서북청년단 등 다른 우익청년단체들과 함께 좌익이 주도한 1946년의 9월총파업 등을 파괴하는데 앞장섰다. 당시 파업은 합법적인 것이었기 때문에 미군정도 이를 막기가 어려웠는데, 우익청년단체들을 오늘날의 구사대 격으로 동원해서 파업을 깨버린 것이었다.

미군정 아래서 교수형을 받다

미군정 경찰의 강력한 후원을 받는 우익청년단체들은 특히 1946년 이후 무소불위의 권력을 휘둘렀다. 그런데 권력과 주먹패가 본격적으로 야합하기 시작한 것은 이때부터지만, 단초는 이미 일제강점기에 열려 있었다. 일제는 조선인 청년들을 전쟁에 동원하는 과정에서 많은 이들이 일본어도 모르고 조직생활을 해본 경험이 없어 군인이나 전쟁노무자로 동원하는 데 어려움이 있자 이를 해결하기 위해 청년단이나 청년훈련소를 조직하여 황국 청년으로 교육하는 데 주력했다. 이는 파시스트 권력이 뒷골목 세계에까지 일정한 공식성을 부여하며 체제내화한 것으로, 해방 뒤의 백색테러나 한국전쟁 전후의 민간인 학살 등과 같은 불행한 사건들의 씨앗은 이때부터 뿌려진 것이라 할 수 있다. 또 주먹계에서 두목을 단장님이라 부르는 1950년대의 관행도 여기서 비롯한 것이다.

백색테러의 주역으로 활동하던 김두한이 미군정에 의해 구속된 것은 1947년 4월의 일이다. 1년 이상 끌어온 명동패 정진룡과의 대립으로 골치를 앓던 김두한 패거리가 정진룡 일파 여러 명을 남산 기슭의 대한민주청년동맹 본부로 납치하여 고문하다가 그만 정진룡을 죽여버린 것이다. 이때 같이 잡혀온 사람 중 하나가 탈출하여 미군정에 고발하는 바람에 김두한 등 10여 명은 사체가 있는 현장에서 미군정에 체포되었다. 당시 우익세력이 이 사건의 수사와 재판에 깊이 개입하여 김영태 등 3명만이 징역형을 받고, 책임자인 김두한과 부하 10여 명은 벌금형을 선고받았다.

장택상 등은 분명 김두한을 비호했지만, 미군들은 극우파 청년단체들의 무법행동을 길들일 필요가 있었기에 이 재판에 개입했다. 이 사건의 2심은 미군 군법회의로 넘어갔고, 이 때문에 이 사건을 재판한 심판관 3명이 외부 개입에 항의하여 사표를 제출하기도 했다.

우여곡절 끝에 재판은 1948년 1월에 속개되어, 김두한 등 14명이 교수형을, 2명이 무기징역을 선고받았다. 그러나 미군정 사령관 하지는 관할관 확인과정에서 김두한 1인만 교수형으로 하고 종신형 4명, 30년 징역 9명, 20년 징역 2명으로 형을 확정했다.

김두한은 이때 자신이 오키나와의 미군형무소로 이감되어 옥중에서 흑인 주먹들을 상대로 일전을 벌였다고 무용담을 늘어놓았으나, 당시의 신문자료나 청년운동 관계 기록을 보면 김두한은 서대문형무소에서 이태원의 미군형무소로 이감되었다가 형확정 이후 대전형무소로 이감되어 정부 수립 직후인 1948년 9월이나 10월께 가석방된 것으로 보인다. 김두한은 회고록에서 여운형을 암살한 한지근에게 자신이 권총을 주었다고 하였으나, 여운형 암살이 일어난 1947년 7월은 김두한이 벌금형을 선고받았지만 풀려나지 못한 상태였던 것으로 보이니, 이 또한 사실과 다른 암살 영웅담(?)이다.

이승만이 "사람 좀 그만 죽이게"

정부 수립 이후 이승만은 난립한 우익청년단체들을 하나로 통합하여 1948년 12월19일에 대한청년단을 조직했다. 민족청년단의 합

야당의 장충단 집회를 이정재의 부하들이 습격한 장충단 공원 사건에서 김두한은 정치깡패로부터 야당의원들을 보호하기도 했다.
오른쪽 맨 위 얼굴만 나온 김두한의 모습이 보인다.

류문제로 난항을 겪다가 해가 바뀌어 발표된 대한청년단의 간부 명
단을 보면 김두한은 뒤에 국민방위군 사령관이 되어 국민방위군 사
건으로 사형을 당한 김윤근(金潤根) 감찰국장 밑에서 부국장이 되었
고, 그 밑의 감찰부장에는 1950년대 중반까지 명동을 장악한 이화룡
(李華龍)이 임명되었다. 얼마 뒤 김두한은 건설국장으로 승진했는데,
1949년 6월17일 다시 불법감금 · 공갈 등의 혐의로 구속되었다. 김두
한은 자신의 회고록에서 1948년 자신이 석방된 뒤 이승만을 만나러
갔을 때 이승만이 금일봉만 주고 다른 일정이 있다고 나가면서 "사람
좀 그만 죽이게"라고 말해 섭섭한 생각을 갖게 되었다고 썼다. 이승
만이 김두한을 불러 만났다는 것도 확실하지는 않으나, 어쨌든 대한
민국 정부 수립 이후 논공행상에서 배제된 채 다시 옥살이를 하게 된

김두한이 이승만에 대해 불만을 갖게 된 것은 분명하다.

한국전쟁 시기의 김두한은 행적이 다소 불분명하다. 자신의 회고 록에는 학도의용군 총사령관으로 경북 영천·포항 등지에서 싸웠다 고 한다. 김두한이 김윤근을 따라 국민방위군 지도부로 갔다면, 그도 방위군 사건의 책임을 지고 잘못되었을 가능성이 높지만, 다행히 그 는 1949년 사건으로 투옥된 경력 때문인지 방위군으로 가지는 않았 다. 이 시기 김두한은 대한노총의 감찰책임위원을 거쳐 1954년 4월 에는 모두 3인인 최고위원의 한 사람이 된다. 그 자신 한번도 정당한 노동을 해보지 않았고, 해방 이후에는 노동운동 파괴에 앞장섰던 인 물이 대한노총의 최고위원이 된 것이다.

김두한은 여기에 만족하지 않았다. 자유당 중앙위원이기도 했던 그는 자유당의 공천을 바랐으나 여의치 않자 무소속으로 출마를 강 행했다. 이에 자유당은 그를 반당행위를 이유로 제명했다. 자유당의 탄압에도 김두한은 종로 을구에서 대법관 출신의 변호사 한근조, 여 운형의 동생 여운홍 등 중앙정계의 거물들을 물리치고 당선되었다. 이때 김두한은 종로 유흥업소 아가씨들의 전폭적인 지원을 받았는 데, 차점자인 한근조와 채 500표도 차이가 나지 않았다.

김두한은 국회의원이 되었지만, 자유당은 그를 선거법 위반에 살 인혐의까지 씌워 구속해버렸다. 이 와중에 김두한은 자유당에 다시 입당한다. 이승만의 종신집권을 위해 개헌을 꿈꾸던 자유당으로서는 개헌선에 한참 모자라는 의원 수를 메우기 위해 밉지만 할 수 없이 김 두한을 다시 모셔간 것이다. 그러나 김두한은 자유당의 개헌에 끝끝 내 반대했고, 1표 차로 부결된 개헌안이 사사오입 파동을 거쳐 가결 된 것으로 선포되자 다시 자유당에서 나왔다.

국회의원으로서의 김두한은 뉴스 메이커이자 트러블 메이커였다. 정책 입안 같은 것과는 거리가 멀었지만, 그래도 자유당 시절 국회에서 이승만을 친일파 민족반역자들의 두목으로 몰아붙인 유일한 인물이었다. 그가 이 발언을 한 것은 야당 부통령으로 이승만을 비판한 김성수를 자유당 의원이 친일파라고 비판한 것에 반발했기 때문이다.

이런 인연이 있으니 드라마 〈야인시대〉가 많은 비판을 받았음에도 김성수를 독립운동가로 그리는 것은 우연이 아니다. 김두한이 이승만을 친일파 두목으로 비판한 것이 말인즉 옳은 것이라 하더라도, 정작 이승만이 두목의 자리에 오를 수 있도록 온갖 파괴공작을 일삼은 자신의 행동을 비판하지 않은 것은 유감스러운 일이다.

어쨌든 김두한은 이승만을 비판한 사건으로 과거의 부하였던 이정재로부터 의원휴게실에서 협박을 당하게 된다. 이 사건은 이정재가 과거의 보스 김두한에게 공공연히 도전한 첫 사건이다. 이후 이정재는 자유당 창당동지회 창립대회 사건, 그리고 1957년 20여만 명의 시민 앞에서 거행된 야당의 장충단 집회를 부하들을 동원하여 습격한 장충단 공원 사건에서 다시 김두한과 격돌했다. 두 집회의 경비책임자가 김두한이었기 때문이다.

조봉암의 진보당에도 몸담다

김두한의 정치행적에서 또 하나 특이한 경력은 그가 한 달이라는 짧은 기간이긴 했지만 조봉암의 진보당에 몸담았다는 것이다. 김두한이 한 달 만에 탈당성명을 냈을 때 진보당에서는 "정식으로 입당원서를 쓴 바 없으니 탈당이라고 할 것까지도 없다"라고 논평했다.

김두한은 1958년 4대의원 선거에서는 낙선했다. 정당정치가 뿌리

내리는 마당에 노농당이라는 군소정당 간판을 달고 나온 김두한이 서울을 석권하다시피 한 민주당 돌풍을 견뎌내지 못하고 한근조에게 더블 스코어로 패한 것이다. 선거가 끝나자마자 김두한은 다시 선거법 위반으로 체포되었다.

김두한이 다시 국회에 진출한 것은 6대 때였다. 그러나 총선거 때가 아니고 야당의원 중 강경파가 한일회담에 반대하여 사퇴한 뒤 이루어진 보궐선거 때였다. 이때 김두한은 한국독립당의 간판으로 나와 용산에서 당선되었는데, 3대 때와 마찬가지로 당선되자마자 한국독립당 내란음모 사건으로 인해 국가보안법 위반으로 또다시 구속되고 만다. 이 사건은 김두한이 김종필과 가까워지자 그를 견제하기 위

김두한이 자신의 백색테러를 자랑한 『피로 물들인 건국전야』.

한 것이었다고 한다. 실제로 『피로 물들인 민족사』에서는 김종필을 김옥균에 비유하며 김종필은 우리 역사에서 500년에 한번 나오는 인물이어서 그를 돕기 위해서라면 무엇이든지 하겠다고 생각하기까지 했다고 썼다.

김두한은 보궐선거로 당선된 뒤 몇 번 등원도 못하고 구속된 것에 대한 동정여론이 일어 국회에서 석방동의안이 통과되어 석방되었고, 국가보안법 사건으로는 드물게 1966년 5월 1심에서 무죄판결을 받았

다. 그해 9월 22일 김두한은 헌정사상 초유의 사건을 일으키며 정치생활을 마감하게 된다. 삼성재벌 이병철의 사카린 밀수가 밝혀지면서 여론은 벌집을 쑤신 듯했다. 더구나 이렇게 밀수로 번 돈이 공화당의 정치자금으로 흘러들어간다는 의혹이 불거져 국회는 연일 이 문제를 놓고 논란을 벌였다.

오전회의에서 당시 국회부의장으로 사회를 보던 이상철이 김두한의 발언 순서에 불리하게 사회를 보자 김두한은 머리를 가리키며 "당신 이거 한번 부서지는 것을 보려고 그래요?" 하고 험악하게 몰아붙였다. 그러고는 "그 따위로 하면 당신 좋지 않아! 노인이니까 그냥 두지 장 부의장(장경순)같이 유도깨나 쓰면 날릴 테야!" 하고 소리쳤다. 김대중 의원의 날카로운 질의에 이어 마침내 발언권을 얻은 김두한은 자신은 "말을 할 줄 모르기 때문에 다른 사람이 할 줄 모르는 행동을 할 수 있다"고 운을 뗀 뒤 별장 같은 감옥에 이미 40여 회 들락날락했는데 "또 들어갈 심정"이라며 자신의 반공투쟁에 대해 장황하게 늘어놓았다. 이상철 부의장이 시간이 없으니 본론만 말하라고 하자 김두한은 국회에 출석해 있는 국무총리와 장관들을 하나의 피고로 다루겠다고 말했다. 이때까지만 해도 의석에서는 웃음소리가 터져나왔다. 김두한은 종이로 싼 상자를 들어보이고 이 내각을 규탄하는 국민의 사카린이라며 "이 내각은 고루고루 맛을 보여야 알지, 똥이나 처먹어 이 개새끼들아!" 하고 외치며 국무위원석을 향해 똥물을 끼얹었다.

김대중 의원 발언 뒤에 똥물을 뿌리다
공화당 정권은 이 사건을 가지고 밀수 사건으로 궁지에 몰린 처지를 역전시키려고 강공을 퍼부었다. 그러나 시정의 여론은 김두한을 옹호했다. 똥을 뿌린 것이야 잘한 것은 아니지만, 통쾌하기 짝이 없다는 반응이 만만치 않았다.

김두한에 대해서는 의장(議場) 모독으로 징계안이 제출되었지만, 김두한이 의원직을 사퇴함에 따라 징계안이 처리되지는 않았다. 1년이라는 짧은 기간의 6대의원직을 사퇴한 김두한은 구치소로 직행했다. 김두한은 재판 중에 울먹이며 부친의 훈장을 반납하겠다고도 하고 자해를 시도하는 등 옥중에서도 끊임없이 뉴스를 만들다가 3개월여 만인 1966년 12월22일 병보석으로 출감했다. 그 뒤 김두한은 광산업에 손을 댔다가 실패하고, 폭력·반공법 등으로 두어 차례 더 옥문을 드나들다가 1972년 11월21일 갑작스러운 뇌출혈로 55살의 한창 나이에 세상을 뜨고 말았다.

김두한의 생애는 거품을 벗겨낸다 하더라도 참으로 파란만장했다. 그는 우리 역사에서 악역을 많이 맡았지만, 분명히 그 어딘가 미워할 수 없는 구석이 있다. 5년여의 의원생활 중 그만큼 당적을 많이 옮긴 사람도 적지만, 아무도 그를 철새라 하지 않는다. 그는 살인과 폭력을 일삼기도 했지만, 때로는 군화에 가죽장갑을 낀 모습으로 나타나 정치깡패들로부터 야당의원들을 보호하기도 했다. 그리고 자신만의 방식으로 자신이 정한 법에 따라 불의를 응징했다. 나름대로 자기 입장을 갖기 위해 열심히 살았지만 그는 주변의 모사들에 의해 이용되는 경우가 많았고, 끝내 자신의 이름보다 장군의 아들이란 아버지의 후광 속에 들어가야만 빛을 발하는 존재가 되고 말았다. 역사에 만일이란 없지만, 그의 활동무대가 종로가 아니라 아버지처럼 만주 벌이었다면 그 역시 장군이 될 수 있었을까 하는 생각을 해본다.

2부

우리는 무덤 위에 서 있다

유족들은 호소한다. 학살의 진상이 밝혀질 때까지 부디 이 땅의 풀 한 포기 함부로 밟지 말아 달라고. 어디서
어떻게 죽었는지 모르는 가족들을 가진 이들에게는 온 국토가 그들의 무덤이라고. 온 국토에 학살의 흔적이
널려 있고, 현대사의 거의 모든 사건이 학살의 영향을 벗어나지 못하는데 어디로 도망칠 수 있을까?

만주국의 그림자

_대한민국의 교과서?

만주는 우리에게 어떤 곳이었을까? 많은 사람들은 만주 하면 흔히 고구려의 웅대한 기상이 펼쳐졌던 우리의 옛 땅으로 생각한다. 만일 신라가 아니라 고구려가 삼국을 통일하였다면 만주가 아직 우리 땅일 텐데 하는 아쉬움 넘치는 공상은 남에서도 북에서도 쉽게 찾아볼 수 있다. 역사에서 가정은 있을 수 없다는 문제는 차치하고라도, 고대사에 관한 이런 공상은 정작 만주라는 지역이 우리 근현대사에 어떤 영향을 끼쳤으며, 1930년대와 1940년대 초반에 존재했던 만주국이 우리 사회에 아직도 어떤 그림자를 드리우고 있는가에 대한 현실적인 관심을 가로막는다.

만주는 단지 고대사에서 우리 민족의 활동무대로서 의미를 갖는 것이 아니다. 19세기 말 이래 숱한 이민들이 둥지를 튼 땅으로서, 독립운동의 근거지로서 만주는 우리의 근현대사에 깊이 개입했다. 만주에서 벌어진 일들을 빼놓고서 우리의 근현대사를 이야기할 수는 없다.

만주 점령, 관동군 참모들의 계산

만주는 비단 우리의 근현대사에 영향을 끼친 중요사건들이 집중적으로 일어난 곳만도 아니었다. 미국의 동아시아 전문가 오언 래티

1931년 만주를 침략하여 길림성에 진주한 관동군.

모어(Owen Lattimore)는 1932년에 간행한 만주에 관한 저서의 부제를 '갈등의 요람'(Cradle of Conflict)이라고 붙였다. 래티모어에게 만주는 낡았지만 아직 생명력을 잃지 않은 중국 문명, 좀더 새롭고 물질적으로 막강한 서양—제국주의화된 일본을 포함—문명, 그리고 동양을 향해 열정적으로 다가오는 러시아의 공산주의 문명이 충돌하는 곳이었다.

　　1920년대 후반에서 1930년대 초반에 일본인들은 만주를 일본제국의 생명선(生命線)이라 불렀다. 일본제국주의자들은 만주를 일본제국의 사활을 결정하는 특수지역으로 인식했던 것이다. 1차대전에서 독일의 패망은 독일을 모델로 생각해온 일본군의 젊은 장교들에게 큰 충격이었다. 이들은 총력전으로 수행되는 현대전에서는 자급자족적인 제국을 건설함으로써 군사력뿐 아니라 총체적인 전쟁수행능력을 제고하지 않고서는 살아남을 수 없다는 것을 깨달았다. 그런 그들에게 만주는 일본제국주의의 사활을 결정짓는 전략적 요충지였다. 만주가 일제에 생명선이었다면, 1930년대의 만주는 동아시아의 피압박 민중에게 일본제국주의와 첨예하게 대치하는 새로운 전선이었다. 새로운 대치선 만주는 동아시아 변혁의 핵으로 떠올랐을 뿐 아니라 분단된 남과 북의 정치체제의 싹이 발아한 곳이기도 하다.

1931년 9월18일 일제는 군사행동을 개시하여 만주를 불법강점했다. 이 침략행위는 요즈음 들어서 '만주사변'이라는 일제의 용어 대신 '만주전쟁'으로 불리며, 2차대전의 도화선으로 재조명받고 있다. 그런데 일제의 만주강점은 조선인들에게 싫든 좋든 피할 수 없는 운명으로 다가왔다. 관동군이 만주에서 군사행동을 강행한 것은 정치인, 관료, 군부, 재벌, 귀족 등 일본제국주의 내의 주요 엘리트 그룹의 합의에 의한 것은 아니었다. 이시와라 간지(石原莞爾) 등 관동군 참모들은 군부가 만주를 점령하면 일본 정부도 이를 기정사실화할 수밖에 없을 것이라는 치밀한 계산하에 과감한 행동을 단행했다. 일본 군부 내에서 불세출의 천재적 전략가라 불리는 이시와라는 만주를 점령해야만 조선통치가 비로소 안정될 수 있다고 보았다. 비단 이시와라만이 아니었다. 같은 관동군 참모로 뒤에 육군 대신을 지낸 이타가키(板垣征四郞)도 "만몽문제를 해결하지 못하면 참된 조선통치는 기하기 어렵다"고 보았다. 조선군(조선 주둔 일본군) 참모들은 더 적극적이었다. 가미다(神田正種)는 원산총파업과 광주학생운동, 그리고 각종 파업과 폭동으로 극도로 불안해진 조선정세의 안정을 위해서는 일본군의 실력을 과시해야 한다고 뼈저리게 느꼈다고 회고했다. 같은 조선군 참모인 도요시마(豊島豊太郎)는 만주에서의 반일운동이 고조되면서 이 영향이 조선 내의 반일운동을 고무하고 있기 때문에 조선통치의 안정을 기하고 민중을 길들이기 위해 과감한 군사행동이 불가피하다고 보았다.

불행히도 관동군과 조선군 참모들의 이런 기대는 일본의 만주강점 이후 현실화되었다. 국제법상 명백한 불법행위이며 기존의 세계 체제에 대한 도전이었던 일본의 군사행동에 대해 서구 열강과 중국의 국민당 정권은 미온적으로 대응했다. 순식간에 일본이 자기 영토의 몇 배가 되는 광활한 만주를 차지하였다는 사실은 '무적 황군'의 신화를 강고히 했을 뿐 아니라, 조국의 독립을 바라던 조선인들에게 깊은 좌절감을 안겨주었다. 아무도 제어하지 못하는 일본의 힘을 보면서 조선 내 많은 지식인들은 민족독립의 희망을 잃어갔고, 희망을 잃은 지식인들은 민족운동선상에서 점차 탈락하면서 친일의 길에 발을 들여놓았다. 1930년대에 국내의 반일운동, 특히 민족주의자들의 운동이 쇠퇴한 것은 결코 일제의 탄압이 가중되었기 때문만은 아니었다. 희망이 민족독립을 가져다주는 것은 아니지만, 희망을 잃은 사람들이 독립을 위해 싸울 수는 없었기 때문이다.

1930년대에 그곳은 '동양의 서부'

정치적인 면에서 일제의 만주강점은 조선의 부르주아 민족주의자들에게 좌절을 안겨주었지만, 경제적인 면에서 이들은 일제가 만주라는 광활한 시장을 확보한 뒤에 차린 잔치판에서 배제되지 않았다.

일제의 만주강점은 '만주 붐' 또는 '만주열'(滿洲熱)이라 불린 호황을 가져왔다. 실제로 일본은 1929년의 세계대공황의 충격에서 가장 먼저 벗어난 나라였고, 그 이유는 바로 만주의 점령으로 새로운 시장과 새로운 투자수요가 활짝 열렸기 때문이었다. 조선의 자본가 계급에 이제 일제는 타도의 대상이 아니었다. 그들에게 일제는 모반을 꿈꾸기에는 너무나 막강한 힘을 가진 존재일 뿐 아니라, 새로운 이윤추구의 기회를 제공한 은인이기도 했던 것이다.

1930년대의 만주는 '동양의 서부'였다. 미개척의 벌판, 당신의 꿈을 이룰 수 있는 땅, 만주. 1920년대까지 파산당한 우리 동포들이 마지못해 짐을 싸 만주로 발걸음을 뗐다면, 1930년대 일본과 조선의 청년들 중에는 출세나 일확천금의 꿈을 안고 만주로 향한 사람들도 많았다. 교사라는 안정된 직업을 버리고 '긴 칼 차고 싶어' 만주군관학교에 지원한 박정희도 그런 젊은이들 중 하나였다. 동양의 서부 만주에는 참으로 다양한 인간들이 뒤엉켜 살고 있었다. 인종적으로도 '오족협화'(五族協和)라는 구호에 잘 나타나듯이 중국인, 만주인, 몽골인, 일본인, 조선인 등이 뒤엉킨 만주는 세계 제패의 야망에 불타는 일본 군인과 관료에서부터 그들의 망상에 의해 모든 것을 빼앗기고 끝내는 죽임을 당하는 중국 농민들이 함께 살아야 했던 곳이었다. 200만 재만조선인들에게도 아편장수, 개장수에서 농민에 이르기까지, 천황폐하에 충성을 바치는 황군 장교에서부터 일제를 타도하려는 공산유격대에 이르기까지 온갖 종류의 사람들이 나름대로의 살길을 찾아 몸부림친 곳이 만주였다. 그 부글부글 끓던 만주에서 젊음을 보낸 식민지 출신의 두 청년은 20여 년이 지난 뒤 남과 북의 최고통치자로서 20년 가까운 세월 동안 대결하게 된다. 그리고 김일성과 박

만주국의 영향은 박정희(위), 정일권(아래) 등 만주인맥을 통해 남한사회에 뿌리내렸다.(대한민국정부 기록사진집)

정희가 각각 너무나 다른 위치에서 보낸 만주에서의 젊은 시절 경험은 분단된 남과 북의 정치·사회·문화에 서로 다른 각도에서 엄청난 규정성을 발휘했다.

흔히 '유격대국가'라고 불리는 이북은 주체사상의 시원을 항일무장투쟁에서부터 찾고 있으며, 항일무장투쟁의 혁명전통은 주체사상과 더불어 이북사회를 유지하는 이데올로기의 두 축으로 기능하고 있다. 오늘날까지도 "생산도, 학습도, 생활도 항일유격대 식으로!"라는 구호를 쉽게 들을 수 있는 이북에서 항일무장투쟁은 단지 지나간 역사의 영역에 머무는 것이 아니라 현실의 정치와 사회의 운영에서 규범적 역할을 하고 있다.

이북에 끼친 만주의 영향이 일제와 일제가 세운 괴뢰국가 만주국에 대한 저항 속에서 배태된 것이라면, 이남에 끼친 만주의 영향은 바로 만주국에서 박정희를 비롯한 만주인맥이 얻은 경험에서 비롯되었다. 이남에서 만주인맥이 가장 두드러지게 나타난 곳은 역시 군부였다. 1950년대에 이미 봉천군관학교나 만주군관학교 출신의 만주인맥이 군의 요직을 점령하여 육군참모총장(정일권), 1군사령관(백선엽), 2군사령관(강문봉)이 동시에 만주인맥으로 채워진 적도 있었다. 그러나 만주국의 그림자가 이남사회에 짙게 드리운 것은 역시 5·16 군사반란으로 만주군관학교 출신의 박정희가 정권을 잡고 난 뒤의 일이다.

박정희… 정일권, 만주인맥의 경험

박정희가 군사반란을 꾸밀 때 만주인맥, 특히 박정희의 동기생보다도 1년 선배인 만주군관학교 1기생들인 이주일, 김동하, 윤태일,

박임항, 방원철 등은 반란에 적극적으로 가담했다. 또 박정희와 동갑이지만 군 경력은 훨씬 빨랐던 정일권은 박정희 아래에서 오랜 기간 국무총리를 지냈고, 만주국의 고위관료 연성기관인 대동학원 출신의 최규하는 박정희 정권의 마지막 국무총리로서 박정희가 죽은 뒤 감당할 수 없는 자리인 대통령을 잠시 지내다가 전두환에게 정권을 넘겨주었다. 그러나 만주 출신들이 대통령이나 총리 같은 요직을 지냈다는 것만으로 이남사회에 드리운 만주국의 그림자를 설명하는 것은 너무 피상적인 일이다.

만주국은 흔히 괴뢰국가라고 불린다. 여기에 비해 대한민국은 분명히 독립국가이다. 그러나 독립국가로서의 대한민국이라는 국가가 갖는 자율성은 항상 논란의 대상이 되어왔다. 관동군이 '내면지도'(內面指導)라는 이름 아래 만주국 국정의 구석구석에 깊이 개입하며 이를 좌지우지한 만주국과, 적어도 형식적으로는 내정에 대한 직접적인 개입을 삼가고 있는 미군이 주둔하고 있는 대한민국을 동일한 차원에서 비교할 수는 없다. 그러나 미국에 상당히 많은 부분을 의존해온 대한민국의 역사는 분명 명실상부한 독립국의 역사는 아니었다. 5·16 군사반란 이래 이남은 만주국과 마찬가지로 반공을 국가이념으로 삼았다. 만주국에 주둔한 관동군과 만주국군이 소련이라는 가상적을 항상 염두에 두고 움직였다면, 이남의 군부는 '북괴'라는 주적 없이는 적극적으로 자신의 존재 이유를 찾지 못한다.

1960년대의 경제개발계획도 실은 그 뿌리가 만주국 시절로 거슬러올라간다. 기시 노부스케(岸信介), 시나 에쓰사부로(椎名悦三郎) 등 일본의 이른바 개혁관료들은 여러 가지 제약 때문에 자신들의 이상을 펼 수 없는 일본을 떠나 만주국 실업부에 자리를 잡고 경제개발계획을 강력히 추진했다. 만주국은 일본의 국가개조를 꿈꾸는 고급 장교들과 개혁관료들의 실험실이 되었고, 이 실험실에서 입증된 경제개발계획은 일본에 남은 동료들에 의해 일본으로 수입되었다.

그러나 경제개발계획의 내용면에서 볼 때, 군수산업에 역점을 둔 자급자족적 중화학공업화와 수출주도형 성장을 추구한 박정희 시대의 계획은, 식민지근대화론자들이 주장하는 조선에서 시행된 총독부의 경제개발정책이나 일본 본토의 경제개발계획보다는 만주국의 경제개발계획의 기본 방향을 따르고 있다. 박정희 시대의 경제개발계획은 일본과의 국교 수교를 통해 일본 자본의 유입으로 추진되었는데, 일본쪽에서 1965년의 국교정상화를 적극 추진한 인물이 기시 전 총리였고, 또 당시 외상으로서 이 조약에 서명한 인물이 바로 시나였던 것은 결코 우연이 아니다. 이는 한국과 일본에 포진한 만주인맥의 협력과 상호 신뢰에 기반해서 추진된 것이다. 1961년 11월 최고회의 의장 자격으로 일본을 방문하였을 때 박정희는 이케다 총리가 주최한 공식만찬에 특별한 손님을 초청해줄 것을 요구했다. 그는 박정희의 만주군관학교 시절 교장이었던 나구모(南雲) 장군이었다. 만주군관학교 생도 시절의 다카키 마사오로 돌아간 박정희는 나구모에게 큰 절을 올리고 술을 따랐다. 일본의 만주인맥에게 보내는 무언의 메시지이자, 이남에 만주국의 그림자가 짙게 드리우게 됨을 고하는 상징적인 사건이었다.

미국의 영향과 일본의 훈육
국가가 시민들의 일상생활을 규제하고 훈육하는 병영국가, 규제국가로서의 만주국의 분위기는 유신시대 박정희 치하의 이남사회에 그대로 재현되었다. 월요일에는 국민교육헌장의 낭독으로 시작되어 재건체조로 마무리되는 애국조회, 목요일에는 사열과 분열행진으로 이어지는 교련조회, 국기에 대한 맹세, 점심시간의 혼식검사, 학교와 거리에서의 장발단속, 학생과 공무원들을 아침 일찍 동원하는 조기청소, 열 손가락의 지문을 꽉꽉 눌러 찍는 주민등록증〔만주국에서는 국민수장(國民手帳)〕제도, 끊임없이 반복되는 충효이데올로기, 채변, 쥐 잡는 날 등 우리에게 낯익은 1970년대의 학교와 사회 생활에서의 규제분위기는 40여 년 전 만주국의 사회분위기를 빼다놓은 것이다.

장발단속 등 1970년대 낯익었던 규제분위기는 1930년대 만주국의 사회분위기를 빼다박은 것이었다.(72 보도사진연감)

필자를 포함하여 이 땅의 30대 중반부터 50대 초반까지는 박정희 시대의 제도교육과 병영생활에 의해 훈육된 사람들이다. 1980년대 후반 이후 우리 사회는 많이 민주화되었지만, 박정희와 그 후계자들을 반대해 싸워온 사람들 안에도 박정희 시대의 잔재는 의연히 남아 있다. 일본에서 재일동포에 대한 지문날인 강요를 욕하면서도 대부분의 인권운동가들까지 포함하여 우리는 1999년의 주민등록증 갱신에서 별로 거리낌없이 열 손가락 지문을 꽉 눌러 찍었다.

중·고등학교와 병영의 분위기는 1970년대에 비해 얼마나 달라졌을까? 물론 해방 이후 우리 사회에 영향을 끼친 요인이 만주국의 영향만이라는 것은 아니다. 특히 미국의 영향은 절대적이었다. 그러나 미국의 영향이 한국사회를 지배할 수 있는 구조, 큰형님 미국의 의사가 관철되는 것을 당연하게 받아들이는 사고방식이 부모의 나라 일본의 훈육을 받는 만주국의 그림자라 한다면 지나친 비약일까?

'친일파'에 관한 명상

_일재잔재 청산의 몇 가지 편향에 관하여

최근 친일잔재 청산에 대한 관심이 두 가지 이유에서 새롭게 고조되고 있다. 그 이유의 하나는 언론개혁운동 과정에서 〈조선일보〉 〈동아일보〉의 떳떳하지 못한 과거가 재조명된 것이고, 다른 하나는 일본 우익들에 의한 역사 교과서 왜곡 문제에 대한 우리 사회의 인식이 심화되면서 이 문제를 우리 사회 내의 친일잔재 문제와 연결시켜 생각하게 된 점이다.

'pro-Jap'과 'pro-job'

해방 직후 일제잔재의 청산이 반드시 이루어져야 한다는 데에는 분명 민족적 합의가 존재했다. 우리 민족사가 일제잔재 청산을 못해 뒤틀렸는지, 아니면 민족사의 전개과정이 뒤틀렸기 때문에 일제잔재가 살아남아 새끼를 치게 된 것인지는 보는 관점에 따라 다를 수 있다. 그러나 분명한 것은 우리 사회에서 친일파들이 살아남았다는 것이다. 그것도 단순히 살아남은 것이 아니라 자신들의 부끄러운 과거를 철저히 은폐할 수 있는 권력을 쥔 채, 숱한 민간인 학살의 무덤 위에 살아남았다.

1948년 반민특위 전남북국 조사위가 광주에 설치한 '악질적 친일행위' 투서함에 투서하는 한 시민.

도대체 해방된 땅에 건설된 새 나라에 어떻게 일제잔재가 온존하고, 친일파들이 권력을 확대·강화할 수 있었을까? 한 가지 확실한 것은 미국의 보호가 없었으면 친일파들은 절대로 살아남을 수 없었다는 점이다. 미국은 일본에서는 한때나마 군국주의에 대해 철저한 이념적, 제도적, 인적 청산을 추구한 바 있다. 하지만 일본의 질곡에서 '해방' 되었다는 이 땅에서 미국은 일제잔재의 청산을 단 한번도 생각한 적이 없다.

제국주의 국가로서의 미국은 이남에 군정을 실시하면서 일제에 강하게 저항했던 전투적 민족주의 세력보다는 제국주의에 순응할 줄 아는 친일파 내지는 온건 민족주의자들과 손을 잡았다. 미국은 백범 김구를 수반으로 하는 임시정부 세력에 대해서는 제휴대상으로 심각하게 고려하지 않았다. 임시정부 세력이 일본에 대해서뿐 아니라 민족의 자주성을 침해하는 모든 제국주의 세력에 저항하는 전투적 민족주의 세력이었기 때문이다. 반면 미국은 옛 조선총독부 관리와 경찰들을 그대로 등용하였는데, 이들에 대해 친일파라는 여론의 비판이 일자 미국은 이들이 pro-Jap, 즉 친일파가 아니라 pro-job, 즉 자기 직무에 충실했던 사람들이라고 옹호했다.

반민특위 법정. 제때 치료하지 못한 친일파 문제는 오늘날 곪아터지고 진물이 흐르는 상처로 악화됐다.(KOREA 20년)

친일파들이 살아남을 수 있었던 또 다른 이유는 한반도가 동서냉전의 각축장이 되면서 남쪽에 반공정권이 들어섰기 때문이다. 민족해방운동이 전개되던 시기의 기본적인 대치구도는 민족 대 반민족, 또는 애국 대 매국의 구도였다. 다시 말해서 민족해방운동 진영 대 일본제국주의 및 그 앞잡이들 간의 대립이 주된 전선이었다. 그러나 해방 이후 급변하는 정세 속에서 민족 대 반민족의 구도는 좌우대립의 구도로 재편되었다. 좌우대립의 정치지형이 수립되자 그동안 숨죽이고 있던 친일세력들은 살아남을 기회를 잡은 것이다.

좌우대립의 대치구도에서 가장 중요한 것은 이념과 계급적 입장이지, 민족적 입장이 아니었다. 좌우대립의 구도는 민족 대 반민족의 구도와는 전혀 다른 논리와 기준에 의해 지배되었다. 그렇다면 좌우대립의 지형은 친일파들에 어떤 점이 유리하였을까? 한 예로 일제의 고등계 형사였던 조선인들을 보기로 하자. 이들은 민족 대 반민족의 대립구도하에서는 일제의 앞잡이로 독립운동가들을 체포하고 고문·살해한 민족반역자들이지만 좌우대립의 구도 속에서는 공산당 때려잡는 데 풍부한 경험을 지닌 전문가들로서, 이승만으로부터 "자네 같은 사람들이 있어서 발 뻗고 잘 수 있다"는 칭찬을 듣는 위치에 서게 된 것이다.

친일파 연구, 폭로 수준을 뛰어넘어…

친일잔재 문제는 우리 사회에서 지워지지 않는 상처였다. 제때에 제대로 치료하지 못하고 때를 놓치고 보니 계속 곪아터지고 진물이 흐를 수밖에 없는 그런 상처가 바로 친일문제였다. 잘 알려진 것처럼 우리는 친일잔재 청산에 실패했다. 친일파들은 권력을 잡았고, 친일의 부끄러운 과거에 대한 반성은 이루어지지 않은 채 철저히 은폐되고 말았다. 이렇게 땅에 묻힌 친일의 어두운 과거를 집요하게 파헤쳐 지금 부족한 대로나마 우리가 친일잔재 문제에 대한 이해를 가질 수 있도록 기반을 다진 분은 임종국(1929~89) 선생이다. 온갖 어려움 속에서 자료를 뒤져가며 친일파들의 행적을 하나하나 추적한 임종국 선생과 그 제자들의 엄청난 노력에 우리는 모두 큰 빚을 지고 있다.

일본의 교과서 왜곡 소동과 관련하여 우리는 우리 사회 내의 일제잔재와 친일파 문제를 다시 돌아볼 기회를 갖게 되었지만, 우리 사회의 일제잔재에 대한 이해는 불행히도 매우 낮다고 할 수 있다. 친일파들이 권력을 잡은 역사 속에서 친일문제를 제기하는 지난한 과제를 수행하는 과정에서 또 몇 가지 편향이 발생하기도 했다. 현재 친일파 청산에 관한 연구는 거의 폭로 수준에 머물러 있다. 단 한번도 자신들의 친일행위를 민족 앞에 사죄한 적이 없는 자들이 온갖 영화를 누려온 불행한 역사에서 그들의 행적을 까발리는 일은 물론 절대적으로 필요하다. 그러나 친일의 문제는 특정 개인의 문제가 결코 아니라는 점에서 단순한 폭로를 뛰어넘어, 식민지 지배가 우리에게 끼친 광범위하고 뿌리 깊은 영향을 분석하는 작업이 요청된다.

또 하나 우리가 생각해야 할 문제는 우리 사회의 모든 문제의 근원을 친일파 문제로 돌리는 경향이다. 친일파 문제를 오랫동안 다루며 이 문제에 대한 우리의 이해에 크게 기여한 분의 글을 잠시 보자. "친일파 문제는 한국사회의 원죄이다. 이 문제를 풀지 않으면 한국사회가 발전할 수도 없고 존재하기도 어려운 그런 난제이다. 민족분단의 문제가 여기서 비롯되었고 경제종속의 문제가 여기서 시작되었다. 군사독재가 친일파의 사생아이고 사회혼란이 그 결과물이다. 한국사회에서 일어나는 어떤 문제이건 친일파와 관련이 없는 것은 없다.… 실로 오늘 나타나는 우리 사회의 모든 병폐는 모두가 친일파가 저지른 것이라고 볼 수 있다." 분명 친일파 청산의 좌절은 우리의 현대사에서 잘못 끼운 첫 단추에 해당한다고 할 수 있지만, 우리 사회에서 일어난 모든 문제를 친일파 탓으로만 돌리는 것은 지나친 것이라 아니할 수 없다. 과연 친일파만 제대로 청산하였으면 모든 문제가 다 풀렸을 것인가? 그렇다면 친일파 청산에서 남쪽과는 비교할 수 없을 정도로 철저했던 이북은 아무런 문제가 없어야 할 것 아닌가?

친일파 기준 지나치게 엄격

친일파에 대한 기준이 지나치게 엄격하게 설정된 것도 또 하나의 문제라 할 수 있다. 이 문제는 두 가지 면에서 보아야 할 것인데, 하나는 친일파들이 권력을 잡아온 현실에 대한 분노에서 비롯된 것과 다른 하나는 해방 당시의 역사적 분위기에 대한 오해에서 비롯된 것이라 할 수 있다. 후자의 예로는 얼마 전 건국대 이사장 선임 당시 학생들의 반대를 받았던 현승종씨의 경우를 들 수 있다. 노태우 정권 아래서 총리를 지낸 현승종씨의 경우, 학생들이 그의 이사장 취임을 반대한 데에는 그만한 이유가 있을 것이다. 그런데 학생들은 반대의 근거를 제시하면서 첫 번째로 현승종씨가 일제 말기에 학병으로 나간 친일파이기 때문에 민족 건대의 이사장에 취임할 수 없다는 것을 들었다. 학생들은 형식상 지원제인 학병에 나간 것을 친일 행위로 본 것인데, 이는 해방 당시의 정서와는 큰 거리가 있다. 물론 학병에 지원한 사람들 중에 황국신민 의식이 골수에 박혀 스스로 자원한 사람들도 있겠지만, 당시 사람들은 학병을 대부분 끌려간 것으로 보았다. 때문에 학병 출신들은 일제 통치의 희생자로 간주되었고, 해방 정국 초기에 학병동맹을 결성하여 미군정의 탄압으로 해산될 때까지 진보진영 내에서 정치적으로 아주 중요한 역할을 했다. 이들은 당시에 대학교육을 받은 엘리트 신분에다 일제 강제동원의 피해자였다는 위치를 겸하여 일제잔재 청산에 목소리를 높였다. 학병동맹의 위세는 대단했다. 학병동맹은 학병거부자동맹 앞에서야 한 수 접고 들어갈 수밖에 없었지만, 그 밖의 다른 모든 정치단체 앞에서는 큰소리를 칠 수 있는 입장이었던 것이다.

일제잔재 청산과 관련하여 또 하나의 편향은 나치 점령을 벗어난 프랑스에서의 나치 협력자들에 대한 단죄와 친일파 청산이 동일선상에서 비교된다는 점이다. 프랑스는 4년여의 나치 점령을 벗어난 뒤 괴뢰 비시 정권하에서 독일에 협력했던 7천여 명에게 사형을 선고했다. 많은 사람들은 불과 4년여의 점령지였던 프랑스가 수천 명을 처형한 데 반해 36년이나 강제 점령을 당한 우리의 경우는 단 한 명의 민족반역자도 처형하지 못한 것에 대해 통분해 한다. 친일파 청산이 좌절된 것에 통분해 하는 심정이야 필자도 마찬가지이지만, 친일파 청산이 꼭 가혹한 처벌을 의미하느냐는 다시 한번 생각해볼 문제다. 자치파가 집권한 인도는 영국에 식민지 지배를 200년 간 받았지만 친영파 청산은 독립 뒤의 핵심 과제로 부각되지 않았다. 사실 제국주의의 통치 기간이 오래될수록 제국주의에 협력한 자들에 대한 처벌문제는 어려운 법이다. 필자의 판단으로는 임시정부를 비롯한 독립운동 세력이 집권했다 하더라도 인적 청산의 폭이 결코 프랑스에서처럼 광범위하지는 않았을 것이다.

이북의 청산방식, 탄백(坦白)

이북의 경우도 대단히 철저하게 일제잔재를 청산했지만, 민족반역자로 직접 처형한 사람의 수는 많지 않았다. 민족반역자로 처형된 사람은 거의 전부가 독립운동가를 체포, 고문, 학살한 고등계 형사들이나, 독립운동가들을 밀고하는 밀정질을 한 자들에 국한되었다. 우두머리급 친일파들이 대개 서울에 집중되어 있었기 때문이기도 하지만, 이북은 인적 청산의 면에서는 우리가 생각하는 것과는 달리 상당히 관대한 정책을 실시했다. 일제의 강점이 단기간에 끝나지 않고, 조선인들이 마땅히 취업할 만한 곳이 없던 사정 아래서 일제 기관에 복무한 사람들을 다 가혹하게 처리할 수는 없었기 때문이다. 또 만주의 산골에서 빨치산 생활을 한 사람들만으로는 새 나라를 건설하는 것이 불가능했기 때문에, 전문지식을 가진 사람들을 건국과정에 적극적으로 참여시키는 것이 요청되었다. 그런데 일제 시기에 교육받은 사람들은 극소수를 제하고는 일제와 이런저런 관계를 맺지 않은 사람이 없었다. 그런 처지에서 이들을 모두 엄격하게 처벌하거나 새 나라 건설에서 배제한다면 공장 하나 제대로 돌릴 수 없었다. 그래서 이북의 지도부가 채택한 방식은 탄백(坦白)이었다. 탄백이란 일제 통치 아래서 자신의 과거와 자신이 범한 잘못을 솔직하게 당과 인민 앞에 고백하고 용서를 받는 것이다. 여기서 솔직하게 고백하지 않고 자신의 죄과를 감춘 것이 뒤에 드러날 경우에는 엄한 처벌을 받았지만, 솔직하게 고백한 경우는 독립운동가를 밀고한 경우를 제외하고는 대개 용서를 받았다. 이렇게 탄백을 한 사람들은 당의 요직에 임명될 수는 없었지만, 정권기관과 기업소에는 등용되었다. 비록 나중에 해직시키기는 했지만, 초기 인민군의 건설과정에서는 일본군이나 만주군 장교 출신들을 군에 받아들이기도 했다.

요즈음 논란이 되고 있는 〈조선일보〉와 〈동아일보〉의 친일문제도 해방 당시의 기준에서 보면 조금 달리 볼 수 있다. 〈한겨레〉가 서로 민족지 경쟁을 벌인 두 신문의 친일 기사를 당시 지면 그대로 게재한 것은 독자들에게 큰 충격을 주었다. 그러나 일제강점기를 거친 사람들에게 그것은 전혀 새로울 것이 없는 이야기였다. 일제 말에 폐간당했던 두 신문이 해방 직후 복간할 때 두 신문의 친일행위가 큰 문제가 되지는 않았다. 일제의 강압에 의한 것이었지만 모두가 황국신민서사를 외우고, 전 국민의 80% 가량이 창씨개명을 해야 했던 당시의 사람들로서는 일제잔재의 철저한 청산을 원하면서도, 현재 우리의 감각에 비해 구체적인 친일행위의 범주에 대해 상대적으로 좀더 관대했던 것이 아닌가 한다.

백범도 친일파와 손을 잡았다?

한 가지 흥미있는 사실은 〈조선일보〉의 방응모 사장이 백범 선생이 이끌던 한국독립당이 환국한 뒤 이 당의 재정부장을 지냈다는 점이다. 이 문제는 두 가지 관점에서 볼 수 있는데, 하나는 백범 선생 역시 해방 뒤의 현실정치에서 정치자금 문제 때문에라도 일정하게 친일파들과 손을 잡았다는 점이다. 이 문제는 백범 선생 스스로 남북협상에 임하면서 자기비판을 했다. 다른 하나는 당시의 분위기에서 방응모가 한국독립당의 재정부장이라는 공식직함을 맡을 정도로 인적청산의 기준이 엄격하지 않았다는 것이다. 그러나 이 이야기는 방응모나 〈조선일보〉의 친일이 그냥 넘어가도 좋은 문제였다는 것은 결코 아니다. 백 보를 양보하여 그들의 친일이 하루하루 신문을 내기 위해 부득이한 행위였다 하더라도 방응모와 〈조선일보〉는 사과하고 용서를 빌어야 했다. 최소한 그런 부끄러운 과거를 갖고서 민족지라고 자랑하는 망발은 하지 않았어야 했다.

친일의 동기는 가지가지다. 그런데 당시 지식인들의 다수는 친일이 나쁜 짓인 줄 알면서도 마지못해 친일을 했다고 할 수 있다. 그래서 천황 히로히토의 사진도 가급적 못생긴 것을 골라 쓰고 황군이란 말을 가급적 안 쓰려고 나름대로 애썼다는 것이다. 참 큰 죄를 지은 것이지만, 본인들이 뉘우치고 사죄한다면 영원히 용서받지 못할 일은 아니라고 생각한다. 일본이 망할 줄 몰랐다는 말은 차라리 순진하기나 하다. 그러나 제국주의의 지배를 근대화의 길로 생각하고 자신들의 친일이 반민족 행위가 아니라 민족을 살리기 위한 길이라고 굳게 믿은 확신범들도 적지 않았다. 그리고 이들의 근대화와 반공 논리는 그대로 대한민국에서 계승되었다. 일제의 밑에서 떡고물을 주워

먹던 친일파들은 이제 해방된 조국에서 떡판을 송두리째 차지한 것이다. 친일파 청산을 부르짖던 사람들이 "뭉치면 살고 흩어지면 죽는다"는 구호 아래 굳게 결속한 친일파들에 의해 오히려 청산된 대한민국에서 해방은 친일파들의 잔치판이 되고 말았다.

일본도, 우리도 과거를 청산하지 않았다. 일본은 그래도 군과 경찰의 고위직에 있던 자들을 정부와 정계에서 배제하는 시늉이라도 했지만 우리는 그나마도 하지 않았다. 한-일협정 체결과정에서 극명하게 드러나는 것처럼 한-일관계는 미국이 내세운 반공의 깃발 아래 이렇게 살아남은 군국주의자들과 친일파들의 야합의 역사였다. 친일파 박정희의 기념관을 짓지 못해 안달하는 나라, 제국주의의 베트남 침략전쟁에 동원되어 민간인 학살의

〈조선일보〉의 친일과거 사과를 요구하는 나홀로 시위.
〈조선일보〉는 최소한 민족지라는 자랑은 하지 말았어야 했다.

과오를 범하고서도 사과하지 않는 나라, 친일파의 행위를 비롯하여 우리의 부끄러운 역사를 하나도 가르치지 않는 나라, 과연 우리가 일본의 교과서 왜곡과 우경화에 제대로 대응할 준비를 갖추고 있는 것일까? 일본의 우익들이 비웃을 일이다.

이근안과 박처원, 그리고 노덕술

_고문치사로 본 친일과 군사독재의 계보

아직도 친일파 타령이냐?

친일잔재나 친일파 청산을 이야기할 때면 늘 받는 질문 중 하나가 해방된 지 60년이 다 돼

가는데 아직도 친일파 타령이냐는 것이다. 이런 문제제기를 하는 사람들이 꼭 친일파를 비

호하자는 것만은 아니다. 정말 순수하게, 또는 단순하게 왜 과거에만 얽매여야 하느냐는

의문에서 이런 질문을 하는 사람들도 많이 있다. 그러나 친일잔재와 친일파의 문제는 결코

과거의 문제가 아니다. 해방 뒤 56년, 이 기간은 물리적으로 친일파들이 거의 다 죽거나 최

소한 현역에서 은퇴하도록 만들기에 충분한 시간이다. 그럼에도 불구하고 친일잔재와 친

일파의 문제는 과거사가 아닌 현실의 문제로 우리 곁에 남아 있다.

정호용의 개그 "사람을 어떻게 때리냐"

독자들은 1987년 6월항쟁의 도화선이 되었던 박종철군 고문치사

및 은폐조작 사건을 기억할 것이다. 1987년 1월14일 남영동 대공분

실에서 경찰의 물고문으로 박종철군이 희생되었을 때 경찰은 처음

고문이 없었다고 부인했다. 그때 사건을 발표하면서 치안본부장 강

민창이 한 말, "책상을 '탁' 하고 치니 '억!' 하고 죽었다"는 역사에 남는 명언이 되었다. 사건 수습을 위해 새로이 내무장관이 된 정호용이 "사람이 사람을 어떻게 때리느냐"는 말 역시 두고두고 이야깃거리가 되었다. 그는 1980년 5월의 광주학살 당시 특전사령관이었기 때문이다. 그러나 이런 어설픈 말로 고문의 진상이 덮일 수는 없었다. 당시 박종철군이 물고문을 받다가 숨지자 경찰은 의사를 불러왔고, 그 의사 선생님은 기자들에게 사건현장에 물이 흥건했다고 경찰 입

'고문기술자' 이근안과 그를 총애했던 박처원 전 치안감. 일제시대 악질 친일고등경찰의 대명사 노덕술(왼쪽부터).

장에서 볼 때 정말 눈치 없이 이야기해버린 것이다. 물고문 사실을 숨길 수 없게 된 경찰은 서둘러 조한경 등 2명이 박종철군을 물고문하여 살해했다고 발표하였다. 두 명의 고문경관을 검찰로 송치할 때 경찰은 놀라운 동료애를 발휘했다. 똑같은 옷을 입힌 경관 여러 명을 동원하여 누가 범인인지를 알 수 없게 만든 것이다.

　1987년 5월18일 세상은 다시 한번 충격에 빠졌다. 광주의거 7주기 추도미사 도중 김승훈 신부가 박종철군 고문치사 사건의 진상이

조작되었음을 폭로한 것이다. 대공경찰의 대부라는 치안본부 5차장 박처원의 주도 아래 모두 5명이 가담한 고문치사 사건을 단 2명만이 고문에 가담한 것으로 꾸미고, 총대를 멘 2명에게는 거액의 돈을 주었다는 사실이 새롭게 밝혀졌다. 한동안 사람들의 기억 속에서 사라졌던 박처원이라는 이름은 1999년 11월 다시 화제의 초점이 되었다. '고문기술자'라는 희한한 별명을 가진 이근안의 도피를 지시하고 카지노의 대부 전낙원으로부터 '경찰발전기금'으로 10억 원을 받아내 이근안에게 거액의 도피자금을 마련해준 사람이 박처원이었기 때문이다. 당시의 신문은 1947년 스무 살의 나이로 경찰에 투신한 박처원이 박종철군 고문치사 사건 은폐조작으로 물러날 때까지 주변에 이른바 박처원사단을 형성했으며, 대공조직과 부하들 간의 의리를 남달리 강조한 그가 고문에 의거한 대공수사에서 남다른 활동을 벌인 이근안을 총애했다고 보도했다.

1948년 박성근 고문치사 사건과 노덕술

우리의 근현대사에서 경찰의 고문이 문제가 된 것은 어제오늘의 일이 아니다. 사실 친일경찰을 청산하지 않고 출범한 대한민국 경찰의 탄생에서 고문은 어쩌면 원죄와도 같은 것이었는지도 모른다. 박종철군의 고문치사 및 은폐조작 사건이 있기 40년 전인 1948년에 이 사건과 너무나 유사한 사건이 발생했었다. 사건의 주역은 악질 친일 고등경찰의 대명사라 할 수 있는 노덕술(盧德述)이었다. 1948년 1월 24일 미군정 수도경찰청장 장택상(張澤相)을 저격하는 사건이 일어났다. 이 사건의 범인으로 박성근(朴聖根, 일명 임화)이라는 25살의 청년이 검거되었는데, 수도경찰청에서 노덕술의 지휘하에 그를 고문하다가 1월 29일 오전 3시에 그를 죽게 한 것이다. 뒤에 밝혀진 바에 따르면 노덕술은 직접 곤봉을 들어 박성근의 머리를 무수히 난타했

으며, 부하인 김재곤, 박사일 등을 시켜 실신 지경에 빠진 박성근을 3시간에 걸쳐 물고문하게 했다고 한다. 자기 조직의 우두머리를 죽이려 한 자에 대한 무한한 적개심에서 고문을 행했지만, 정작 피의자가 죽자 노덕술 등은 무척 당황했다. 이들은 사건을 은폐하기 위해 2층에 있던 취조실 창문을 열어젖히고 "저놈 잡아라!"라고 소리치며 뛰어나가 박성

박종철을 물고문한 서울 남영동 대공분실 전경.

근이 감시소홀을 틈타 도주한 것처럼 꾸미고는 사체를 한강으로 가져가 얼음구멍에 처넣었다. "책상을 '탁' 하고 치니 '억!' 하고 죽었다"에 비해 훨씬 세련된 조작극이 시작된 것이다. 노덕술은 이 사건의 전말을 수도경찰청장 장택상에게 보고했는데, 〈동아일보〉 1948년 8월 27일치에 의하면 장택상은 오히려 노덕술 이하 이 사건을 담당한 14명에게 "그 직무를 충실하게 이행한 공로를 찬양하여 2월 5일 최고 2만 원에서 5천 원까지 특별상여금을 주었다"고 한다.

박종철군 고문치사 및 은폐조작 사건이 뒤에 폭로된 것처럼 이 사건의 진상도 약 6개월 뒤인 1948년 7월 하순에 세상에 알려지게 되었다. 미군정 산하의 경찰조직으로는 조병옥(趙炳玉)이 이끄는 군정 직속의 경무부와 장택상을 수반으로 하는 수도경찰청이 있었는데, 대한민국 단독정부의 수립을 앞두고 조병옥과 장택상, 그리고 그들 휘

하의 두 조직 간에는 치열한 자리다툼이 벌어지고 있었다. 또한 당시의 경찰 중 일부 인사는 민족적 입장에서 친일경찰들이 새 정부의 경찰에서 요직을 차지해서는 안 된다고 생각하였는데, 이런 입장도 박성근 고문치사 및 은폐조작 사건이 폭로되는 데 한 요인으로 작용했다.

박성근 사건이 뒤늦게 폭로되자 당시 수도경찰청의 안살림을 담당하는 관방장으로 있던 노덕술은 1948년 7월 24일 경무부 수사국에 구속되어 취

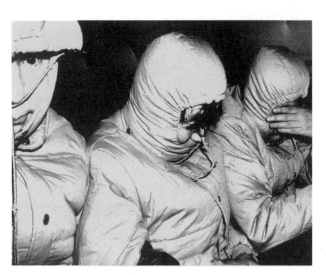

경관들이 똑같은 옷을 입고 박종철을 고문한 경관을 검찰로 송치하는 광경.

조를 받게 되었다. 그런데 다음날 수도경찰청 부청장 김태일(金泰日)이 경무부를 방문하여 사무상 필요 때문에 노덕술에게 문의할 일이 있으니 피의자의 신병을 잠시 인도해 달라고 요청하여 노덕술을 데리고 간 뒤 노덕술이 도주했다고 보고했다. 수도경찰청이 조직적으로 노덕술을 빼돌린 것이다. 이렇게 되자 경무부는 26일 노덕술을 전국에 지명수배했다. 이에 대해 수도경찰청 부청장 김태일은 27일 기자회견을 열어 경무부 수사국이 발표한 고문치사 및 은폐조작 사건의 진상은 "사실무근이며 완전 모략"이라고 주장했다. 이에 경무부는 김태일 부청장이 노덕술을 빼돌린 것은 민심을 현혹시키고 경찰질서를 문란시킨 것이라며 그에게 정직처분을 내리고 그를 사문위원회에

회부하는 한편, 이만종(李萬鍾) 수사국 부국장의 명의로 담화를 발표하여 김태일의 기자회견 내용을 반박했다. 이 담화에서 이만종은 김태일이 노덕술이 체포된 뒤 수도청을 대표하여 수사국에 와서 "열성 끝에 치사한 것인 만큼 만일 사건을 취급한다면 수도청이 전복될 우려가 있으니 노덕술 이하 관계자를 정치적으로 관대히 해결해 달라"고 간청한 사실도 밝혔다. 이 귀에 익은 논리는 부천서 성고문 사건·김근태씨 고문 사건·박종철군 사건 등 주요 고문 사건이 터질 때마다 경찰 수뇌부가 대공경찰의 사기 운운하던 것의 원형이 된다.

친일파 처단 주장하면 공산당?

노덕술 사건이 경찰 내에서 친일경찰 및 그 비호세력과 민족적 양심을 지키려는 세력 간의 대결구도로 발전하려 하자 경무부장 조병옥은 서둘러 진화에 나섰다. 그는 이만종 부국장의 담화가 나간 다음 날 노덕술을 빼돌린 김태일에 대한 정직처분을 취소하고 이 사건을 조사하기 위한 사문위원회도 취소했다. 그리고 노덕술을 체포했던 수사국장 조병계(趙炳契)와 부국장 이만종에게 사표를 강요했다. 이들은 8월10일 발표한 사임 성명에서 "금번 조각의 인물구성을 볼 때 우리의 양심을 살리기에는 너무나 환경과 조건이 불리하다"면서 "전일 수사국에서 적발한 수도청 고문치사 사건에 있어 군정의 책임자도 아닌 자가 불필요한 간섭과 제한을 가함으로써 사건 취급상 중대한 지장을 초래"했다고 주장했다. 특히 이들은 노덕술의 구명에 앞장선 이승만의 측근인 윤치영이 경찰을 지휘하는 내무장관에 임명된 것을 두고 "직접 권한이 없는 군정에도 간섭함으로써 부패분자의 구명운동에 동분서주하였거늘 하물며 자기 권한하에 있는 신정부에 있어서는 가히 추측할 수 있다"며 자신들이 왜 물러날 수밖에 없는가를 밝혔다. 일찍이 경찰 내에서 친일경찰의 척결을 주장하다가 파면당한 최능진(崔能鎭)의 사례와 함께 우리 경찰에서 "악화가 양화를 구축"한 대표적인 사례였다.

경찰이 이 지경이 되고 있을 때 달아난 노덕술은 어떻게 지내고 있었을까? 이근안이 자기 집 골방에 숨어 지내고 박노항이 아파트를 얻어 숨어 지낸 것에 비해 노덕술의 도피 아닌 도피행각은 너무나 화려했다. 노덕술의 은신처는 다름 아닌 수도경찰청 청사였다. 그는 이렇게 "숨어"(!) 있으면서 무장경관의 호위 속에 경찰관용차를 타고 상관이었던 외무장관 장택상의 집과 자신을 비호해주는 내무장관 윤치영의 집 등 현직 장관의 집에 수시로 드나드는 등 화려한 외출을 즐겼다. 노덕술이 도피생활의 무료함을 달래기 위해 이런 외출을 했다고 생각한다면 그건 너무 큰 오산이다. 노덕술은 경찰 내에 득시글거리던 또 다른 노덕술들과 함께 일대 반격을 준비하고 있었다.

1948년 7월 제헌국회가 개원했다. 비록 이남만의 단독선거에 의한 반쪼가리 국회였지만, 국회는 반민족행위자 처벌에 관한 특별법의 처리를 서둘렀다. 반민법 제정의 열기가 뜨겁던 8월27일 국회에는 "친일파를 엄단하라고 주장하는 자는 공산당"이라는 내용을 담은 '애국청년'들의 전단이 살포되었다. 반민법은 독립운동자나 그 가족을 악의로 살상, 박해한 자와 이를 지휘한 자는 최고 사형, 그리고 군·경찰의 관리로서 악질적인 행위를 한 자는 10년 이하의 징역에 처한다는 너무나 당연한, 그러나 친일고등경찰들이 보기에 너무나 스산한 내용을 담고 있었다. 이 법에 따라 반민특위가 결성되자 특위는 과거 신간회 활동을 했던 제헌의원 겸 특위조사위원 김명동(金明

東)의 책임 아래 노덕술 체포대를 구성했다. 노덕술 체포대는 노덕술이 애첩인 관훈동의 기생 김화옥의 집에 드나든다는 정보를 입수하고 김화옥의 집에 들이닥쳐 노덕술이 당시 동화백화점 사장 이두철(李斗喆)의 효창동 집에 은신해 있다는 사실을 알아냈다. 체포대는 곧바로 이두철의 집을 급습하여 노덕술을 검거했다. 박성근 고문치사 사건이 일어난 지 꼭 1년 만인 1949년 1월24일의 일이었다. 체포당시 노덕술은 4명의 호위경관을 거느리고 6정의 권총과 34만여 원의 거액을 지니고 있었다.

실패로 끝난 친일파의 조작사살음모

노덕술이 체포된 다음날 세상은 다시 한번 놀랐다. 백민태(白民泰)라는 테러리스트가 서울지검을 찾아와 엄청난 사실을 털어놓은 것이다. 노덕술과 또 다른 노덕술들인 수도경찰청 수사과장 최란수(崔蘭洙), 사찰과 부과장 홍택희(洪宅熹), 중부서장 박경림(朴京林) 등이 반민특위 간

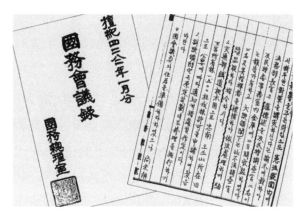

1949년 2월 이승만 대통령이 친일경찰 출신인 노덕술을 체포한 반민특위 조사관과 그 지휘자를 체포해 의법처리하라라고 지시한 국무회의록 사본.

부 등 15명을 38선까지 유인해 살해한 뒤 이들이 월북하려 해 사살했다고 위장하려 한 암살음모를 고백하면서 이들로부터 받은 권총과 수류탄, 그리고 암살대상자 명단을 제출한 것이다. 백민태는 바로 이들이 선택한 하수인이었다. 그런데 백민태는 항일전선에서 잔뼈가

굵은 민족주의적 성향이 강한 테러리스트였기에 백민태를 하수인으로 고른 것은 이들 암살모의자들에게는 큰 불행이었다. 나중에 밝혀진 바에 따르면 이 암살음모는 반민특위의 활동이 본격화된 1948년 10월 하순에 시작되었다. 뒤에 반민법 위반으로 구속된 친일파 홍찬(현재 스카라극장인 약초극장 사장)의 집에서 노덕술, 최란수, 홍택희, 박경림 등이 반민법 제정에 앞장선 의원들을 암살하기로 모의하였고, 이후의 실무는 최란수와 홍택희가 담당하였다는 것이다. 이 암살음모는 백민태의 고발로 미수로 돌아갔지만, 반민법 제정에 앞장선 국회의원을 제거하려는 친일파의 끈질긴 공작은 마침내 1949년 5월 이른바 국회프락치 사건으로 실현되었다.

노덕술의 체포는 이승만에게도 큰 관심사였다. 노덕술이 수도경찰청 수사과장 재직시 직접 그를 이화장으로 불러 "자네 같은 애국자가 있어 내가 발을 뻗고 잔다"고 격려한 이승만은 노덕술이 검거되고 얼마 뒤인 1949년 2월 12일 국무회의에서 "노덕술을 잡아들인 반민특위 조사관 2명과 그 지휘자를 체포해 의법처리하며 계속 감시하라고 지령하시다"라고 발언한 것으로 국무회의록에 기록되어 있다. 1949년 6월의 경찰에 의한 반민특위 습격과 해산, 그리고 백범 김구 선생의 암살이 어떤 분위기에서 진행되었는가를 무엇보다도 잘 보여주는 사례가 아닐 수 없다.

노덕술은 반민특위 습격이 있기 직전인 1949년 5월 29일에 열린 재판에서 암살모의 사건에서 증거불충분으로 무죄를 받아 풀려났고, 이듬해까지 계속된 박성근 고문치사 및 은폐조작 사건 재판에서도 역시 같은 이유로 무죄방면되었다. 그는 무죄로 풀려났으나 경찰에 복귀하기는 힘들었다. 노덕술은 군으로 무대를 옮겨 헌병 중령으로 변신하여 1사단 헌병대장을 지냈다. 그러나 그가 창설한 노덕술사단은 한국 대공경찰의 모태가 되었고, 그 사단의 막내가 바로 뒷날 자기 사단을 만들며 대공경찰의 대부가 된 박처원, 남영동을 만들고 고문 은폐조작의 배후에 서서 고문경관들에게 도피자금과 위로금을 전한 박처원이었다.

똑같은 논리, 똑같은 수법…

역사는 반복되는가? 역사의 진보를 믿는 사람으로서 참 답하기 싫은 질문이지만, "저놈 잡아라"에서 "책상을 '탁' 하고 치니 '억' 하고 죽었다"에 이르는 고문과 은폐조작의 뿌리 깊은 계보, 예나 지금이나 변함없이 친일잔재 청산이나 민주화의 염원이 빨갱이들의 주장으로 몰리는 현실, 그리고 고문경관을 싸고 도는 경찰들의 눈물 어린 동료애 앞에서 우리는 무어라 답해야 하는가? 종철이 아버님 말씀처럼 "아무 할말이 없데이…"다. 노덕술이 가고, 박처원도 가고, 이근안도 사라진 마당, 그러나 그들이 남긴 씨는 아직도 이 땅에 면면히 이어지고 있다. 군사독재 시절 그들과 똑같은 논리, 똑같은 수법으로 민주인사를 탄압한 자들이 남아 있는 곳이 어디 경찰뿐이겠는가?

청산하지 못한 과거는 되풀이될 수밖에 없다. 과거청산을 모범적으로 행했다는 독일에서도 신나치가 생겨나는데, 단 한번도 과거청산을 하지 못하여 미청산된 과거의 만물상으로 불리는 우리 사회야 오죽하겠는가? 과거청산은 과거의 문제가 아니라 현재와 미래를 위해 현실로 이어진 과거사를 직시하고 그것과 싸우는 것이다. 솔직히 우리는 친일잔재의 청산에 실패했다. 그리고 이 친일잔재는 군부독재권력에 의해 우리 사회에서 재생산되었다. 친일잔재의 청산은 이

어정쩡한 민주화 속에 살아 숨쉬고 있는 군부독재잔재의 청산으로 마무리돼야 한다. 그러지 못할 때 친일문제는 50년이 아니라 100년, 200년이 지나도 우리의 발목을 잡을 수밖에 없는 것이다.

우리는 무덤 위에 서 있다

_민간인 학살, 그 '죽이는 이야기' 1

역사를 공부하다보면 왜 내가 하필 이 문제를 붙잡고 골머리를 앓아야 하나 하고 후회할 때가 종종 있다. 머리로 이해하기 힘들고 감정적으로 받아들이기에도 너무나 무거운 문제이고, 그렇다고 사료가 풍부한 것도 아니라면 사실 도망가는 것이 상책이 아니겠는가? 그러나 도저히 도망칠 수 없는, 아니, 도망가려야 도망갈 데가 없는 경우도 있다. 한국전쟁 전후의 민간인 학살이 바로 그런 문제이다. 유족들은 호소한다. 학살의 진상이 밝혀질 때까지 부디 이 땅의 풀 한 포기 함부로 밟지 말아 달라고. 어디서 어떻게 죽었는지 모르는 가족들을 가진 이들에게는 온 국토가 그들의 무덤이라고. 온 국토에 학살의 흔적이 널려 있고, 현대사의 거의 모든 사건이 학살의 영향을 벗어나지 못하는데 어디로 도망칠 수 있을까?

죽이는 모든 방법이 동원된 한국전쟁

참으로 죽이는 방법도 가지가지였다. 때려죽이는 타살(打殺), 구살(毆殺), 주먹으로 쳐죽이는 박살(搏殺), 몽둥이로 때려죽이는 박살(撲殺), 격살(擊殺), 쏘아죽이는 사살(射殺), 총살(銃殺), 포살(砲殺),

칼로 찌르거나 베어죽이는 자살(刺殺), 찢어죽이는 육살(戮殺), 육시(戮屍), 생매장해 죽이는 갱살(坑殺), 바퀴로 치어죽이는 역살(轢殺), 단근질해 죽이는 낙살(烙殺), 밟아죽이는 답살(踏殺), 깔아죽이는 압살(壓殺), 독을 먹여죽이는 독살(毒殺), 껍데기를 벗겨죽이는 박살(剝殺), 끓는 물에 삶아죽이는 팽살(烹殺), 불에 태워죽이는 분살(焚殺), 소살(燒殺), 베어죽이는 참살(斬殺), 여기서도 머리를 베어죽이는 참수(斬首), 허리를 끊어죽이는 요참(腰斬)이 있다. 또 물에 빠뜨려 죽이는 익살(溺殺), 수장(水葬), 잡아죽이는 포살(捕殺), 굶겨죽이는 아살(餓殺), 목졸라 죽이는 교살(絞殺), 액살(縊殺), 채찍질하여 때려죽이는 추살(箠殺), 철퇴로 쳐죽이는 추살(鎚殺), 몽둥이로 쳐죽이는 추살(椎殺), 발로 차죽이는 축살(蹴殺), 높은 데서 내던져 죽이는 척살(擲殺), 곤장으로 때려죽이는 장살(杖殺), 폭탄을 터뜨려 죽이는 폭살(爆殺), 기둥에 묶고 창으로 찔러죽이는 책살(磔殺), 꾀어내어 죽이는 유살(誘殺), 죽일 사람이 없을 때 가족 등 다른 사람을 대신 죽이는 대살(代殺) 등 인류의 역사에 있었던 사람 죽이는 방법이 모두 동원된 것이 한국전쟁 전후 민간인 학살의 현실이었다.

죽이는 방법도 가지가지고, 학살이 일어난 곳도 전국 방방곡곡이지만, 한 가지 공통점은 문자 그대로 죽은 자들의 뼈도 못 추렸다는 것이다. 고양 금정굴이나 지리산 외공마을에서는 일부나마 유골을 발굴하다가 쏟아져나오는 유골을 감당할 길이 없어 다시 흙을 덮어버렸고, 경산 코발트 광산에서는 지금도 유골을 발굴 중이다. 발굴된 유골의 신원을 확인하는 문제는 엄두도 내지 못하고 있을 뿐 아니라, 부끄럽게도 연구자들은 도대체 몇 명의 민간인이 학살당했는지 가늠조차 힘들다고 고백하지 않을 수 없다. 아무리 적게 잡아도 50만, 어

빨갱이짓 하면 이렇게 된다? 한국전쟁 기간 중 생포된 게릴라의 잘린 목을 보며 웃는 남한 병사.(CENTURY)

쩌면 100만 명이 '빨갱이' 라는, '반동' 이라는 손가락질 하나로, 심지어 그런 가족을 두었다는 이유만으로 목숨을 잃어야 했다.

한국전쟁은 20세기의 그 어떤 전쟁보다도 민간인 희생비율이 높은 '더러운 전쟁' 이었다. 톱질을 하듯 전선이 이동한 한국전쟁은 무수한 민간인 학살을 낳았다. 전쟁 이전에 수만 명이 희생된 제주 4·3 사건과 여순 사건의 참화를 비롯해서, 전쟁 발발 직후 보도연맹원과 좌익수감자들에 대한 학살, 노근리 사건 등 미군에 의한 학살, 좌익과 인민군에 의한 학살, 미군의 무차별 폭격에 의한 학살, 국군과 미군에 의한 이북 주민들에 대한 학살, 빨치산 토벌과정에서 국군에 의해 자행된 민간인 학살, 남북이 각각 자기 지역을 회복한 뒤 '부역자' 처단

과정에서 이루어진 학살 등 학살의 목록은 끝이 없다.

"묻지마, 다쳐"의 사회

유엔이 '제노사이드의 방지와 처벌에 관한 협약'을 채택한 1948
년 12월 9일은 제주도에서 4·3사건에 대한 초토화작전이 절정에 달
했던 때이고, 이 협약이 발효된 1951년 1월 12일은 함평에서 제3차 학
살이 일어난 날이다. 제노사이드 협약을 채택하기 위해 모인 사람들
이 "다시는 안 돼"(Never Again)라는 구호를 외치는 그 순간 한반도에
서 엄청난 살육이 자행되고 있었지만, 그 사실을 아무도 알지 못했다.
그만큼 제주는, 아니 한반도 전체가 학살을 감시하려는 인류의 양심
과 이성의 눈길이 닿지 않는 외진 땅이었다. 미국을 비롯한 서구에서
한국전쟁은 흔히 잊혀진 전쟁(Forgotten War)이라고 불리는데, 그중
에서도 학살은 잊혀진 전쟁 중에서도 가장 깊숙이 묻혀버린 사건이
었다.

민간인 학살만큼이나 끔찍스러운 일은 전국 방방곡곡에서 100만
명 가량의 희생자가 발생한 이 학살에 대해 우리 사회가 모르는 척하
거나 정말로 모른 채 반세기를 보냈다는 점이다. 같은 하늘 아래 이런
엄청난 일들이 묻혀 있음을 애써 외면한 채, 또는 전혀 알지 못한 채
우리는 먹고, 마시고, 잠자는 일상의 삶을 살아왔다. 수십만 명의 죽
음을 50년 간 외면해온 우리 사회의 구성원 모두는 학살 그 자체는
아닐지라도 학살 은폐의 방조자가 됨으로써 사람된 도리를 다하지
못한 것이다. 광범한 학살이 휩쓸고 지나간 이 땅에서 피해자도, 가해
자도, 유가족은 물론이고, 우리 사회의 전체 구성원은 모두 사람일 수
없었다. 학살이란 바로 이런 것이며, 우리가 다시는 이 땅에 학살이

일어나지 않도록 노력해야 하는 이유도 여기에 있다.

　과연 학살은 한국의 사회문화에 어떤 영향을 끼쳤는가? 1960년대 초반 시인 김수영은 한국사회를 '에비'가 지배하는 사회라고 평한 바 있다. 한때 한 휴대전화 회사가 '묻지마, 다쳐'라는 광고카피를 사용

한국전쟁 중 조직적으로 학살된 좌익사범들. 학살만큼이나 끔찍스러운 일은 전국 방방곡곡에서 100만 명 가량의 희생자가 발생한 이 학살에 대해 우리 사회가 모르는 척하거나 정말로 모른 채 반세기를 보냈다는 점이다.

하여 큰 히트를 했다. '묻지마, 다쳐'의 사회. 과연 우리는 무엇을 물어서는 안 되는 것이었을까? 노령의 진보적인 어른들은 '똑똑한 사람들은 그때 다 죽고, 쭉정이만 남았다'라는 말을 하고, 군사정권 시절 '나서지 마라'는 부모들이 대학생이 된 자식들에게 주는 가장 큰 교훈이었다. 한국사회에 오랜 기간 군사독재가 유지되고, 군사독재가 물러난 뒤에도 반공주의, 보신주의가 횡행하는 것은 다 학살의 무덤 위에 한국사회가 건설되었기 때문이다. 또 가족의 생존과 이익을 최고의 가치로 보는 신가족주의나 살기 위해서는 어떤 일도 할 수 있다는 가치관의 전도 역시 학살이 남긴 상처와 무관하지 않을 것이다.

학살의 진상을 밝히는 작업은 이렇게 한국사회의 구석구석까지 지배하고 있는 전도된 가치관의 해부와 청산으로 이어져야 한다.

양민학살과 민간인 학살

한국전쟁 전후의 학살에 관한 용어에서 한 가지 정리하고 넘어가야 할 것은 이 학살을 '양민학살'로 부를 것인가, '민간인 학살'로 부를 것인가 하는 문제이다. '거창양민학살 사건'의 사례에서 보듯이 우리 사회에서는 관용적으로 양민학살이란 말이 쓰였고, 현재도 일반 언론은 물론 대다수의 유가족회와 일부 진보적 연구자들도 이 용어를 쓰고 있다.

원래 양민이란 용어는 일본제국주의자들이 항일유격대원들을 '공비'라고 폄하하여 부르면서 이들이 친일주구배들을 청산한 것을 '공비들의 만행'인 '양민학살'이라 부른 데서 유래되었다. 그런 용어가 한국전쟁 당시의 민간인 학살을 지칭하는 용어로 굳어지게 된 것은 유가족들이 학살의 희생자들이 빨갱이나 '통비분자'(通匪分子)가 아닌 무고한 양민임에도 불구하고 군경이나 우익단체에 의해 잘못 희생되었다는 것을 강조하여 자신들이 당한 억울함을 좀더 강력히 호소하기 위해 이 말을 계속 사용했기 때문이라고 할 수 있다.

그러나 양민학살이란 용어는 분명 문제를 안고 있다. 무엇보다도 먼저 양민학살이란 말은 빨갱이, 통비분자, 불순분자, 좌익가족들은 죽여도 된다는 가해자들의 논리가 갖는 부당성을 정면으로 부정하는 말이 아니다. 이 말은 양민인데도 희생되었다는 특정 희생자 집단의 억울함을 부각시키는 데는 유리할지 몰라도, 당시 일반적으로 양민의 범주에 들지 않는 사람들, 이를테면 보도연맹원이나 좌익수감자들에 대한 학살을 자칫 정당화시킬 우려가 있다. 모든 학살은 잘못된 것이다. 어떤 학살은 괜찮고 어떤 학살은 잘못된 것이 아니라 모든 학살은 다 나쁜 것이다. 설혹 빨갱이라 할지라도 그가 민간인이라면 국가권력이나 국가의 비호를 받는 무장집단이 한국전쟁 전후의 빨갱이 사냥처럼 그런 식으로 마구 죽여서는 안 되는 것이다.

양민이란 말은 기본적으로 편을 가르는 말이다. 양민과 양민이 아닌 사람을 구분하는 것은 학살의 첫 단계인 편가르기의 첫발을 뗀 것을 의미한다. 과연 민주국가를 표방하는 나라에서 양민과 양민이 아닌 빨갱이, 통비분자, 불순분자를 구분하는 것이 정당한 일인가? 누가

북한 지역을 폭격하는 미 공군 B-29기. 한국전쟁 당시 〈조선일보〉 사장이었던 계초 방응모도 납북 도중 미군의 폭격에 의해 '학살' 되었다. (육군50년 역사 사진집)

누구에게 양민과 양민이 아닌 자를 구분하라는 권능을 부여했는가? 이름도 알 수 없는 유골 앞에서 그가 양민이었는지 아닌지를 가려낼 수 있는가? 이 편가르기는 피해자들의 단결에 지장을 가져올 수도 있다. 한 예로 동일 지역 내에서 보도연맹원이나 좌익가족, 또는 '부역

자'들과 이런 범주에 들지 않는 '양민'이 같이 학살당한 경우, 우리가 양민학살이란 용어를 고집할 경우 '양민'의 범주에 들지 않는 사람들의 죽음은 역사의 장에 설 자리조차 없다.

양민학살이 학살 자체에 대한 부정이 아니라 오살(誤殺), 즉 죽여야 할 대상을 고르는 데에서 잘못을 범한 것만을 비판하는 소극적인 개념이라면, 민간인 학살은 국가권력이나 그 비호를 받는 무장집단이 비무장 민간인에 대해 일방적인 학살을 행하는 것 자체를 부정하는 적극적인 개념이다. 민간인 학살이란 개념은 또한 한국전쟁 전후에 발생한 대부분의 학살 사건을 포괄할 수 있는 개념이기도 하다.

노근리는 하나의 사례일 뿐

1999년 9월 〈AP통신〉에 미군에 의한 노근리 학살 사건이 대대적으로 보도된 것은 학살에 대한 일반인들의 관심을 폭발적으로 불러일으키는 계기가 되었다. 특히 이 사건의 가해자가 미군이었다는 점은 한국전쟁의 신화와 아울러 우리 사회의 마지막 성역을 깨는 것이었다. 노근리 사건은 실상 유가족의 한 사람인 정은용씨에 의해 소설 형태로 처음 알려진 이래 〈말〉과 〈한겨레〉 등에 의해 보도된 바 있지만, 대부분의 중앙일간지와 방송의 외면으로 일반인들에게 널리 알려지지 않았다. 그러나 갑자기 노근리 사건은 한국전쟁 전후의 민간인 학살 사건으로는 이례적으로 국내의 주요 신문과 방송에서 크게 보도되었다. 그 이유는 간단했다. 외신인 〈AP통신〉이 터뜨렸기 때문이다. 주류언론의 사대주의적 속성이 여지없이 드러난 것이다.

노근리 사건은 이제 학살의 대명사처럼 되었지만, 이는 단지 하나의 사례에 지나지 않는다. 수천 건의 사건들이 아직도 숨죽인 채 진실이 드러나기를 기다리고 있다. 국방부에서는 노근리 사건이 알려지고 난 뒤 민간인 학살과 관련하여 1999년 10월20일부터 2000년 12월까지 민원을 접수하여 모두 64건을 신고받았는데, 이중 미군 관련 사건이 52건으로 단연 많았고, 국군 및 경찰 관련이 11건, 캐나다군 관련이 1건이었다. 그러나 한국전쟁 중 미군에 의한 학살은 무차별 폭격으로 인한 학살을 포함하면 그 규모가 상당하지만, 대면학살에 국한한다면 전체에서 차지하는 비율이 높다고 할 수 없다. 그런데도 미군에 의한 학살 신고가 압도적으로 많은 것은 아직도 국군 및 경찰, 그리고 우익무장대에 의한 학살의 피해자들이 신고를 꺼리기 때문으로밖에는 볼 수 없다.

1천 명 가까운 인명이 희생된 것으로 추정되는 외공리 사건의 경우, 유골은 있되 유족은 나타나지 않는 기이한 현상을 보이고 있다. 이 기막힌 현실은 아직도 이 땅의 유족들이 겪는 공포와 체념의 벽이 얼마나 높으며, 많은 사람들이 자기 피붙이들이 언제 어디서 어떻게 죽었는지 모른 채 살아 있는 것이 아닌 삶을 살아야 했던 뒤틀린 역사를 상징적으로 보여준다. 연좌제와 국가보안법의 그늘 아래 빨갱이 자식으로 모진 목숨을 이어가야 했던 유가족들의 이야기야 어찌 무딘 필치로 제한된 지면에 담을 수 있으랴. 이 땅에 살기 위해 부모를 처형한 우익반공단체의 열성 간부가 된 아들의 심경을 누가 헤아릴 수 있으랴.

노근리 사건으로 인한 학살의 공론화, 그리고 충분하지는 않지만 한국사회의 민주화는 숨죽이고 살아온 유족들이 그동안의 한을 토로할 수 있는 분위기를 만들었다. 물론 수십만 명의 피학살자를 낳은 광범위한 학살에서 현재까지 진상규명을 요구하고 나선 유가족들의 수는 극소수에 지나지 않는다. 그러나 유족들이 나섰다는 것은 대단히 중요한 의미를 갖는다. 현재 그래도 국민들에게 학살 사건이 조금이나마 알려지고, 진상규명에 조금이나마 다가선 곳들은 예외없이 유족들이 활발히 움직이고 있는 곳이다.

〈조선일보〉 사주 일가도 학살의 유가족?

민간인 학살, 참으로 감당하기 힘든 문제이지만 더이상 외면할 수도 없는 문제이다. 진실규명을 위해서는 유족들의 역할이 무엇보다도 중요하지만, 언론과 연구자들의 관심 또한 절실히 요구된다. 그런데 참으로 이해할 수 없는 것은 민간인 학살문제에 대한 〈조선일보〉의 외면이다. 따지고보면 〈조선일보〉의 사주 일가도 넓은 의미에서 학살의 유가족 아닌가? 한국전쟁 당시 〈조선일보〉 사장이었던 계초 방응모 선생이 인민군의 이른바 '모시기 공작'에 의해 납북되어 가던 중 황해도 서흥에서 1950년 9월28일 미군의 무차별 폭격에 의해 임시정부 국무위원이던 김붕준 선생과 함께 희생되었으니 말이다. 그러나 〈조선일보〉가 펴낸 방응모 선생의 전기는 납북장면에서 끝나고 있을 뿐이다. 납북해간 인민군만 죽일 놈들이고 정작 할아버지의 목숨을 앗아간 미군의 무차별 폭격은 전쟁 상황에서 당연한 일이었기 때문일까? 아니면 공산군에 의해 처형된 것이 아니라 큰형님 나라 미국의 폭격에 의해 숨진 것이 당혹스럽기 때문일까? 할말은 하는 신문이 할말을 해주어야 미군의 무차별 폭격에 의해 희생된 이들의 유가족들이 용기를 얻을 수 있지 않을까?

'박멸의 기억'을 벗어던지자

_민간인 학살, 그 '죽이는 이야기' 2

2001년 9월6일 '한국전쟁 전후 민간인 희생사건 진상규명과 명예회복을 위한 통합특별법'이 여야의원 48명에 의해 발의되었다. 대한민국 수립과정에서 발생한 최대의 비극적인 사건, 그리고 거의 완벽하게 묻혀졌던 사건을 어떻게 우리가 풀어가야 할 것인가 하는 문제가 본격적으로 제기된 것이다.

한국 현대사에는 두 가지 건드려서는 안 되는 금기가 있었다. 하나는 친일파 청산문제이고, 다른 하나는 바로 민간인 학살이다. 그런데 이 두 사건은 서로 분리된 별개의 문제가 아니라 깊이 연결된 문제이기도 하다. 이 두 가지 문제가 상호 관련되어 있다 함은 친일세력이 민간인 학살의 가해자나 지원자로 등장했다는 것만을 의미하지는 않는다. 한국전쟁 전후의 민간인 학살에서 최대규모의 학살인 보도연맹원 집단처형, 크고 작은 집단학살을 숱하게 낳은 '공비토벌' 전술, 그리고 학살의 주체로 등장한 군과 경찰, 청년단에서는 일제의 잔재가 짙게 묻어난다.

일제잔재와 민간인 학살

일제는 1936년 12월 '조선사상범 보호관찰령'을 제정한 것을 시발로 사상범들에 대한 감시를 법제화하였다. 이어 일제는 1938년 7월 사상전향자들로 시국대응전선(全鮮) 사상보국연맹을 결성했으며, 다시 1941년 1월에는 사상보국연맹을 대화숙(大和塾)으로 개편하였다. 대화숙은 일본정신의 현양과 내선일체 강화 및 전향자의 선도 보호 등을 주요사업으로 삼고 전향자들을 입숙시켜 군대식 기율로 관리하면서 황민화 교육을 실시했다. 이어 1941년 2월에는 '조선사상범 예방구금령'을 제정하여 재범이나 도주의 우려가 있는 사상범들을 예방구금소나 감옥에 가수용할 수 있는 길을 텄다. 대화숙 등에 수감되었던 사상범들은 소련군의 대일 개전과 원자폭탄 투하로 일본이 서둘러 항복했기 때문에 살아났다. 만일 2차대전의 종전이 늦춰졌거나 한반도에서 전투가 벌어졌다면, 일제가 이렇게 알뜰하게 관리해온 사상범들을 그대로 두었을 리는 없다.

평시에 사상범을 철저히 '관리'하다가 유사시에 '처리'한다는 일제의 숨은 계획은 불행히도 대한민국에 계승되어 한국전쟁 때 실천에 옮겨졌다. 1949년 6월 검찰과 경찰 요인들의 주도 아래 조직된 국민보도연맹은 남로당이나 민애청 등 좌익계열의 정당 및 사회단체 성원이었다가 전향한 사람들을 가입대상으로 삼았다. 관의 개입에 의한 강제전향 역시 천황제 국가 일본과 한국에서만 볼 수 있는 제도로 대표적인 일제잔재였다. 대한민국에 대한 지지와 공산주의 박멸을 기치로 내건 보도연맹에의 가입은 사실상 의무사항이었다. 대한민국에 충성을 맹세하고 '확실히 충실한 국민이 되었다는 것'을 보증하는 장치였던 보도연맹에 가입한 전향자들의 수는 약 30여만 명에 달했던 것으로 알려지고 있다. 그리고 이들 '충실한 국민' 대부분은 전쟁이 발발하자 국가기구에 의해 조직적으로 소집되어 철저히 '처리' 되었다.

민간인 학살에 끼친 일제잔재의 영향은 공비토벌 전술에서도 그대로 나타난다. 일본군이 범한 난징 대학살은 이제 잘 알려진 사실이지만, 이것이 '무적 황군'이 행한 유일한 학살은 결코 아니다. 1920년의 간도출병에서 약 4천 명, 그리고 1932년의 간도토벌에서 약 2만명을 학살하는 등 일본군은 우리 민족 최대의 해외독립운동기지인 간도를 피바다로 만들었다. 이어 간도를 포함한 만주전역에서 전개된 항일유격투쟁을 토벌하는 과정에서 일제는 비민분리(匪民分離)에 기초한 집단부락 정책을 실시하면서 수많은 민간인을 학살하고 집과 재산을 불태웠다. '비민분리'란 유격대를 물고기에 비유하여 물에 해

1948년 여순 사건 과정에서 희생된 시신들.(격동기의 현장)

당하는 주민들을 소개시켜, 즉 물을 빼버려 물고기를 잡는 토벌전술이다. 이에 기초한 비민분리 전술은 한국전쟁 전후의 유격대 토벌에서 적극적으로 활용되었을 뿐 아니라 멀리 베트남에서도 활용되었다. 일본군이 고안하여 적극 시행한 이 전술은 만주에서도, 한국에서도, 베트남에서도 집단부락으로의 소개명령에 따르지 않는 주민들을 상대로 엄청난 유혈사태를 가져오며 강력히 추진되었다.

프라이팬 벗어나니 불구덩이…

이제는 잘 알려진 사실이지만, 한국군은 일본군과 만주군 출신을 중추로 하여 건설되었다. 또 조선인으로 구성된 일제의 유격대 토벌부대인 간도특설대 출신들은 한국군의 수뇌부에 대거 포진했다. 이런 과정에서 주민들을 잠재적인 유격대 동조자로 보는 일제의 토벌전술이 한국군에 그대로 전수되어 실전에 적용된 것은 당연했다. 거창 사건을 비롯하여 지리산 일대에서 발생한 학살 사건을 일으킨 11사단의 경우, 사단장인 최덕신은 중국군 출신으로 국민당 정부의 토벌전략인 '견벽청야(堅壁淸野) 전술을 채택한 것으로 알려져 있지만, 사실 일제는 자신들의 토벌전략을 세우는 데에서 이 전술을 크게 참고했다. 그렇기 때문에 전체적으로 볼 때 한국군의 토벌작전이나 초토화작전은 일제의 잔재를 그대로 이어받아 발전시킨 것이라고 할 수 있다.

일제는 또 중일전쟁을 도발하면서 민족해방운동의 중심세력이었던 청년층에 대한 통제를 위해 청년단 조직 강화에 박차를 가했다. 일제는 청년특별연성소 등을 설치하여 일본어 강습과 아울러 황국신민교육을 실시했다. 징병제 실시를 염두에 두고 일제가 준군사조직으로 육성한 청년단의 교육과 동원을 통해 식민지 청년들의 의식구조에는 일제의 지배논리가 침투해 들어갔다. 해방 뒤 우익 쪽이 신속하게 청년들을 동원하고 대한청년단, 대동청년단 등을 조직할 수 있었던 것도 일제의 유산과 관계가 깊은 것으로 보인다. 불행하게도 이들 청년단들은 해방 뒤에서 한국전쟁 시기에 우익정치인들의 폭력도구로 전락하여 백색테러와 학살의 행동대로 동원되기도 했다.

물론 한국전쟁 전후의 민간인 학살을 일제잔재의 탓으로만 돌릴 수는 없다. 그러나 일제가 남긴 유산이 이 불행한 비극에서 주된 요인의 하나로 작용한 것은 틀림없는 사실이다. 따라서 민간인 학살은 일제잔재 청산의 좌절이 우리 민족에게 어떤 비극을 가져다주었는가에 대한 생생한 증거라고 할 수 있다.

국가폭력에 의한 민간인 학살은 한국사회에서 인권문제가 결정적으로 악화되는 계기가 되었다. 그렇지 않아도 시민혁명을 거치지 못한 채 일본제국주의의 권위주의적 통치대상이 되었던 우리 사회는 새로운 국가건설과정의 민간인 학살로 인해 인권 중에서 가장 기본적인 생명권이 무참히 짓밟히는 참담한 경험을 하게 된 것이다. 일제의 지배 역시 10만 명 가량의 인명이 희생된 이른바 '남한대토벌'이라는 의병에 대한 대대적인 소탕작전을 거쳐 확립되었고, 일제는 3·1운동에 대한 무자비한 유혈탄압 등 우리 민족에게 지울 수 없는 상처를 안겨주었다. 그러나 민간인 학살만을 놓고 본다면 이민족 지배하의 학살에 비해 동족 내의 '빨갱이 사냥'이 규모나 강도에서 훨씬 더 잔혹했다고 할 수 있다. 한국전쟁 전후의 민간인 학살은 8·15해방이 우리 민족에게 온전한 축복이 되지 못하고, "뜨거운 프라이팬을 벗어나니 불구덩이 속이더라"는 식이 되게 만든 것이다.

거창과 제주, 명예회복의 한계

군사독재 시절 수사기관에 잡혀가면 본격적인 취조와 고문이 시작되기 전에 "너 하나쯤 죽는다고 내가 털끝 하나 다칠 줄 아느냐"는 협박이 가해지는 것이 보통이었다. 100만 명 가량의 무고한 민간인들을 무더기로 학살한 자들도 온전하게 살아남았는데, 물 좀 먹이고, 전기 좀 통하게 하고, 관절 좀 비틀고, 공중에 매달고, 그리고 좀 두들겨 팼기로서니 그게 무어 그리 대수겠는가? 당하는 사람이나 가하는 놈이나 할 것 없이 우리 사회를 지배해온 인권불감증도 다 민간인 학살에서 연유한 것이다. 시민들의 인권을 지켜야 할 국가기구가 민간인 학살의 주체였을 때, 힘있는 자들의 손가락질 하나로 생과 사가 갈릴 때, 시민들은 보고도 못 본 척, 들어도 못 들은 척하며 다치지 않고 살아남기 위해 극도의 몸조심을 할 수밖에 없었다. 극도의 반공주의하의 군사독재는 바로 학살의 무덤 위에서 겁먹은 대중을 향해 자행되었던 것이다.

한국전쟁 전후의 민간인 학살은 사건 수로 친다면 수천 건에 이를 것이다. 그러나 미흡하나마 그 해결을 위한 법안이 마련된 것은 거창과 제주 두 곳뿐이다. 1996년 1월에 제정된 '거창 사건 등 관련자의 명예회복에 관한 특별조치법'은 한국전쟁 전후의 수많은 민간인 학살 사건 중 첫 번째 명예회복 사례로 기록될 것이다. 그러나 이 법안은 희생자들의 명예회복만 규정하였을 뿐 진상규명, 피해자들에 대한 국가배상, 책임자 처벌 및 재발방지 등 과거청산의 일반원칙은 전혀 언급되지 않았다. 이 법안이 민간인 학살의 진상규명에 대한 광범위한 시민운동이 조직되기 전인 1996년에 제정된 데에는 몇 가지 요인이 있었다. 거창 사건은 민간인 학살로서는 드물게 사건이 일어난

민간인 학살만을 놓고 본다면 이민족 지배하의 학살에 비해 동족 내의 '빨갱이 사냥'이 규모나 강도에서 훨씬 더 잔혹했다.
2000년 5월 경남 산청군 외공리에서 발굴된 유골들.

지 두 달이 채 안 된 1951년 3월 말에 세상에 알려졌고, 학살의 책임
자들 역시 곧 사면되기는 했으나 처벌을 받았다. 따라서 이 사건은 숱
한 민간인 학살 사건 중에서 국민들에게 가장 잘 알려진 사건이 되어
상징적인 의미를 지니고 있었다. 그러나 거창 사건에 관한 법안이 제
정될 수 있었던 데에는 또 다른 요인도 작용했다. 거창은 김영삼의 측
근 중 측근으로 상도동계의 맏형인 김동영의 지역구였다. 김동영은
김영삼이 대통령이 되기 직전 세상을 떠났지만, 그의 지역구의 숙원
사업이었던 이 법안의 제정에 대해 당시 김영삼 정권의 요인들이 특
별한 배려를 했던 것 또한 부인할 수 없는 사실이다.

일찍이 1960년 12월 4월민중봉기의 열기 속에 전국에서 가장 먼

저 위령비가 세워진 거창은 오히려 이 위령비 때문에 더 큰 상처를 안게 되었다. 1961년 5·16 군사반란 이후 유족회는 반국가단체로 몰려 간부 17명이 구속되었고, 애써 만든 위령비는 파괴되어 땅에 묻히고, 합동묘역은 파헤쳐졌다. 계엄당국은 희생자명단을 내놓고 삽으로 유골을 떠서 몫을 정하여 강제배분했다. 유족들이 통곡하며 수령을 거부하자 군경은 총칼로 협박하여 다 가져가게 만들었다. 이러니 유족들이 민간인 학살이 한번으로 끝난 것이 아니라 두 번 세 번 죽인 것이라고 통탄하지 않을 수 있겠는가?

온건하기 그지없는 통합특별법안

거창 사건에 관한 특별법이 유족들의 끈질긴 노력을 제외하고는 조직적인 운동에 의해 뒷받침되지 못한 채 정권 쪽의 시혜적인 조처로 제정된 것이라면, 2000년 1월에 공포된 '제주 4·3사건 진상규명 및 희생자명예회복에 관한 특별법'은 조직적인 진상규명운동의 산물이며 만족할 만한 수준은 아니지만 거창 사건 특별법에 비해 상당히 진전된 내용을 담고 있다. 이 법안의 목적에 진상규명이 포함된 것은 4·3사건뿐 아니라 한국전쟁 전후의 숱한 민간인 학살의 진상규명을 위한 교두보 확보라는 적극적 의미를 갖는다. 그러나 이 법안은 배상 및 보상문제에 대한 규정이 없고, 광주민주화운동 특별법과 같은 특별재심규정이 없다. 특별재심규정이 없다함은 사건 당시에 형식적이나마 재판을 받아 처형되거나 처벌받은 사람들의 명예회복을 위한 길이 막혀 있다는 것을 의미한다.

전국 방방곡곡에서 수천 건의 민간인 학살이 일어났는데, 이를 사건마다 또는 지역으로 묶어 개별적인 특별법을 제정한다면 최소 수백 건의 법률을 만들어야 할 것이다. 이는 입법의 기술적인 측면에서도 불합리한 낭비일 뿐 아니라, 무수한 개별적인 사건들이 모여 이루는 한국전쟁 전후의 민간인 학살의 전체상을 규명하는 데에도 적절한 접근방법이 아니다. 지난 2001년에 발의된 통합특별법은 이런 폐단을 극복하고 또 앞서 제정된 두 건의 개별적인 특별법의 문제점을 보완하여 만들어졌지만, 유족이나 민간인 학살의 진상규명을 위해 노력해온 시민운동단체의 입장에서 보면 상당히 온건한 것이라 할 수 있다. 우선 명칭부터 종래 주장해온 민간인 학살이 아니라 '민간인 희생'으로 완화시켰으며, 광주민주화운동과는 달리 국가배상도 거론하고 있지 않다. 그러니 책임자 처벌문제는 당연히 포함되지 않았다.

2001년 9월27일 헌법재판소는 예비역 장성들의 모임인 성우회 회원들이 제기한 제주 4·3특별법에 대한 위헌심판 청구를 각하함으로써 특별법의 헌법적 정당성을 확인했다. 그러나 전국에서 벌어진 사건들을 망라한 통합특별법의 통과를 낙관할 수 없는 것이 현실이다. 2001년에 제출된 통합특별법은 피해자들의 명예회복과 진상규명에 초점을 맞추고 있다. 이 법안이 통과된다 해도 명예회복에 대해서 극우단체들의 반발이 만만치 않을 전망이며, 진상규명은 더욱 많은 장애를 맞을 것이다. 불과 십수 년 전의 의문사 사건의 진상을 규명하는 작업도 진상규명위원회의 조사권한이 대단히 제약되어 있고, 활동시한도 극히 짧아 자칫 과거사에 대해 면죄부를 주는 것으로 끝나는 것이 아니냐는 우려가 제기되고 있다. 그런 마당에 진실에 대한 고백과 증언을 끌어낼 수 있는 실효성 있는 강제수단과 진실을 밝힌 증언자들에 대한 보호장치를 갖지 못한 채 반세기 전에 자행된 수천 건의 민간인 학살의 역사적 진실을 밝히는 작업은 결코 쉽지 않을 전망이다. 그러나 이런 고민도 통합특별법안이 통과된 뒤의 일이고, 지금 당장은 이 온건한 법안의 통과를 위해 최선을 다할 수밖에 없다.

왜 더불어 살아야 하는가

민간인 학살이 남긴 부정적 유산이야 밤을 새워 이야기해도 다할 수 없지만, 꼭 한 가지 지적하고 싶은 것은 '박멸의 기억'이다. 더불어 사는 사회란 내가 좋아하는 사람들이나 나에게 맹목적으로 복종하는 사람들과 더불어 산다는 것이 아니다. 더불어 사는 사회는 내가 싫어하고 미워하는 사람들, 어딘가 부족하고 힘없는 사람들, 소수자들과 더불어 산다는 것이다. 왜 더불어 살아야 하는가? 약자와 소수자의 인권을 존중해야 한다는 것은 공자님 말씀이다. 인류가 더불어 사는 사회를 이루려는 것은 실은 마음에 안 드는 것들을 모조리 쓸어버릴 수 없고, 또 쓸어버릴 때는 엄청난 대가를 지불해야 한다는 것을 배웠기 때문이다. 그래서 마음에 안 들어도 참고 살아가려 하게 된 것이다. 그러나 우리 사회에서 '주류'라고 자처하는 사람들은 더불어 사는 사회를 만드는 지혜와 관용 대신 마음에 안 드는 것들을 박멸하고 싹쓸이해버린 기억을 갖고 있다. 그래서 못마땅한 자들을 보면 다시 싹 쓸어버리고 싶어한다. 박멸의 기억을 스스로 벗어던지는 일은 우리 사회가 더불어 사는 사회로 가기 위해 반드시 거쳐야 할 관문이다. 그리고 민간인 학살에 관한 통합특별법은 그 기회를 제공하고 있다. 나를 편들지 않으면 모두가 적이라는 부시의 힘의 논리가 횡행하는 이 시대에 우리의 도덕과 상식은 다시 시험을 받고 있다.

3부

또 다른 생존방식,
'편가르기'

한국전쟁 이후 우리 사회에서 자기와 생각이 다른 사람들, 또는 자기 마음에 들지
않는 사람들에게 빨갱이, 공산주의자라는 등의 딱지를 붙이는 것은 너무나 일상화
되어 있다. 정권교체가 이루어지고 절차적 민주주의가 진전되고 있음에도 이 나쁜
버릇은 사라지지 않고 있다. 특히 민주화의 진전과 시민사회의 성장에 따라 수구세
력들의 위기감이 진전되면서 이 나쁜 버릇이 오히려 도지고 있다는 느낌이 든다.

'참된 보수'를 아십니까

_ '똥과 된장'만큼 다른 수구와 보수의 차이

세상이 시끄럽다. 악령이 떠돌고 홍위병이 설치고 사회주의자들이 날뛴다고 한다. 그리고 저들은 외친다. "우리는 보수다. 우리를 수구(守舊)로 매도하지 말라!"

수구란 원래 보수와 별로 다를 것이 없는 뜻이다. 반동(reaction)은 보수와는 다른 하나의 역사적 개념일 수 있으나 수구는 그런 것도 아니다. 한영사전을 찾아봐도 수구는 보수와 같이 'conservatism'으로 나온다. 우리가 쓰는 수구와 가까운 말로 'ottantottism'이 있기는 하나 웬만한 영어사전에는 나오지도 않는 말이다. 그런데 우리나라에서는 보수와는 다른 의미로 수구란 말이 많이 쓰이고 있다.

보수··· 수구··· 반동··· 파시스트

1993년 무렵, 그러니까 소련과 동구에서의 사회주의의 실험은 실패하고 대통령선거에서 '보수대연합'을 통해 탄생한 민자당이 승리하여 진보진영이 깊은 좌절에 빠져 있던 때였다. 누구는 "잔치는 끝났다"고 하고, '회개'한 운동권은 '돌아온 탕아'로 스타가 되고, 이른바 후일담 문학이 유행하던 시절이었다. 그 시절 진보적 지식인들 사이에 유행했던 말이 있다. "정녕 지켜야 할 것을 지키기 위해 우리는 변해야 한다"고.

　이 말이 난파선 같아보이던 운동권 내에서 유행한 말이었지만, 정작 이 말은 보수주의를 가장 정확히 표현한 말이며, 보수와 수구를 가르는 계선을 보여주는 말이다. 보수주의자들은 "과거로부터 물려받은 지혜로서의 전통을 유지"하기 위해 노력하는 사람들이다. 그러나 그들이 맹목적으로 전통을 고집하는 것은 아니다. 그들은 정녕 지켜야 할 것을 지키기 위해 버릴 것을 버릴 줄 알고, 개혁을 주장하고 최소한 포용하는 사람들이다. 서구에서 근대 보수주의의 아버지

작가 이문열은 〈조선일보〉와의 인터뷰에서 자신은 수구가 아닌 보수라고 주장했다.

로 불리는 버크는 프랑스혁명과 같은 '혼란'을 피하기 위해 적극적인 개혁을 옹호했으며, 성공적인 보수주의 정치가였던 디즈레일은 자유주의적 급진개혁을 예방하기 위해 1867년 자유주의자들의 구상보다 훨씬 더 혁신적인 선거법 개혁을 단행했다. 수구를 가리켜 흔히 반동이라고도 하고 파시스트라고 하는데, 역사적으로 정확한 개념위 사용은 아니다. 반동이야 혁명적 상황에서 출현하는 것이다. 현재의 상황을 베트남 패망 직전의 상황과 같다고 하는 이들의 눈에는 혁명적 상황으로 보일지 모르나, 상식을 갖고 있는 사람이라면 오히려 공동 여당의 '원조 보수'에 발목이 잡혀 아무런 개혁도 하지 못했던 상황에 좌절을 느꼈을 것이다.

또 파시스트들은 기존의 권위를 누구보다도 과격하게 파괴했다는 점에서 수구와는 거리가 있는 사람들이다. 수구와 반동과 파시스트, 어떤 게 더 나쁘냐를 따지는 것은 짐승만도 못한 놈과 짐승보다 더한 놈 중 누가 더 나쁘냐를 가리는 것만큼 어려운 일이지만, 적어도 논리적으로 짐승만도 못한 놈과 짐승보다 더한 놈은 큰 차이가 있다.

우리의 근현대사에서 불행한 일이 많이 있었지만 요즈음의 사태를 보면서 자꾸 떠오르는 생각은 건강하고 합리적인 보수주의가 이 땅에 뿌리를 내리지 못했다는 점이다. 아무리 분단이 있었다 하지만 현재 한국에는 500년의 역사를 지닌 왕조가 쓰러진 자리에 건설된 나라라고 하기에는 믿기 어려울 정도로 보수주의가 허약하다. 조선을 가리켜 당파싸움으로 날새우다가 나라를 빼앗겼다고 식민주의자들뿐 아니라 일제 초기의 민족주의 사학자들도 통탄했다. 그러나 조선이 500년을 버틸 수 있었던 것은 지금 입장에서 고루한 유학자라고 부를 수 있는 사람들이 나름대로 합리적 보수성을 갖고 있었기 때문이다.

보수주의자들은 전통을 지키려 한다. 그러나 지켜야 할 전통의 내용이 과연 어떤 것일까? 보수주의자들은 '뿌리 없는 것'에 대한 깊은 혐오를 특징으로 한다. 그러나 정작 한국에서 보수파를 자처하는 사람들에게 나타나는 특징이 바로 뿌리 없음이며, 전통적 보수주의와의 단절이다. 게나 고둥이나 다 보수주의자라고 목청을 돋우는 이 부박한 시대에 우리는 전통적 보수주의자들이 이 땅에서 어떻게 장엄하게 사라져갔는가를 돌아볼 필요가 있다.

이건창(李建昌). 그는 동학교도들이 난을 일으키자 짐승을 사냥하듯 이들을 소탕해야 한다고 강경하게 주장한 보수주의자였다. 5살에 글을 지은 신동은 조선 전기에 매월당 김시습이 있고, 후기에는 명미당 이건창이 있다는 말이 있을 정도로 이건창은 소문난 신동이었다. 그는 열다섯 어린 나이에 과거에 올라 20대에는 암행어사로 이름을 떨쳤다. 암행어사로, 또는 민란을 수습하는 안핵사로서 이건창은 보통 고을 원님이 아니라 도지사인 관찰사를 두 명이나 파직시킨 강골이었다. 오죽하면 고종이 지방관을 임명할 때, 가서 잘못하면 이건창을 보낸다고 엄포를 놓았을까? 동학농민군을 비난하면서도 그들의 어려운 처지에 공감하고, 그들을 난에 이르게까지 한 학정을 더 매섭게 비난한 사람이 이건창이다. 창강 김택영(滄江 金澤榮)이 고려와 조선 천년을 통해 아홉 사람의 문장가를 꼽았을 때 그 마지막을 장식한 이가 바로 이건창이었다. 그는 조선 후기 사상사를 화려하게 장식한 강화학파의 중심인물이기도 했다.

동학교도를 때려잡아 죽이라 했지만…

이건창의 할아버지 이시원(李是遠)은 1866년 프랑스가 강화도를 침범한 병인양요 당시에 아우와 함께 양잿물을 마시고 목숨을 끊었다. 이시원은 강화도령이었던 철종이 임금이 된 뒤 강화에 어진 이가 살고 있다던 옛 소문을 듣고 등용하여 잠시 이조판서를 지낸 바 있었다. 프랑스 군대가 강화도에 상륙하자 가족들은 그에게 울면서 피난을 갈 것을 청하였다. 78살의 노령에 이질이 걸려 몇 달째 자리보전을 하고 있던 이시원은 피난이 무슨 말이냐며 관원들이 다 도망을 가 순사한 자가 하나도 없는 마당에 향대부(鄕大夫)마저 도망을 가면 후세의 사가들이 무어라 하겠느냐고 꾸짖었다. 그리고는 들것에 실려 조상의 산소를 돌아보고 동생과 함께 약을 먹고 태연히 담소하다가 세 통의 유서를 남겼다. 한 통은 손자 건창에게, 다른 한 통은 일가 식솔들에게, 그리고 약기운이 퍼져 채 끝내지 못한 마지막 한 통을 막내 아우에게.

열다섯 어린 이건창은 이 장엄한 의식을 목격하며 자랐다. 그렇다고 이건창이 할아버지의 자결에 발목을 잡혀 위정척사파나 수구파가 된 것은 아니다. 그는 누구보다도 중국 사정에 정통했고, 개화당의 인물들과도 깊이 교류했다. 이건창은 개화당의 사상적 지주였던 강위(姜瑋)의 제자이기도 했으며 강위와 함께 바깥 세계를 돌아보기를 원했으나 강위가 나이 들고 병약하여 뜻을 이루지 못하였다. 개화파는 갑신정변 때나 갑오경장 때나 학식과 명망이 높고 바깥 세상물정을 아는 이건창과 손잡고 일하기를 원했으나 그는 협력을 거절했다. 이건창이 정녕 못 견뎌한 것은 개화 그 자체가 아니라 개화파의 부박함이었다. 김옥균의 경솔함이나 어제의 신하였던 서재필이 미국 시민이 되어 돌아와 임금 앞에서 뒷짐을 지고 있는 뿌리 없는 태도를 견딜 수 없었던 것이다. 이건창은 "아닌 밤중에 총칼로 무장한 일본 군대가 기습해 들어와 서울의 요소와 궁궐의 안팎을 점령한 것이 무엇이 그렇게 경사라고 이리 뛰고 저리 뛰며, 나라 체모를 뜯어 고친다고들 하니 이것이 욕이 아니고 무엇이겠는가" 하고 탄식했다. 고종이 높은 벼슬을 내리며 불렀으나 그는 나아가지 않았다. 거듭되는 사직소에 고종이 벼슬을 살 테냐 귀양을 갈 테냐 양자택일을 하라 하자 그는 태연히 귀양길에 올랐다. 뒷날 돌아오지 않은 밀사가 된 이상설이 신새벽 남대문 밖에 주안상을 차려놓고 귀양길 떠나는 이건창에게 큰 절을 올렸다.

이건창과 그의 벗들은 단발령도 반대했다. 그러나 그들의 반대이유는 "내 머리는 잘라도 내 상투는 못 자른다"던 위정척사파의 거부와는 다른 것이었다. 이건창의 6촌동생으로 위당 정인보를 키운 이건방(李建芳)은 애당초 "상투를 자르고 안 자르고가 문제가 아니었다"고 말했다. 이건창의 벗 김택영이 중국 망명중에 청나라 사람처럼 변발을 하고 지낸 것을 보면 이건방의 말은 빈말이 아니다.

이 원칙주의자 이건창이 1898년 47살의 한창 나이로 세상을 떠날 때 보고 싶어 차마 눈을 감지 못하겠다던 벗이 바로 팔백 리 밖 구례의 촌선비 매천 황현(梅泉 黃玹)이었다. 〈매천야록〉을 남긴 역사학자이자 당대 최고의 시인인 황현도 동학난을 일으킨 무리들을 깡그리잡아 죽여야 한다던 보수주의자였다. 황현은 시골 선비라 차별을 받아 과거에 떨어지고 생원시에 장원급제하여 부모의 원을 풀었으나도무지 벼슬길에 나갈 마음이 없었다. 도깨비 나라의 미친놈들 속에들어가 미친 도깨비가 되라 하느냐며 황현은 초야에 남았다. 1905년을사조약 이후 황현은 이건창의 동생 이건승(李建昇)으로부터 편지한 통을 받았다. "황운경〔운경(雲卿)은 황현의 자(字)임〕은 아직도 인간세상에 머물고 있소? 나는 어리석고 미련하여 구차하게 살아 있을따름이외다"라고. 이건승은 정원하(鄭元夏)와 함께 약을 먹고 자결하려 하였으나 식구들이 눈치를 채고 약사발을 뺏어버렸다. 그때 정원하는 약그릇을 빼앗기자 칼로 자결하려고 날이 선 칼날을 잡고 가족들과 승강이를 하다가 한 손을 쓰지 못하는 불구가 되었다. 나라가망하는 것이 기정사실로 된 1909년 황현은 이미 땅 속에 누운 이건창에게 마지막 작별을 고하기 위해 천릿길을 걸어 그의 무덤을 찾아 시를 읊는다. "그대 홀로 누운 것 서러워 마소, 살아서도 그대는 혼자가아니었던가."(無庸悲獨臥 在日已離群)

아편으로 자결한 대시인 황현

고향에 돌아온 황현에게 끝내 나라가 망했다는 소식이 전해졌을 때 그는 아편을 준비했다. 그 밤 조선의 마지막 대시인인 황현은 절명시(絶命詩)를 짓는다. "가을 등불 아래 책을 덮고 옛일을 생각하니, 지식인이 된다는 게 참으로 어려운 일이로다."(秋燈俺券懷千古 難作人間識字人) 몇 해 전 첫 손자를 보았을 때 갓난아이에게 글 아는 사람이 되어라 하고 축원해 주었던 그 황현이었다.

한말의 보수주의자 황현은 '시대와의 불화'를 음독으로 마무리했다.

벼슬을 살지 않은 포의(布衣)의 황현이었다. 그는 유서에서 "내가 꼭 죽어야 할 이유가 있어서 죽는 것이 아니다"라며 "황은이 망극해서도 아니고, 누가 시켜서 그런 것도 아니지만" 500년 선비를 키운 나라에서 나라가 망하는 날에 죽는 사람이 하나 없다면 어찌 통탄할 노릇이 아니겠냐며 치사량의 아편을 먹었다. 이 어지러운 세상에 몇 번이나 목숨을 버리려 했으나 그러지 못했지만 오늘은 참으로 어찌할 수 없어 목숨을 끊는다고 절명시에 썼다. 그런 황현이 약기운이 퍼져갈 때 동생에게 웃으며 고백을 한다. "죽는 것도 쉽지 않아. 내가 약을 마시려다 입에서 약사발을 세 번이나 떼었어. 내가 그처럼 어리석다네."

보수주의자 이건창은 병으로, 황현은 음독으로 각각 '시대와의 불화'를 마무리하자 이건창의 동생 이건승과 동지 정원하와 홍승헌(洪承憲)은 멀리 만주로 망명의 길에 오른다. 그리고 그들은 하나씩 송장이 되어 고국으로 돌아왔다. 당대 명문의 후예인 보수주의자들이 신학문을 배우는 학교를 세우고 독립운동자금을 댔다. 그러고나니 정작 자신들의 몸을 거둘 널빤지 관 하나 살 돈도 없어 가난한 동포들이 한푼두푼 모아 마련해준 관에 몸을 누이고 고국으로 돌아와야 했다. 너무 가슴이 아파 도저히 단숨에 읽을 수 없는 민영규 선생의 '강화학 최후의 광경'이란 글이 보여주는 보수주의자들의 장엄한 최후는 가슴 저 깊은 곳으로부터 저릿저릿한 감동을 불러온다.

'편'이란 이념만으로 갈리는 것일까

그들만이 아니었다. 신흥무관학교를 세운 이석영(李石榮), 이회영(李會榮), 이시영(李始榮) 형제들. 모두 판서의 자제로 한 분은 양자로 가서 영의정의 아들이요, 한 분은 고종의 측근이요, 다른 한 분은 영의정 김홍집의 사위였다. 그 6형제가 지금으로 치면 재벌 부럽지 않을 많은 재산을 처분하여 만주로 가 독립운동의 길에 나섰다. 그 지체 높은 집안의 부인들이 독립군 뒷바라지를 한다는 것은 전에 집에서 부리던 종들을 위해 밥을 짓고 빨래를 한다는 것을 의미한다. 몇 해 지나지 않아 가져간 재산이 떨어지자 대가댁 마님들이 몸파는 여자들 옷을 지어주며 생계를 꾸린다. 1970년대, 1980년대 대학생들이 '위장취업'을 한 것이 기득권을 버린 것이라지만 어찌 여기에 비길 수 있을까?

옛 보수주의자들의 행동을 보며 요즈음의 편가르기 논쟁과 관련하여 드는 생각은 편이란 것이 꼭 이념만으로 갈리는 것은 아니다라는 점이다. 이건창이나 황현같이 동학농민군을 때려잡자고 한 보수주의자들의 행적은 필자 같은 사람에게도 너무나 감동적이다. 이념의 문제라고만 하기에는 한국의 이른바 진보파는 그 뿌리부터 너무 보수적이다. 장준하, 함석헌, 문익환, 계훈제, 김수영, 리영희 등 실천

150

과 이론으로 한국의 재야와 진보진영에 뚜렷한 영향을 끼친 분들이 해방 직후 또는 한국전쟁 전후에 보인 행적을 보자. 장준하는 극우민족단체 민족청년단 간부, 함석헌은 신의주반공의거의 배후이자 공산주의가 싫어 월남한 사상가, 문익환은 미군 통역장교, 계훈제는 우익

민족분단의 특수상황에서 '지켜야 할 가치를 지키기 위해' 싸우다보니 진보파가 된 보수주의자들.
왼쪽부터 백범 김구, 장준하, 함석헌, 계훈제, 문익환.

반탁진영의 행동대장, 김수영은 의용군에 나갔다가 탈출하여 거제도에 수용된 뒤 남쪽을 택한 반공포로, 리영희는 국군 장교 등이었다. 이 정도 경력이라면 이 관제 '빨갱이'들의 사상적 검증은 이미 끝난 것이 아닐까? 그들은 민족분단의 특수상황에서 보수주의자들이 지켜야 할 가치를 지키기 위해 싸우다보니 여기까지 온 것이다.

일제가 우리 민족에 남긴 해악이 참 많고 많지만, 이 땅에서 온건하고 합리적인 보수진영의 지도자가 되어야 할 분들을 친일에 동원하여 그들의 경력에 큰 오점을 남기게 한 것을 지적하지 않을 수 없다. 서정주마냥 권력이 있는 곳이라면 어딘들 다 쫓아가 용비어천가를 부른 사람도 있지만, 친일지식인이란 낙인이 찍힌 사람들 대부분은 일제의 강압을 견뎌내지 못하고 마지못해 또는 겁이 나서 시키는 대로 한 사람들이다. 일제는 멀쩡한 비단옷을 가져다가 걸레로 쓴 것

이다. 그들도 이건창이나 황현처럼 지식인이 되기 참 어려운 시대를 만났지만 그들처럼 원칙을 지키지도 못했고, 목숨을 끊지도 못한 채 구차히 살다가 욕을 본 것이다. 그들 자신의 불행일 뿐 아니라 민족의 불행이기도 한 것은 해방 이후 극심한 좌우대립 속에서 그들이 자신들의 잘못을 씻을 기회를 갖지 못했다는 점이다.

온건하고 합리적인 보수주의자들이 설 땅이 일제 말기의 친일행위로 인해 사라졌다면, 진보적 지식인들은 한국전쟁과 민간인 학살 와중에 철저히 이 땅에서 사라졌다. 새가 하늘을 나는 데 필요한 좌우의 두 날개가 모두 꺾인 것이다. 그리고 이남에서 정권은 백범 김구 선생처럼 너무나 보수적인 분을 여순반란 사건의 배후조종자인 빨갱이로 몬 사람들의 손에 넘어갔다. 그들은 진정한 보수주의자들의 덕목인 도덕성, 일관성, 책임감, 지혜 등과는 아무런 상관이 없는 '가당치 않은' 족속들이다. 그들은 한번도 정녕 지켜야 할 것을 지키기 위해 자신의 기득권을 버린 적도 없고, 희생한 적도 없다. 한국전쟁 때 마오쩌둥도, 미8군 사령관 벤플리트도 아들을 바쳤지만 그들은 한강 다리를 끊고 가장 먼저 도망갔다가 돌아와 남은 사람들을 부역자로 몰았다. 그들은 일본의 보수주의를 흉내냈지만 제대로 배우지도 못했다. 러일전쟁 때 너무 큰 희생으로 일본 시민들이 노기 사령관에게 항의하러 부두에 나갔다가 아들 셋의 유골을 안고 배에서 내리는 노기 앞에서 같이 울었다는 일화가 있으나 자칭 우리의 보수파는 그런 신화도 만들어내지 못했다.

"이대로"는 수구파의 구호다

1997년 말 외환위기를 당했을 때 일부 부유층은 오히려 훨씬 살기 좋아졌다면서 "이대로!"를 외쳤다고 한다. 그리고 냉전과 민족대립을 넘어 화해로 가는 마당에 이들은 또 "이대로!"를 외치며 길을 막는다. "이대로!"는 수구파의 구호지, 보수주의자들이 입에 담을 말이 아니다. 똑같은 콩으로 똥을 만들 수도 있고 된장을 만들 수도 있다. 그러나 재질도 색깔도 비슷해 보이지만 수구와 보수의 차이는 똥과 된장의 차이만큼이나 크다. 수구로 매도되는 것을 불쾌하게 여기는 보수적 지식인이라면 시민단체들을 홍위병이라고 욕할 것이 아니다. 장엄한 최후를 맞은 한말 보수주의자들의 엄정한 전통은 일제의 간지에 의해 온건하고 합리적인 지식인들이 더럽혀짐으로 인해, 그리고 친일잔재 청산의 좌절로 인해 계승되지 못했다. 군사독재에 의해 인간의 존엄과 기본권이 유린당할 때 보수주의자들이 지켜야 할 가치를 지키기 위해 싸운 사람들은 오히려 진보주의자들이었다. 진보와 보수의 편가르기에 앞서 보수세력이 먼저 수구세력과 스스로 결별해야 하지 않을까?

누가 '좌우대립'이라 부추기는가

_만경대 방명록 소동

만경대 방명록 파문의 주역이 강정구 교수라는 소식을 들었을 때 처음 든 생각은 만약 내가 만경대에 갔더라면, 그리고 북의 안내원들이 방명록에 서명을 요구했다면 무엇이라 글을 썼을까 하는 것이었다. 이것은 공연한 생각은 아니었다. 오래 전에 식구들끼리 같이 가기로 계획한 여행이 아니었다면, 아니 만약 방북단 일정이 조금 일찍 확정되었다면 필자도 틀림없이 평양행 비행기에 몸을 실었을 것이기 때문이다. 그리고 평양에 갔다면 평소 많은 가르침을 받아온 강 교수와 같이 보내는 시간도 많았을 것이고, 특히 만경대 같은 곳에서는 학문적 관심이 거의 같은 강 교수와 많은 이야기를 나누다가 같이 방명대 앞에 가지 않았을까.

만경대의 사립문

강 교수는 만경대혁명학원을 떠올리고 만경대정신을 방명록에 썼지만, 나는 아마도 김일성이 회고록에서 서술한 바 있는 만경대의 사립문 이야기를 썼을 것이다. 김일성은 "이 집에서 할아버지, 할머니를 하직하고 고향을 떠날 때에는 모두들 나라를 찾고서야 돌아오겠

154

다면서 씩씩하게 사립문을 나섰"지만 "그들 가운데에서 조국으로 돌아온 것은 나 하나뿐이었다"면서, "나는 그때부터 남의 집 사립문에 들어설 적마다 이 사립문으로 나갔다가 돌아온 사람은 몇이며 돌아오지 못한 사람은 얼마일까 하는 생각을 하곤 하였다. 이 나라의 모든 사립문들에는 눈물에 젖은 이별의 사연이 있고 살아서 돌아오지 못한 혈육들에 대한 목메인 그리움과 뼈를 에는 상실의 아픔이 있다"고 회고했다. 이국 땅에서 쓸쓸히 병사한 아버지 어머니, 유해도 찾지 못한 전사한 동생 철주, 그리고 옥사한 작은삼촌 김형권, 13년 8개월의 오랜 감옥생활 끝에 죽기 직전 병보석으로 풀려난 외삼촌 강진석 등을 그리면서 김일성은 만경대의 사립문을 보며 독립을 찾기 위해 나선 모든 가정의 사립문에 서린 아픔을 그렸던 것이다.

필자가 만경대의 사립문을 보며 살아 돌아오지 못한 독립운동가들에 대한 '목메인 그리움과 뼈를 에는 상실의 아픔'을 떠올리며 방명록에 글을 남겼다면 필자도 결코 온전하지 못했을 것이다. 영락없이 김일성 일가의 '날조된' 항일투쟁을 찬양한 몸이 되었을 터이니 말이다.

강 교수는 우리 사회의 몇 안 되는 이북 전문가의 한 사람이고, 필자도 김일성의 항일무장투쟁 연구로 박사학위를 받고 대학에서 '북한사회의 이해'라는 과목을 가르치고 있다. 그런데 강 교수는 평양이 이번이 초행길이고 필자는 아직 평양에 가보지 못했다. 어떤 사물을 제대로 보지 못하고 일부분만 보고 이야기하는 것을 흔히 장님 코끼리 만지기라고 한다. 그러나 이 땅의 이북 전문가들 대다수가 아직 평양에 발을 디뎌보지 못한 채 코끼리의 일부분이라도 직접 만져본 장님들을 부러워해야 하는 형편이다. 어떤 사람들은 이북 전문가가 왜

평양에서 그런 글을 남겼냐고 강 교수를 비난하지만, 필자는 20년이 넘게 학문의 대상으로만 삼았던 가깝고도 먼 땅에 첫발을 디딘 이북 전문가들이 다른 사람들보다도 더 감회가 남달랐을 것으로 생각한다. 이북 전문가가 평양에 발을 디딜 때 더 들뜰 수밖에 없는 현실, 이것이 바로 분단 57년의 비극이다.

만약 방남단에서 돌출행동을 한다면

보수언론에서는 강 교수나 방북단을 주사파라고 비난하면서 이들의 행동이 돌출행동이었다고 입을 모았다. 그러나 통일로 가는 과정에서 우리는 앞으로 이보다 훨씬 더 심한 돌출행동을 맞닥뜨리게 될 것이다. 그런 면에서 보면 밴댕이 소갈딱지보다 더 속좁은 우리 사회는 통일을 위한 준비가 전혀 되어 있지 않다. 남쪽의 '관제 주사파'에 대해 수구세력은 호들갑을 떨지만, 우리가 함께 통일을 이루려 하는 이북에는 철두철미한 주사파가 2천만 명이나 있다. 남북 간에 이산가족 방문단의 교환방문과 민간교류가 좀더 활성화된다면 이번의 '돌출행동'보다 더한 일은 얼마든지 있을 수 있다. 방북단의 체류기간에는 보수언론이 상세히 보도한 '친북적 돌출행동' 이외에도 반북적 돌출행동 또한 무척 많았다고 한다. 주민들이 굶어 죽는데, 호화건축물은 다 무엇이냐며 북을 비난하고, 묘향산의 국제친선전람관에 전시한 진귀한 물건들은 외국의 사절들이 선물한 것이 아니라 이북 정부가 돈 주고 사온 것이 아니냐며 이북 안내원들의 속을 후벼 파는 행동이 비일비재했다는 것이다. 얼마 전 금강산에서 이북 사람들에게 불쾌한 질문을 거듭한 아주머니 한 분을 억류하여 남쪽 정부와 국민들을 답답하게 했던 이북이 이번에는 이런 '돌출행동'을 문제삼지 않았다.

그리고 이런 돌출행동은 방북단에 의해서뿐 아니라 방남단에 의해서도 일어날 수 있다. 만약 이북에서 온 방문단이 광주에 가서 "5·18 정신 이어받아 민주화를 이룩하자!"라고 방명록에 쓴다든지, 공업단지를 둘러보고 "새마을정신 이어받아 경제건설 이룩하자!"라고 쓴 '돌출행동' 때문에 이북에 돌아가자마자 강경보수파의 성화로 구속되는 사태가 벌어진다면 우리는 어떻게 해야 할 것인가? 통일의 과정에서 필연적으로 나올 수밖에 없는 돌출행동을 '국론통일'의 명목으로 반혁명죄로 다스리는 이북 당국에 박수를 보내야 할 것인가?

통일은 남과 북의 분단과 대립을 역사 속으로 보내고 화해와 협력의 새 시대를 여는 작업이다. 여기서 우리는 과거와 같이 서로를 비난하고 흠집내는 것이 아니라 그

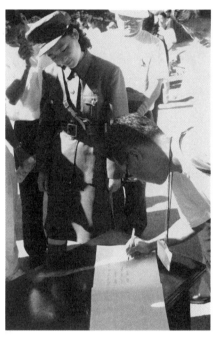

방명록에 글을 남기는 평양축전 참가자들.

동안 서로가 거둔 성과를 인정하고 칭찬하고, 그 성과를 거두는 과정에서의 힘든 일들을 서로 격려하고 위로해야 한다. 두 형제가 있었다. 한 쪽은 체면에 구애받지 않고 수단과 방법을 가리지 않고 돈을 벌었다. 다른 한 쪽은 자존심과 체면을 중시하면서 가난하게 살았다. 그 두 형제는 이미 세상을 떠나고 이제 다음 세대에서 화해를 하려 한다면 서로를 비난하는 일부터 거두어야 한다. 한 쪽이 다른 한 쪽을 보고 "자존심이 밥 먹여주냐, 자식들 다 굶겨가면서 체면만 따지고 있

평양 시민들에게 환영받고 있는 평양축전 참관 방북단. 방문기간 중의 돌출발언 중에는 '반북 발언'도 많았다.

다"고 하거나, 반대로 "돈이 최고냐, 간도 쓸개도 없이 미국놈, 일본
놈 밑구녁이나 빨고 있다"라고 비난한다면 둘은 절대로 화해할 수 없
다. 진정 화해를 이루려 한다면 많은 것을 서로 접어주면서 서로가 겪
어온 간단치 않고 험난했던 역사를 통해 이룬 성과를 인정해주고 민
족 공동의 자산으로 삼아야 한다.

누군가 좌우대립을 부추기고 있다

지금 우리 사회에서 70살 이상의 인구는 전체의 4% 정도에 지나
지 않는다. 70살이라고 해봐야 해방 당시에 열 네 살이니, 분단과 전
쟁의 당사자라 할 만한 나이는 아니다. 남쪽이 이승만과 박정희의 시
대가 아닌 것처럼 이북 역시 김일성의 시대는 지나갔다. 이미 분단은

158

2세 또는 3세들의 대결로 넘어간 지 오래이다. 분단이 2세 또는 3세들의 대결이라는 것은 무엇을 의미하는가? 2세나 3세들은 부모 세대의 선택이나 운명에 의해 남이나 북의 어느 한 쪽에 살게 되었거나, 태어나보니 남쪽이나 북쪽인 세대에 속하는 사람들이다. 지금 평양의 3호청사에서 대남사업을 위해 머리를 굴리고 있는 북의 엘리트 관료들은 남에서 태어났다면 반체제운동을 하기보다는 고시에 합격해서 공안검사를 하고 있을 가능성이 훨씬 큰 사람들이다. 마찬가지로 남쪽 엘리트 관료들이 북에서 태어났다면 유능한 당 일꾼이 되었을 것이고, 극우의 논객들은 그들이 '동토의 왕국'이라 부르는 북에서 반공투사가 되기보다는 〈로동신문〉이나 〈근로자〉의 글쟁이가 되어 체제옹호의 글을 쓰고 있을 것이다. 당사자 세대의 대결을 넘긴 오늘의 분단에서 이런 운명의 우연성의 여지를 인정하지 않고서는 화해의 길을 열 수 없다.

방북단의 평양에서의 행동을 놓고 보수언론들은 해방 직후의 좌우대립을 방불케 한다며 목소리를 높였다. 그러나 해방 직후에는 분명히 좌익이 존재했지만, 현재 우리 사회에 세계사적인 기준에서 볼 때 좌파라 할 만한 세력이 형성돼 있다고는 할 수 없다. 다만 신자유주의조차 사회주의적 발상이라는 황당한 주장을 일삼는 극우파의 기준에서 볼 때 좌파가 있을 뿐이다. 한국전쟁 전후의 민간인 학살 이후 이 땅에는 거의 멸균실 수준의 반공이 유지돼왔다. 형성되어 있지도 않은 좌파세력을 상대로 수구세력은 우리 사회가 악령이 떠돌고 홍위병이 설치고 사회주의자들이 날뛰는 혼란에 빠져 있다며 싸움을 걸고 있는 것이다.

현재의 상황이 해방 직후의 좌우대립을 방불케 한다는 주장은 한

마디로 난센스이지만, 한 가지 공통점은 찾아볼 수 있다. 누군가가 좌우대립을 부추기고 있다는 점이다. 해방 직후에 그런 역할을 한 자들은 친일파였다. 민족 대 반민족의 대립구도가 지속된다면 친일파들이 정치적으로 살아남을 수 있는 여지는 없었다. 그렇기 때문에 친일파들은 정말 목숨을 걸고 민족 대 반민족의 대립구도를 이념이라는 전혀 다른 기준이 적용되는 좌우대립의 구도로 바꾸기 위해 필사적으로 노력했다. 일제의 고등계 형사였던 조선인들을 보기로 하자. 이들은 민족 대 반민족의 대립구도 아래서는 일제의 앞잡이로 독립운동가들을 체포하고 고문·살해한 민족반역자로 처단의 대상이었지만, 좌우대립의 구도 속에서는 공산당 때려잡는 데 풍부한 경험을 지닌 전문가들로 되살아날 수 있었던 것이다. 이러한 '좌우대립' 구도는 언론사 탈세비리 파문으로 궁지에 몰린 보수언론이 국면전환을 노리며 부추긴 것이다.

왜 기를 쓰고 연방제를 기피하는가

보수언론과 정부는 3대헌장 기념탑 근처에 가는 것이 북의 연방제통일방안을 지지하는 것이기 때문에 처벌해야 한다고 주장한다. 그러나 연방제 문제에 대해서는 우리 모두가 좀더 진지하게 검토해야 할 때가 되었다. 잘 알려진 바와 같이 연방제는 4월혁명 직후인 1960년 8월에 이북이 처음 제안한 것으로, 1980년 고려민주연방공화국 통일방안으로 완성되었다. 연방제란 남북이 서로 간에 이미 확립된 체제를 있는 그대로 인정하면서 통일을 모색하자는 방안이다. 실상 무력에 의해서 어느 한 쪽이 다른 한 쪽을 정벌하는 전쟁에 의한 방식을 제외한다면, 그리고 동구에서 본 바와 같이 체제가 자살의 길을 택하지 않는다면, 우리에게 남는 선택은 영구분단의 길로 가거나 아니면 서로의 체제를 인정한 토대 위에서 통일을 추구하는 길밖에 없다. 그런데 우리의 언론은 연방제를 기를 쓰고 기피한다. 바로 이북의 통일방안이기 때문이라는 것이다. 왜 우리의 통일방안은 이북처럼 일관성 없이 정권이 바뀔 때마다 바뀌어 애꿎은 수험생들만 고생시키는 것일까? 그것은 연방제라는 거의 유일한 통일방안을 북에 선점당한 상태에서 연방제를 받아들이는 문제를 진지하게 고민하지 않고 무언가 다른 방안을 찾아보려 했기 때문이다.

필자는 이북이 아직도 연방제를 버리지 않는 것을 다행스럽게 생각한다. 왜냐하면 통일조국 내에서의 '평화적인 체제경쟁'을 피할 수 없는 연방제는 국력이 강한 쪽에 결정적으로 유리한 방안이기 때문이다. 실제로 이북이 처음 연방제를 제안했을 때는 남쪽에 비해 총체적인 국력이 훨씬 앞선 상태였고, 1980년 고려민주연방공화제 방안을 제안할 때만 해도 남쪽이 이북을 추월했다고는 하지만, 그 격차가 크게 벌어지지 않았으며 아직 이북이 자신들의 체제에 대해 강한 자신감을 갖고 있던 때였다. 그러나 지금은 남쪽의 언론에 의하면 남쪽의 국력이 북쪽 국력의 27~28배에 이른다고 한다. 이런 압도적인 국력 차이가 나는 상황에서 연방제를 기피한다면 그것은 오히려 북쪽이어야지, 우리가 연방제를 기피할 이유는 없다. 지난 2000년의 6·15공동선언을 통해 남북 정상은 "남과 북은 나라의 통일을 위한 남쪽의 연합 제안과 북쪽의 낮은 단계의 연방제안이 서로 공통성이 있다고 인정하고 앞으로 이 방향에서 통일을 지향시켜 나가기로 하였다"고 합의하였다. 만약 6·15공동선언을 뒤엎으려는 것이 아니라면 우리는 연방제에 대해 진지한 검토를 해보아야 한다.

강정구 교수 등은 마지막 구속자 돼야

강 교수가 쓴 글귀가 남쪽의 일반 정서와 맞지 않는다 해도 그것이 범죄행위가 될 수는 없다. 강정구 교수보다 훨씬 더 심한 말로 북을 찬양한 정주영씨나 역대 정권의 대북 밀사들도 있지 않았는가? 진정 통일을 원한다면 북은 남을 고무 · 찬양해야 하고 남은 북을 고무 · 찬양해야 한다. 북은 남이 거둔 물질적 성과를 단군 이래 최대의 풍요로 찬양해야 한다. 남은 또 북이 큰 나라들에 대해 큰소리쳐온 역사를 연개소문 죽고 처음이라고 부추겨주어야 한다. 남과 북 각각이 이런 성과를 거두기 위해 치른 아픔에 대한 평가는 당분간 남과 북 각각의 주민들에게 넘기고, 남과 북은 서로에게 덕담을 건네야 할 것이다. 그런 의미에서 강정구 교수와 범민련 관계자들은 마지막 구속자가 되어야 한다.

딱지는 달라도 수법은 의구하네

_다시 도진 '사회주의 모함' 병

한국전쟁 이후 우리 사회에서 자기와 생각이 다른 사람들, 또는 자기 마음에 들지 않는 사람들에게 빨갱이, 공산주의자라는 등의 딱지를 붙이는 것은 너무나 일상화되어 있다. 정권교체가 이루어지고 절차적 민주주의가 진전되고 있음에도 이 나쁜 버릇은 사라지지 않고 있다. 특히 민주화의 진전과 시민사회의 성장에 따라 수구세력들의 위기감이 진전되면서 이 나쁜 버릇이 오히려 도지고 있다는 느낌이 든다.

무식하거나 혹은 야비하거나

수구세력의 빨간 딱지 붙이기는 가히 전방위적이다. 총선연대의 낙선운동도 사회주의적 운동이고, 지극히 자본주의적 발상에 입각하여 전개된 참여연대의 소액주주운동도 자유시민연대의 입장에서는 사회주의적 노선이다. 언론개혁 논쟁이 한창이던 2001년 여름에는 언론사 소유지분 제한논의에 대해서도 사회주의적이라는 비판이 있었다. 독자 여러분의 기억에도 생생하겠지만 언론개혁 문제는 또 어느 소신파 소설가에 의해 홍위병 논쟁으로 번져갔다. 의료개혁도 사회주의적 발상에 따른 것이고, 사학비리에 찌든 교육현실을 바로잡는 일도 사회주의자들의 음모일 뿐이다. 이 와중에 전교조는 가장 사회주의적인 집단이라는 훈장을 달기도 했다. 미국과 영국, 일본 등 자본주의의 본고장에서 이미 일반화된 주5일근무제 역시 수구세력의 눈에는 사회주의적 발상일 뿐이다. 모성보호법의 제정 논의에서도 역시 사회주의의 망령은 예외 없이 출몰했다.

2002년 1월 한완상 전 교육부총리는 국무회의에서 '능력중심 사회실현을 위한 학벌문화 타파 추진 대책'으로 기업체의 입사서류에서 학력란을 없애겠다라는 보고를 했다. 이에 대해 한나라당 김용갑 의원은 "사회주의병이 또다시 도졌구나 하는 생각에 당혹감을 금할 길이 없다"라는 성명을 냈다. 그는 이 성명에서 "한 부총리는 과거 통일부총리 재임 당시 이인모를 일방적으로 북송하는 등 친북행위를 일삼았으며, 교육부총리 취임 이전에도 북한노동당을 '형제'라 칭하고, 국가보안법 폐지에 앞장서고, 북한을 주적으로 보아서는 안 된다고 주장하는 등 '공명심에 들뜬 사회주의적 발상'을 반복해왔다. 취임 이후에도 '창발성' 용어 사용 등으로 교육현장의 정체성을 혼란에 빠뜨린 바 있다"라고 지적했다.

그런데 정작 위에 열거한 사회주의 딱지가 붙은 내용들은 사실 사회주의보다는 자본주의와 자유민주주의의 기본적인 내용을 이루는 것이다. 신자유주의조차 사회주의적 발상에 따른 것이라는 주장으로 세상을 놀라게 한 당시 한나라당 정책위의장 김만제씨가 국내 유수대학의 경제학 교수 출신에 국책 경제연구기관의 장을 오랜 기간 지낸 이라는 사실은 우리를 몹시 우울하게 한다. 과연 김만제씨 등 한국의 매카시를 자임하고 나선 이들이 이런 사실을 몰라서 그런 터무니

없는 주장을 한 것일까? 아니면 알고도 정치적 이익을 노려 그런 주장을 한 것일까? 모르고 했다면 자신들의 무식함을 광고하는 것이고, 알고도 그랬다면 이는 자신들의 야비함을 증명하는 것이다.

이렇게 마음에 들지 않는 사람들을 빨갱이로 모는 병은 1948년 정부 수립 직후부터 발병하여 한국전쟁 이후에 도진 것이지만, 이 전가의 보도를 마련하기 전에 기득권 세력은 어떤 방법을 써서 반대파를 공격했을까? 특히 해방 직후에는 우리 역사에서 아주 짧은 시기이지만 공산당이 합법화된 시기가 있었다. 그리고 그 시기에는 미군정 당국의 여론조사를 보아도 대중의 여론이 사회주의를 압도적으로 지지하고 있었다. 요컨대 그 시기는 마음에 들지 않는 자를 빨갱이나 사회주의자로 몰아도 아무 효과가 없었던 시기였다.

우익단체들 '분연히 궐기' 하다

1946년 1월5일 모스크바 3상회의에서 합의된 조선임시정부 수립 방안의 수용여부를 놓고 국내의 정치세력이 반탁과 찬탁으로 첨예하게 대립돼 있던 때 조선공산당 책임비서 박헌영은 내외신 기자들과 회견을 가졌다. 이 회견에서 박헌영은 모스크바 3상회의의 결정을 절대지지하며 조선의 현 단계는 소비에트화 단계가 아니라 민주주의 변혁과정에 있다는 종래의 주장을 되풀이했다. 이 내용은 다음날 〈조선인민보〉 등에 보도되었는데 박헌영이 늘 하던 이야기를 되풀이한 것인지라 별다른 반응을 일으키지 않고 지나갔다. 그러나 10여 일 뒤 미군정은 보도자료를 통해 1월15일 오전 7시5분 샌프란시스코 방송이 박헌영이 〈뉴욕타임스〉 특파원 리처드 존스턴(Richard Johnston) 기자에게 자신은 소련 일국에 의한 신탁통치를 지지하며 장래에 조선이 소련방의 하나가 되기를 희망한다고 발언했다고 주장했다. 〈동아일보〉는 이 내용을 "조선을 소련 속국으로-상항(桑港, 샌프란시스코) 방송이 전하는 박헌영씨 희망"이라는 표제를 달아 크게 보도했다.

한편 한민당은 1월15일 즉각 긴급간부회의를 열고 박헌영의 발언은 "조선의 독립을 말살하고 소련의 노예화를 감수하는 매국적 행위"

조선공산당 21주년 기념식장에 나온 박헌영(가운데) 서기장. 미군정과 우익언론의 결탁으로 엄청난 피해를 입었다.(조선해방1년)

라고 규탄하는 결의문을 채택했다. 이에 박헌영은 이 기사가 사실무근임을 주장했다. 박헌영은 미국 기자가 그렇게 보도한 것은 아마도 언어관계로 오해가 있었기 때문인 것으로 풀이했다. 박헌영은 외신기자들의 질문에 통역을 쓰지 않고 본인이 영어로 직접 답했던 것이다. 그러나 박헌영의 이런 해명이 우익의 공세를 잠재울 수는 없었다.

당시 〈조선일보〉는 오늘날과 달리 불편부당의 사시(社是)에 충실하게 샌프란시스코 방송의 보도 내용과 박헌영의 해명을 같이 실었다. 그러나 한민당의 기관지로 간주되던 〈동아일보〉는 이 문제를 집요하게 물고늘어졌다. 당시에 오늘날의 〈조선일보〉와 같은 역할을 한 신문으로는 악질 친일파 이종형이 발간한 〈대동신문〉이 있었지만, 이 문제에 관한 한 〈동아일보〉는 논쟁을 선도했다. 〈동아일보〉의 보도에 따르면 "애국지성에 오로지 자주독립만을 염원하는" 한국민주당, 국민당, 반탁국민총동원 경성지부, 대한독립촉성전국청년연맹, 반탁전국학생총련맹, 국민반탁총동원중앙위원회, 독립촉성중앙위원회 등 51개 단체가 '분연히 궐기'하여 16일 오후 한민당 본부 내에서 매국적징치 각단체긴급협의회(賣國賊懲治 各團體緊急協議會)를 결성하고 조선공산당 책임비서 박헌영 타도 국민대회와 성토강연회를 개최하기로 결정했다. 이들 단체들은 또 미군정에 박헌영의 언동은 매국적 행위임으로 그 일파와의 면회, 방송성명 등 일체 정치행동을 금지할 것을 요구하는 한편, 각 신문통신에 대해 박헌영 일파의 선전에 대한 취급을 불허할 것을 요구하기도 했다. 즉 이들은 박헌영이 이 문제에 대해 어떠한 해명을 하더라도 그것을 보도해서는 안 된다고 신문과 통신에 압력을 행사했다.

한편 조선공산당 기관지 〈해방일보〉 1월16일치는 박헌영이 존스턴이 문제의 기사를 미국으로 타전했다는 소식을 듣고 1월12일 존스턴을 찾아가 문책했다는 기사를 실었다. 이어 〈해방일보〉는 1월18일치에 '박 동지를 무고하는 음모배 한민당 간부는 사과하라'는 조선공산당 중앙위원회 명의의 장문의 성명을 게재했다. 이 성명에서 조선공산당 쪽은 이번 소동이 "수십 년 간 감옥에서 지하에서 조선민족의 절대독립을 위하여" 투쟁해온 혁명가들을 과거의 친일파, 민족반역자들이 모해하는 상투적인 수법이라고 비판했다. 이어 좌익계의 〈조선인민보〉는 1월19일치에 문제의 내외신 기자회견에 참석했던 국내의 12개 신문 및 통신사 기자 일동의 명의로 된 성명을 실었다. 이 성명에서 참석 기자들은 박헌영이 소련의 한 연방으로 조선이 참가하기를 희망한다는 발언을 한 사실이 없음을 확인했다. 이보다 앞서 〈서울신문〉은 1월17일치로 같은 회견에 참석한 미군 기관지의 기자인 현역 군인 로버트 콘월(Robert Cornwall)이 자신의 기억을 바탕으로 외신 기자들과 박헌영 사이에 오간 문답록을 작성하여 발표하였는데, 그는 박헌영이 "조선인이 조선인을 위해 다스리는 조선"을 원한다고 말했을 뿐 소련 일개국에 의한 신탁통치나 조선의 소련 연방 편입 등의 발언을 듣지 못하였다고 보도했다.

왜곡된 보도, 그러나 뜻깊은 보도?

이렇게 좌우익의 주장이 팽팽히 맞선 가운데 문제의 존스턴 특파원은 국내 기자들과 만나 조선공산당 쪽의 주장을 반박하는 회견을 가졌다. 신문기자가 취재를 하는 것이 아니라 취재의 대상이 되는 드문—그러나 우리나라에서는 사상논쟁 시비와 관련하여 종종 볼 수 있는—사례였다. 이 회견에서 미군정 사령관 하지가 마음에 들어하는 몇 안 되는 언론인이었다는 존스턴은 박헌영이 그런 말을 한 적이 없다고 해명하고 있다는 기자들의 지적에 "당신들은 영어를 잘 알아듣느냐"고 물었다. 기자들이 잘 모른다고 답하자 존스턴은 "박씨가 나오는 영어로 말하였으니 당신네들은 몰랐을 것 아니오"라고 말하면서 〈뉴욕타임스〉는 정확한 사실만 보도하는 신문이라고 강조했다.

박헌영의 외신발언을 집요하게 물고늘어진 〈동아일보〉 1946년 1월 16일치와
이를 우익세력의 모함이라고 반박한 〈조선인민보〉 〈해방일보〉 1월 18일치(왼쪽부터).

〈동아일보〉는 1월 20일 "〈뉴욕타임스〉에 오보는 없다"라는 제하에 이
내용을 대서특필했다. 존스턴이 이렇게 강수를 두자 박헌영은 1월 26
일 미군정 당국에 대해 허위보도를 일삼는 존스턴 기자를 조선에서
추방할 것을 요구하는 공식서한을 제출했다.

  그러나 미군정 쪽의 내부보고서를 보면 미군정 당국은 존스턴의
기사가 잘못된 것임을 알고 있었다. 미군정 당국의 보고서에 따르면
박헌영은 즉각적인 독립을 주장했으며, 그의 발언은 "완전히 왜곡되
어 보도"되었다. 이남의 정치에 깊숙이 개입하면서 '정치동향'이라
는 보고서의 작성을 담당하던 버치 중위는 군정청 홍보국장 뉴먼 대
령에게 존스턴의 보도가 잘못된 것이라는 정정기사를 써도 되느냐고
물었다. 그러나 뉴먼은 그냥 내버려두는 것이 바람직하다고 말했다.
군정 사령관 하지 역시 모든 사정을 알면서도 존스턴의 보도가 매우

뜻 깊은 것이기 때문에 그 보도내용을 정정하라고 요구하지 않았다.

오히려 미군정 당국은 이 문제가 거의 잊혀져가던 2월18일 공보국 명의의 발표를 통해 존스턴을 비호하고 나섰다. "미국인 기자에 대한 비난을 풀기 위하여 다음의 기사를 발표하는 바이다"라는 문장으로 시작되는 이 발표문에서 미군정 당국은 박헌영이 "소련 일개국 신탁통치에 아무런 이의가 없다"고 답변했고, 장래 조선의 정치발전에 대한 질문에 "우리는 소련화(蘇聯化)한 사회주의적 노선에 따라 10년 내지 20년 안에 자주독립 민주주의 국가로 발전되기를 바란다"고 답변했다고 주장했다. 이어 존스턴은 "이것은 결국 가까운 장래에 조선을 소련방의 일련방으로 하고자 조선을 소련화하게 되는 것이 아닌가"라고 물었고, 이에 대해 박헌영은 "그렇다고 볼 수 있다. 그러나 이것은 지금 불가능하다"라고 답변했다고 한다. 발표문은 존스턴 기자가 박헌영의 기자회견 내용을 잘못 인용한 것이 아니라고 결론지었다. 이 발표의 시점으로 보아서 미군정의 의도는 존스턴을 비호한다기보다 잊혀져가는 이 문제에 다시 불을 지피려는 것이었다고 할 수 있다.

"민족 대변자 이미지에 타격을 가하라"

필자는 해방 직후 박헌영이 보인 정치적 능력이나 지도력에 대해 극히 비판적이지만, 그가 세 살 먹은 어린애가 아닌 이상 설혹 그런 생각을 했다 해도 조선이 소련 연방의 하나가 되어야 한다는 발언을 미국 기자들에게 했을 리는 만무했다고 생각한다. 그리고 미군정 당국의 공식발표와는 달리 미군정의 내부문서에서는 존스턴의 기사가 왜곡된 것으로 나와 있는 점을 보아도 박헌영은 미군정 당국과 우익

언론의 결탁에 의해 엄청난 피해를 입은 것이 분명했다. 더구나 〈뉴욕타임스〉는 박헌영이 조선이 소련 연방의 일원이 되기를 원한다는 내용을 보도한 적이 없음에도, 국내에서는 미군정의 개입에 의해 마치 이런 기사가 보도된 것처럼 논쟁이 전개되었다. 그런 의미에서 〈뉴욕타임스〉에 오보는 없다는 말은 맞는 것이라고 할 수 있다.

그런데 여기서 우리가 주목해야 할 점은 공산주의자들의 활동이 합법화되어 있던 시기에 우익세력과 그들의 배후에 있던 미군정이 언제, 어떻게 공

모스크바 3상회의 지지행진. 신탁통치 논쟁을 계기로 친일파와 우익은 민족 대 반민족의 정치지형을 좌익 대 우익의 대립으로 바꿔놓는 데 성공했다. (조선해방 1년)

산주의자들을 모함했는가이다. 해방 직후 사회주의자들은 민족주의자들을 압도하면서 빠르게 대중 속에 기반을 확대해갔다. 그런데 이런 사회주의자들의 독주에 제동이 걸리고, 좌우익 간에 팽팽한 대립구도가 형성된 전기가 된 것은 1945년 12월의 모스크바 3상회의에 대한 태도문제, 즉 흔히 신탁통치논쟁이라 불리는 사건이었다는 점은 사회주의자들이 행사한 주도권의 성격에 대해 많은 시사점을 준다. 잘 알려진 바와 같이 우익진영, 특히 임시정부는 조선의 즉각적이고 절대적인 자주독립을 주장한 반면, 사회주의 진영은 갑작스럽게 태도를 바꿔 5년 간의 신탁통치를 수용했다. 우익은 좌익진영의 갑작스런 태도변화를 소련의 지령에 의한 것으로 몰아붙였다.

우익진영이 조선공산당 당수 박헌영이 장차 조선을 소련 연방의 일원으로 삼겠다는 발언을 했다고 선전한 것은 바로 이 논쟁이 한창이던 때였다. 이런 주장은 전혀 근거가 없는 것이었지만 좌익진영의 위신을 크게 손상시켰다. 신탁통치 논쟁, 그리고 박헌영의 조선의 소련 연방 편입주장 소동으로 인해 좌익진영이 입은 정치적 손실은 해방 직후의 사회주의 진영의 대중적 지지기반이 사회주의 이념의 호소력보다는 사회주의자들이 지닌 민족이익의 대변자로서의 성격에 놓여 있었음을 보여준다. 즉 사회주의자들은 그들이 사회주의자였기 때문에 대중적 지지를 받았다기보다는 민족해방운동에 좀더 충실했던 세력이었으며 자주독립의 옹호자였기 때문에 대중적 지지를 받았던 것이다. 그러나 신탁통치 논쟁을 계기로 친일파를 포함한 우익은 민족 대 반민족의 구도로 전개되어온 식민지 시기 이래의 정치지형을 좌익 대 우익의 대립으로 바꿔놓는 데 성공했다. 이로써 우익은 사회주의자들이 거의 배타적으로 향유해온 민족적 대변자로서의 위치에 타격을 가할 수 있었다. 그리고 이런 역전 과정에서 미군정이라는 외부적인 요소는 결정적인 요인으로 작용했다.

우익의 위기탈출

공산주의자들의 합법적 활동이 보장되었던 해방 직후의 시기에 좌익과 우익은 누가 더 민족적인가를 놓고 경쟁을 벌였다. 그때 우익은 위에서 살펴본 것과 같은 언론의 왜곡보도를 통해 좌익을 공격했다. 일제강점기의 마지막 시기에 좌익에 비해 친일활동이 많을 수밖에 없었던 우익에 친일이라는 딱지는 원죄와도 같은 것이었다. 그러나 우익은 신탁통치 논쟁의 과정에서 좌익을 매국노로 몰면서 이 위기를 탈출했다.

　그리고 이남 단독정부 수립과 한국전쟁을 거치면서 남쪽의 사회주의자들을 멸종시켰다. 지금 아무 데나 사회주의 딱지를 붙이는 21세기의 매카시들은 대부분 한국전쟁 시기에 어린 나이였다. 어쩌면 그들은 세계적으로는 너무나 널리 분포하지만, 이 땅에서는 멸종된 사회주의자들을 자기 눈으로 직접 본 적이 없는 사람들일 것이다. 그렇지 않고서야 이렇게 아무 데나 사회주의의 딱지를 붙일 수 있을까? 공산주의가 합법이었던 아주 짧았던 시기에 공산주의자들은 매국노로 몰렸고, 공산주의가 불법화된 오랜 시기에 이 땅의 민주개혁 인사들, 아니 민주나 개혁을 들먹일 필요 없이 극우파가 서 있는 지점보다 조금이라도 왼쪽에 서 있는 사람들은 빨갱이로 몰렸다. 붙여진 딱지는 비록 다르지만, 그 수법은 의구할 뿐이다.

수시로 되살아나는 연좌제 망령
_조선시대도 이렇지는 않았다

민주당의 대통령 후보 경선과 후보자들의 토론과정에서 우리는 차마 못 들을 말을, 더이상 들어서는 안 되는 말을 다시 한번 듣고야 말았다. 아무리 언론특보가 자기네 후보를 가리켜 '정신적 공황상태'에 빠져 있다고까지 하긴 했지만, 정말 민주시민이라면 제정신으로 해서는 안 될 말을 한 후보가 하고 말았다. 그 후보에 의해 검증의 대상이 된 노무현씨는 이렇게 말했다. "그게 어떤 문제인데 그걸 건드리십니까?"

"그게 정말 어떤 문제인데…"

연좌제, 그것은 수십, 수백 만 국민들의 가슴에 못을 박은 망령이었다. 역대 정부가 여러 번 폐지를 약속했고, 심지어는 헌법에까지 명기했음에도 불구하고 연좌제의 너울은 우리를 옥죄고 있다. 비단 한국전쟁 전후의 사상 사건 관련자나 부역자들만이 아니었다. 1970~80년대 학생운동 세대들 역시 연좌제에서 자유롭지 못했다. 자신에게 가해질 고난이야 각오한 것이지만, 가족들이 직장에서 쫓겨나는 등 불이익을 당해야 하는 것은 그 투사들도 차마 감당하기 힘든 가슴

아픈 일이었다.

우리는 연좌제의 부당함을 잘 알면서도 연좌제에 너무나 길들여져 있다. 학교에서 군대에서 단체기합을 받아본 경험은 누구에게나 있을 것이다. 이 단체기합에서 고통 받는 약자가 된 우리는 당장의 고통 때문에 연대책임의 부당함에 저항하지 못한다. 대신 우리를 이 고통에 몰아넣은 원인제공자를 단체기합을 주는 교사나 교관, 고참이 아니라 우리 중의 한 사람으로 지목하여 그를 미워하게 된다. 연좌제도 마찬가지였다. 부모 형제는 물론이고 심지어 얼굴도 보지 못한 8촌이나 사돈까지 포함하는 연좌제는 자신의 친척을 친척이 아니라 원수로 만들었다.

빨갱이 아버지를 둔 한 작가는 이렇게 부르짖었다. "빨갱이 새끼…. 그렇다. 나는 사람들이 침 뱉고 발길질하고 그리고 아무나 찢어 죽여도 좋은 빨갱이 새끼였던 것이다. 나는 왜 빨갱이 새끼로 태어났을까. 그때처럼 아버지가 미웠던 적도 없다. 아버지는 어쩌자고 사람들이 침 뱉는 빨갱이가 되어가지고 하나밖에 없는 아들을 풀기 빠진 헛바지처럼 주눅들게 만드는 것일까…."(김성동, 『엄마와 개구리』) 김성동뿐 아니라 작가들 중에는 이문구, 김원일, 김원우, 이문열 등 유난히 빨갱이 아버지를 둔 사람들이 많다. 어디 변변한 직장 잡을 길이 없었기에 그렇게 되었을 것이다. 김성동, 이문구, 김원일 등이 작품활동을 통해 그 원망스러운 아버지가 걸었던 길을 감싸안으려 했다면 이문열은 그들과 날카로운 대척점에 섰다. 그래도 작가들이야 글쓰는 재주라도 있어 자신들의 아픈 사연을 작품으로라도 승화시켰지만, 이도 저도 없는 힘없는 사람들은 속으로 피울음을 삼켜야 했다. 아무런 법적 근거도 없는 자의적인 조치로 인해 피해를 받아온 그들

작가 김성동은 연좌제의 아픔을 『엄마와 개구리』
등 여러 작품으로 표현했다.

세종대왕은 외가와 처가가 모두 역적의 수괴로
몰려 쑥대밭이 됐지만 왕위를 내놓아야 한다는
소리를 듣지는 않았다.

모두가 똑같이 느꼈을 것이다. "그게 어떤 문제인데, 그게 정말 어떤 문제인데…"

원래 연좌제는 공동체의 지배원리가 통용되던 고대사회에서 비롯된 것이다. 부여의 옛 법에도 범죄로 사형을 받은 자나 살인자의 가족을 노비로 만들고, 고구려에서도 반역자들의 처자를 노비로 만드는 등 연좌제의 뿌리는 꽤나 깊다. 연좌제는 1894년 갑오경장 당시 "범인 이외에 연좌시키는 법은 일절 시행하지 마라"(罪人自己外緣坐之律一切勿施事)는 형사책임 개별화의 원칙이 천명됨으로써 폐지되었다. 전근대 사회의 가장 비합리적인 형벌인 연좌제는 법가사상(法家思想)에서 비롯된 것으로 유교정치의 이상과는 배치되는 것이었다. 맹자(孟子)는 유교의 이상적인 군주인 주나라 문공(文公)의 치적을 말하면서 죄인불로(罪人不孥), 즉 연좌제를 실시하지 않은 점을 꼽았다.

장인-사위관계는 적용대상 아니었다?

요즈음도 연좌제란 말을 많이 쓰는데 한자로는 緣坐制와 連坐制 두 가지가 혼용되다가 요즈음은 連坐制로 굳어져 있는 형편이다. 그런데 緣坐라 함은 혈연관계로 인해 당사자가 아닌 친족들이 처벌받는 것이고, 連坐는 스승과 제자, 친구 등 비혈연적 관계에 의해, 또는 다른 관리의 문제에 연대책임을 지는 것이다. 그런 면에서 보면 아직까지도 살아 있는 연좌는 緣坐에 가깝다. 그런데 조선시대라면 몰라도 지금의 형편에서는 연좌제란 용어 자체가 적절하지 않다. 개인의 존엄성을 존중해야 하는 민주사회에서 법률에 기초하지 않은 연좌가 어떻게 제도로 성립할 수 있단 말인가? 조선시대의 연좌제도는 그 시대의 대표적인 악법이기는 해도 죄형법정주의의 원칙을 지키고는 있었다. 연좌제가 적용되는 죄목은 조선시대 형법의 모법(母法)이 되는 명나라의 〈대명률직해〉(大明律直解)에 따르면 새로운 왕조를 세우려는 기도인 모반(謀反), 현재의 군주를 갈아치우려는 모대역(謀大逆), 외국과 내통하여 본국을 도모하려는 모반(謀叛) 등 세 가지 정치적 범죄와 한집에서 세 명 이상을 살해한 죄, 사람의 신체 일부를 먹기 위해 살해한 죄, 뱀이나 독벌레를 이용하여 사람을 살해하거나 그런 행위를 교사한 죄 등에 대해서만으로 한정되어 있다.

연좌법의 적용을 받아 처벌되는 대상도 우리가 흔히 알고 있는 것보다 훨씬 제한된 것이었다. 우리는 흔히 3족을 멸한다는 말을 쓰며, 3족을 친가, 외가, 처가로 잘못 이해하고 있다. 연좌제를 설명한 백과사전에도 3족에 대한 그런 잘못은 되풀이된다. 그러나 다산 정약용이 『목민심서』에서 분명히 지적한 바와 같이 이는 잘못된 것이다. 원래 3족이란 3대에 걸친 친족으로 아버지와 아버지의 형제인 조족(祖族), 형제와 그 소생인 부족(父族), 그리고 본인의 아들 및 손자를 가리키는 기족(己族)을 말하는 것이다. 조선왕조의 법률체계의 모법이 되는 『대명률직해』나 『경국대전』을 비롯한 각종 법전에서 연좌제의 적용을 받는 친족의 범위도 친가, 외가, 처가의 3족이 아니라, 조족, 부족, 기족의 3족으로 국한되어 있다.

여기서 우리는 한 가지 흥미있는 사실을 발견할 수 있다. 전근대의 연좌제에서 요즈음 논란이 되고 있는 장인-사위관계는 연좌제의 적용대상이 아니라는 점이다. 조선시대에 가장 가혹하게 연좌제가 적용된 모반(謀反)과 대역죄의 경우도 본인 및 공모자는 능지처참, 아버지와 16살 이상의 아들은 교수형, 어머니, 처, 첩, 할아버지, 손자, 형제자매, 아들의 처첩은 노비로 삼고 백부와 숙부, 조카들을 유배, 또는 곤장형에 처할 뿐 장인의 일로 사위를 벌주지 않았다는 것이다. 또한 범죄당사자의 출가한 누이와 그 배우자 역시 연좌의 대상으로 삼지 않았다. 그러나 때때로 사위들이 연좌에 걸려 처벌을 받은 일이 없었던 것은 아니다. 갑자사화 때 연산군은 어머니 폐비 윤씨에게 사약을 전한 바 있는 이세좌(李世佐)의 사위를 유배시켰다가 죽인 일이 있다. 또 중종반정 이후 연산군의 매부로 좌의정이었던 신수근(愼守勤)을 잡아 죽이면서 그 사위 역시 멀리 귀양을 보내는 등 법의 규정을 넘어 연좌 대상이 확대되는 남형(濫刑)이 저질러지기도 했다.

한강 다리 폭파, 정부가 강요한 부역

이렇게 세월이 흘러가면서 연좌의 범위가 점차 확대되어 선조나 광해군 때가 되면 출가한 누이나 딸과 그 배우자들인 서친(壻親)에게까지 화가 미치는 일이 종종 발생했다. 이 때문에 역적이 나온 집안의 딸을 아내나 며느리로 맞아들인 집에서는 즉각 이혼을 시키는 새로운 풍속이 나타나게 되었다. 상황이 이렇게 되자 효종(孝宗)은 출가녀를 연좌의 대상에서 배제한다는 특명을 내리기까지 했다.

사실 처가의 문제를 갖고 사위를 벌하는 것은 여자들이 시집과 친정에서 이중으로 연좌형의 대상이 된다는 점 때문에 문제가 되었지만, 왕통의 유지를 위해서도 금지시켜야 할 일이었다. 태종은 자신의 처남 민무질(閔無疾) 형제들을 모두 죽여버렸으며, 상왕으로 권력을 장악하고 있던 시절에는 세종의 장인인 영의정 심온(沈溫) 역시 역적의 수괴로 몰아 죽여버렸다. 세종의 입장에서 본다면 외가와 처가가 모두 역적으로 몰려 쑥대밭이 된 것이다. 그러나 장인과 외숙이 역적이라고 해서 세종이 왕위를 내놓아야 한다는 이야기는 전혀 없었다. 세종의 왕비인 소헌왕후(昭憲王后) 심씨의 경우 잠시 폐비론이 있었기는 하나 조강지처로서 내조의 공이 있다 하여 그 논란은 곧 잠잠해졌다. 한편 신수근의 사위들이 처벌을 받을 때도 처벌을 모면한 사위가 있었다. 쿠데타 세력이 새로운 국왕으로 옹립한 진성대군(晉城大君), 즉 중종이 바로 신수근의 사위였던 것이다. 그러나 중종비 신씨의 경우는 세종비 심씨와는 달리 자리를 지키지 못했다. 박원종(朴元宗) 등 쿠데타 세력은 7일 만에 신씨를 몰아냈다. 오늘날 인왕산의 치마바위는 쫓겨난 신씨가 남편을 그리며 대궐이 잘 보이는 곳에 치마를 펼쳐놓았다는 데서 비롯된 이름이다. 신씨는 200여 년이 흐른 뒤 영조 때 가서야 왕비로 복위되어 단경왕후(端敬王后)에 봉해졌다.

1894년 갑오경장 당시에 폐지된 연좌제가 되살아난 것은 한국전쟁의 소용돌이 속에서였다. 전쟁이 발발하기 이전 이승만 정권은 전쟁만 일어나면 점심은 평양에서, 저녁은 신의주에서 먹겠다며 북진통일을 호언장담했다. 그러나 막상 이북의 기습공격이 시작되자 이승만 정권의 요인들은 점심은 대전에서 저녁은 부산에서 먹을 정도로 뺑소니를 쳤다. 대구까지 내려갔던 이승만은 "각하, 너무 많이 내려오셨습니다"라는 참모들의 건의를 받고 다시 대전으로 올라갈 정도였다. 물론 전세가 극히 불리할 때 '작전상 후퇴'를 하는 것이야 비난받을 일은 아니다. 그러나 이승만 정권의 경우는 해도 너무했다. 이승만 정권은 의정부를 탈환했으며 국군이 북진중이니 서울 시민은 안심하고 생업에 종사하라는 말을 되풀이했다. 그래놓고 도망치면서, 그것도 그냥 간 것이 아니라 한강 다리마저 끊어버리고 갔다. 일반 시민은 물론이고, 부통령 이시영을 비롯하여 정부 요인들 중에서 이승만과 약간 거리가 있었던 사람들, 대다수의 국회의원들은 이승만을 정점으로 하는 권력 핵심부의 도주를 전혀 알지 못했다. 부통령 이시영은 한강 다리가 폭파되기 이전에 간신히 기차편으로 빠져나왔지만, 한강 다리를 폭파하는 과정에서 다리를 건너던 1,500여 명의 무고한 피난민이 폭살당했다. 이렇게 국민들은 정부에 의해 기만당하고 버림받았으며, 이는 부역을 강요당한 것에 다름 아니었다.

그리고 석 달 뒤 이승만 정권은 서울로 '개선' 했다. 정부의 발표만 믿고 있다가 인민군 치하에서 석 달을 보낸 시민들에게 "그동안 얼마나 고생이 많았소" 하는 위로도, "우리만 피난갔다 왔으니 정말 미안하다"라는 사과도 하지 않았다. 일부 인사들이 이승만에게 사과 담화를 발표할 것을 건의했다가 되레 이승만에게 "내가 당나라 덕종(德宗)마냥 '짐(朕)이 덕이 없어' 하고 사과하란 말이냐"는 핀잔만 받았을 뿐이었다. 위로와 사과 대신에 서울 시민에게 돌아온 것은 적 치하의 부역자를 가려서 엄단한다는 서슬 푸른 방침이었다. 1950년 10월의 서울에는 두 부류의 사람들밖에는 존재하지 않았다. 도강파(渡江派)와 잔류파, 서울의 가을하늘 아래에는 부역행위를 했을 잠재적인 가능성을 지닌 채 심사와 처벌을 기다려야 하는 잔류파와 기세등등하게 부역자의 엄단을 외치는 '애국적'인 도강파밖에는 존재하지 않았다. 이런 현상은 인민군의 통치를 벗어난 다른 지역에서도 마찬가지였다.

수많은 사람들이 부역자로 처벌되었다. 그런데 진짜 부역을 한 사람들은 대부분 월북을 했다. 그러니 부역자로 처벌받은 사람들은 사실상 이승만 정부와 인민군 양쪽에 의해 부역을 강요당한 힘없는 사람들이었다.

문제는 정부가 이들 개인을 처벌하는 데 그치지 않고 그 친족들까지 신원조회를 통해 공직 취임, 해외여행, 사회활동 등에 제약을 가한 것이다. 아무런 법적 근거도 없는 연좌제에 의해 신원특이자를 친척으로 둔 사람들은 2등국민으로 전락했다. 연좌제는 권력을 가진 자들이 힘없는 사람들에게 가한 비열한 테러행위이라고밖에는 말할 수 없다. 누가 연좌제를 되살려냈는가? 바로 다리 끊고 도망쳤다가 개선장군처럼 되돌아온 자들이었다.

연좌제가 잘못된 것임은 권력자들이 계속해서 이 제도의 폐지를 약속했다는 점을 보아도 알 수 있다. 남로당 군사부 내에서 군부조직책이라는 화려한 좌익 경력을 가진 박정희는 사상논쟁이 한창이던 1963년 대통령선거에서 연좌제 폐지를 공약으로 내걸었다. 1966년 5월 엄민영 내무장관은 연좌제는 이미 폐지되었다고 언명했다. 대통령선거를 앞둔 1967년 1월 중앙정보부는 공화당의 건의를 받아들여 사상관계 연좌제 관련자 24만 명 중 5만 명을 1차로 해제하며 앞으로 연차적으로 연좌제를 폐지하겠다고 발표했다. 당시 〈조선일보〉는 사설을 통해 이미 폐지된 줄 알았던 연좌제가 아직도 살아 있다는 사실은 아연할 일이지만, 이 조치를 누구나 찬동해 마지않을 것이라고 환영했다. 다시 대통령선거가 다가온 1971년 2월 백두진 국무총리는 연좌제가 이미 폐지되었다고 선언했으며, 3월에는 내무부가 신원조회에서 연좌제 폐지를 약속했다. 이렇게 연좌제 폐지는 대통령선거의 단골메뉴였다.

박정희 · 김종필 · 허화평은 당당히…

1980년 서울의 봄 당시 국회 개헌특위는 연좌제 폐지에 합의했다. 광주에서의 학살로 정권을 장악한 전두환은 그 피 묻은 손을 씻기 위해 1980년 8월1일 국가보위비상대책위원회의 발표를 통해 신원기록의 일제정리와 연좌제 폐지를 선언했다. 그리고 이 내용은 5공화국 헌법에 반영되었다. 그러나 1984년 10월 이진희 문공부 장관이 다시 한번 연좌제 폐지를 선언할 정도로 연좌제의 망령은 쉽게 사라지지

연좌제 폐지는 통치자들의 단골메뉴였다. 그러나 연좌제의 망령은 쉽게 사라지지 않는다.

않았다. 실제로 1993년에는 사법연수를 마친 사람이 아버지가 사상관계도 아닌 일반전과가 있다는 이유로 검사임용에서 탈락했으며, 1997년에는 한나라당 이부영 의원의 아들이 아버지의 민주화운동 관련 투옥 때문에 육군정보학교를 1등으로 마치고서도 퇴교당해 소총수에 배치되었다. 또 같은 해 차정원씨는 남편의 국가보안법 위반 때문에 교사임용에서 탈락했다. 2002년 1월에도 전라북도 교육청이 교사 신규임용시 제출하는 서류에 연좌제에 해당하는 내용이 포함된 신원진술서를 제출하도록 요구해 물의를 빚은 바 있다.

법률상의 근거가 없는 연좌행위가 자행되다보니 그 적용도 자의적일 수밖에 없었다. 실제로 연좌제에 걸릴 만한 여건을 갖고 있는 사람들 중에서 연좌제의 너울을 빠져나간 사람들은 많이 있다. 아니, 이 문제는 새삼스러운 것이 아닐지도 모른다. 남로당 군사부에서 군에

잠입시킨 프락치의 총책이 대통령을 지낸 나라라면 사실 연좌제는 진작에 폐지되어야 마땅했다.

연좌제로 인해 고통받은 사람들의 수는 이루 말할 수 없이 많다. 그런데 한 가지 반드시 짚고 넘어가야 할 것은 월북자 가족을 두었거나 또는 형제나 가족이 간첩으로 내려온 사람들 중에도 연좌제의 너울을 비껴간 사람들이 상당히 있다는 점이다. 이미 널리 알려진 경우만 꼽아도 김종필씨는 서울대생으로서 사병으로 입대하게 되는 과정에서 본인의 해방 직후 행적에도 의문이 제기되기도 하지만, 그의 장인이 박정희의 형으로 대구 지역에서 10월 항쟁을 주도한 유명한 공산주의자 박상희였다. 박상희는 10월 항쟁을 주도하다가 경찰의 총에 맞아 죽었다. 자유당과 공화당 정권에서 계속 실력자로 활약한 김성곤, 박정희 정권에서 내무장관과 주일대사를 지낸 엄민영, 『남부군』의 작가로 국회의원을 지낸 이태 등은 본인이 좌익활동에 깊이 간여하였음에도 불구하고 고위직을 지낸 사람들이다. 이들의 가족은 물론 연좌제에 의해 고통을 받지 않았다.

필자는 이분들이 연좌제를 비껴갈 수 있었던 것을 그들과 함께 다행스럽게 여기지만, 힘있는 자들이 요행히 연좌제를 모면할 때 어디 가서 하소연할 데도, 연줄도 없는 숱한 사람들이 연좌제의 악령에 고통받아왔고, 지금도 고통받고 있음을 기억해야 한다고 생각한다.

이젠 그 관뚜껑에 못질을 하자

노무현씨의 장인의 경우 이인제씨와 한나라당에서는 그가 우익인사 7명을 살해하는 현장을 '지켜보고도' 전향하지 않았으며, 현장 부근에서 학살을 용이하게 하도록 '감시'했다고 주장했다. 그런데 노무현씨의 장인의 행적을 담은 유일한 기록인 『좌익사건실록』 10권에는 그가 '맹인'이었다고 기록되어 있다. 뵈는 게 없는 시각장애인이 어떻게 현장을 '감시'하고 '지켜보았는지'도 알 수 없는 일이지만, 도대체 얼굴 한번 본 적 없는 장인의 일로 사위의 공무담임권을 제한하려는 것은 사위를 원칙적으로 연좌의 대상에서 배제했을 뿐 아니라

대검찰청 공안부가 펴낸 『좌익사건실록』 204~205쪽에 실린 노무현씨 장인 권아무개씨의 조사기록. 그는 '맹인'으로 기록돼 있는데 어떻게 학살 현장을 '감시'할 수 있었을까.

역적의 사위인 세종과 중종이 왕위에 오른 조선시대보다도 못한 일이다.

　　남로당 군사부의 군부조직책 경력을 지닌 박정희를 아버지라고 부르며 흉내내는 후보가 일개 군당(郡黨)의 선전부장의 사위를 장인의 전력을 갖고서 공격하는 것은 희극일까 비극일까? 지금 다시 연좌

제를 꺼내는 것은 학살의 피 묻은 손을 씻기 위해 연좌제를 폐지한 전두환보다도 못한 짓이다. 수시로 되살아나는 연좌제의 망령이 다시는 횡행하지 못하도록 그 관뚜껑에 단단히 못질을 해야 할 때이다.

기구한 참으로 기구한…

_분단이 할퀴고 간 한 독립운동가 집안의 가족사

한때는 국군사단장으로 빨치산의 토벌에 앞장섰던 아버지. 군사정전회담의 한국군 대표로, 그리고 5·16 뒤 군정시기에는 외무장관으로 남북 대결의 일선에 섰던 아버지 최덕신은 1976년 훌쩍 미국으로 떠났다. 그리고 1년 반 뒤 어머니마저 독일을 거쳐 미국으로 갔다. 아버지는 1978년 11월18일 평양에서 김일성 주석을 만났고, 부모는 그 뒤 몇 차례 평양을 드나든 뒤 1986년 9월 평양으로의 영주 귀국을 선언했다. 그 어머니 류미영 조선천도교 중앙지도위 위원장이 북의 이산가족 방문단 단장으로 서울을 찾았다.

류미영이 중국옷을 입고 결혼한 사연

부모의 월북 이후 10여 번이나 직장을 옮겨야 했던 아들 최인국씨는 20여 년 만의 어머니와의 만남을 한사코 피하려 했다. 그러나 아들은 결국 어머니를 만나 눈물을 흘렸다. 훤하게 벗겨진 이마에 둥근 얼굴, 그 아들의 모습은 영락없이 최덕신의 모습이었고, 거기에 넉넉한 턱수염만 달면 또 독립운동의 큰 별이었던 의산 최동오(義山 崔東昨, 1892~1963) 선생이었다. 류미영 단장의 모습 또한 그를 키워준

186

아버지로 광복군과 한국군의 산파 역할을 한 춘교 류동열(春郊 柳東說, 1877~1950) 장군의 모습 그대로였다.

남북정상회담의 성과로 거행된 이산가족의 상봉은 온 국민의 눈을 텔레비전에 붙들어맸다. 상봉이 이루어진 테이블마다 북에서 남쪽의 가족을 만나러 온 어느 작가의 말처럼 셰익스피어도 쓰지 못할 민족의 비극이 펼쳐졌다. 그 어느 하나 예사롭지 않은 절절한 사연이 아니었을까마는 류미영 단장의 가족사는 현대사를 공부하는 사람의 입장에서 볼 때 참으로 기구한 것이라 아니할 수 없다.

중일전쟁(1937년 7월7일 발발)이 일어나기 한 달 전, 류미영과 최덕신이 결혼할 때 류동열 장군의 부인은 딸에게 조선의 풍습대로 당홍치마, 초록저고리에 칠보단장을 해주는 대신 연분홍색 다부산자를 입혀 시집보냈다. 조선인들이 '망국노'라고 중국인들에게 손가락질받던 시절, 독립운동가의 아내는 일생에 단 한번밖에 없는 결혼 첫날에 축복을 받아야 복된 가정을 꾸린다며 딸에게 중국옷을 입혔던 것이다. 열 일곱 어린 딸의 결혼식을 그렇게 치러야 했던 어머니의 간절한 소망도 그러나 분단과 대립이 할퀴고 간 역사 앞에서는 힘을 발휘하지 못했다.

부모가 월북을 하자 친가, 외가 할아버지 두 분 모두 임시정부의 국무위원이었던 독립운동가 후예들은 정보기관의 감시 속에서 살아 있는 것이 아닌 삶을 살아내야 했다. '배신자'의 아들이라는 멍에에 짓눌려 그리운 어머니와의 상봉도 주저해야 할 만큼 힘겨운 삶을 살아온 아들 앞에서 어머니는 "너만 보면 자꾸 눈물이 난다"며 말을 잇지 못했다.

대한민국의 각료 출신으로는 유일한 최덕신의 갑작스러운 망명도 따지고 보면 긴 역사를 가지고 있다. 바로 최덕신의 아버지 최동오 선생과 김일성 주석의 남다른 인연이다.

김일성의 아버지 장례에 모인 오동진(吳東振) 등 옛 동지들은 어린 김성주를 정의부(正義府)에서 운영하던 2년제 군정학교인 화성의숙(華成義塾)에 보내기로 결정했다. 최동오는 바로 화성의숙의 숙장으로 김일성 주석의 교장선생님이었던 셈이다. 독립운동에 몸바쳐 떠돌이 생활을 할 수밖에 없었던 최동오 선생 내외분은 김일성 주석보다 두 살 아래인 최덕신을 베이징의 자유원(慈幼院)이라는 고아원에 맡겨놓은 상태였다. 그런 어려운 형편에서도 최동오 선생은 김성주 등 학생들을 불러 집에서 밥을 먹이곤 했다. 다들 생활이 어려워 밥이래야 시래깃국에 조밥이 다였지만, 아버지를 잃고 집을 떠나 있던 어린 김성주에게는 잊을 수 없는 일이었다.

천도교와 김일성의 스승 최동오

소년 김일성은 최동오 선생을 매우 존경했고, 최동오 선생 역시 김일성을 아끼고 사랑했다. 역사시간에 최동오 선생은 가끔 손수 수업을 하곤 했는데, 그때마다 이야기는 천도교의 보국안민 사상으로 흐르곤 했다. 당시 화성의숙의 교사들 중에는 천도교인들이 많았고, 어린 김일성은 이들을 통해 천도교인들의 생활을 이해하게 되었고, 이들로부터 많은 감화를 받기도 했다. 공산주의자가 된 뒤에도 김일성이 "천도교야 하늘을 믿어도 조선의 하늘을 믿지 않느냐"며 호감을 표시한 것도 다 이때의 경험에서 비롯된 것이라고 할 것이다.

1936년 조국광복회를 결성할 때 김일성이 손을 잡으려 한 민족주의 세력의 핵심은 바로 천도교도들이었다. 1936년 12월 김일성은 장백현 및 함경도 일대의 천도교도들 속에서 강력한 영향력을 발휘하고 있던 박인진(朴寅鎭) 영북도정(嶺北道正)을 빨치산 밀영으로 초빙했다. 젊은 공산주의자인 유격대 대장과 노(老)천도교인의 만남에서 김일성은 박인진의 마음을 사로잡았다. 공산주의자들의 소굴에 와 마음을 졸이던 박인진에게 김일성은 '청수 봉전'을 하시라며 전령병을 시켜 물을 떠오게 한 것이다. '청수 봉전'이란 천도교인들이 날마다 지켜야 할 오관공덕의 하나였다. 산속이라 놋그릇이 없다며 반합에 떠온 백두산의 맑은 물은 박인진의

방남이산가족 상봉단장으로 서울에 온 류미영이 남쪽 김광욱 천도교 교령과 이야기를 나누고 있다.

마음속의 두려움을 씻어냈다. 이는 공산주의자들이 천도교인들에게 자기들의 사상을 강요하지 않고 그들의 생활방식을 존중하겠다는 상징적인 행동이었다. 화성의숙 시절 최동오 등 천도교도들의 생활태도를 눈여겨보아온 김일성의 경험이 통일전선 사업에서 이북말로 은을 낸 것이다.

아끼던 김일성이 공산주의 사상에 물들어 화성의숙에서 중퇴하려 하자 최동오는 몹시 노여워하였지만, 결국 "조선을 독립시키는 주의라면 나는 민족주의건 공산주의건 상관하지 않겠네. 아무튼 꼭 성공하게"라며 격려해 주었다고 한다. 함박눈이 펑펑 내리던 교정에서 선생님은 떠나는 제자를 붙들고 생활에 교훈이 될 좋은 말씀을 퍽이나

오랜 시간 많이 들려주었다. 팔순이 넘은 뒤 그 어린 제자는 그날 선생님의 어깨 위에 쌓인 눈을 털어드리지 못하고 뒤돌아선 것이 두고두고 가슴이 아팠다고 회고했다. 1926년 12월의 일이었다.

이렇게 헤어진 스승과 제자는 20여 년이 흐른 1948년, 최동오가 남북협상에 참여해 평양을 방문하였을 때 다시 만났다. 이때 김일성은 최동오 선생을 집으로 초대해 식사를 대접했다고 한다. 서울로 돌아온 최동오는 당시 남쪽의 육군사관학교 교장이었던 아들 최덕신을 앉혀놓고 화성의숙 시절의 김성주 학생이 바로 김일성 장군이라고 감격적으로 말했다.

한국전쟁이 발발한 뒤 곧 서울을 점령한 인민군과 이북의 정치일꾼들은 이른바 '모시기 공작'을 통해 김규식 등 남북협상에 참여한 인사들과 출옥인사들을 북으로 데려가는 작업을 서둘렀다. 임시정부의 국무위원이요, 남북협상에도 참여한데다가 김일성과의 개인적인 인연도 남달랐던 최동오 선생은 당연히 모시기 공작의 핵심적인 목표였다.

대부분의 임시정부 요인들과는 달리 미군정에 참여해 통위부장으로 한국군 창설의 산파역을 했던 류동열 장군도 당연히 모시기 공작의 대상이었다. 류동열은 일본육군사관학교 출신으로 구한국군 기병대장을 거쳐 애국계몽운동에도 활발히 참여했고, 안중근 의사가 이토 히로부미를 사살하자 그 배후로 지목되어 검거되기도 했다. 그는 신민회의 부회장으로 이른바 105인 사건이 터지자 윤치호, 양기탁, 이승훈 등과 함께 최고형인 10년형을 선고받았다.

류동열은 그 뒤 중국으로 망명하여 임시정부의 초대 참모총장, 군무총장 등을 지내다가 공산주의 운동에 가담하여 한때 고려공산당 중앙위원을 지냈다. 그는 1932년 임시정부에 복귀하여 군무부장을 지내며 광복군 창설의 주역으로 활동했다. 같은 천도교인으로 오랜 독립운동 기간 정치적 행보를 같이해온 류동열과 최동오는 15년 정도의 나이 차이를 뛰어넘어 결의형제를 맺었고, 이런 친밀한 관계는 최덕신과 류미영의 결혼으로 사돈관계로 발전했다.

최동오와 류동열에 대한 모시기 공작

류동열이 북행길에 오른 때는 이미 중병으로 앓아 누운 상태였다. 이북 당국은 자동차를 지원하였지만, 이미 병약해진 전날의 독립군 맹장에게는 이 피난길이 무리였다. 1950년 10월18일 고향인 평안북도 박천이 멀지 않은 희천에서 그는 최동오의 무릎에 기댄 채 숨을 거두었다. 이른바 모시기 공작으로 북행길에 오른 인사들 중 미군의 폭격으로 희생된 김붕준(金朋濬, 임시정부 국무위원), 방응모(方應謨, 〈조선일보〉 사장)에 이은 비극이었다. 한편 최동오는 납북인사들로 구성된 재북평화통일촉진회 간부로 이북에서 장관급 대우를 받다가 1963년 9월16일 심장마비로 별세하였다. 아들 최덕신이 외무장관을 사임하고 서독주재 대사로 부임한 직후의 일이었다.

류동열과 최동오는 그 뒤 이북에서 평양시 서남쪽 신미리에 애국열사릉이 건설될 때 이곳에 모셔져 애국열사로 추앙받고 있다. 반면 남쪽에서는 이들의 북행과정이 혹시 납북이 아니라 자발적인 월북이었을 수도 있다는 의혹에, 북행 이후의 행적에 대한 의혹이 겹쳐 이들의 혁혁한 업적은 오랜 기간 정당한 평가를 받지 못하였다. 독립운동가에 대한 서훈에서 류동열은 1983년에, 그리고 최동오는 1990년에야 뒤늦게 그 업적을 인정받은 것이다.

최덕신은 서독대사 시절 이북으로부터 손길이 뻗쳐왔던 것으로 알려져 있다. 이북은 최동오의 유언이 담긴 녹음테이프와 편지를 최

남북한의 요직을 두루 거친 최덕신은 애국열사릉에 안장됐다.

덕신이 척 보면 알 만한 유품들과 함께 그에게 전달하려 하였다고 한다. 이북의 대남공작에 깊이 개입했던 전직 북한 간부의 증언을 인용한 한 글은 평양에서 급파된 공작원이 최덕신을 서독의 수도 본에서 비밀리에 만났다고 주장했다(유영구, 『남북을 오고간 사람들』, 366쪽). 그러나 최덕신이 주요인물이기 때문에 섣불리 공작을 진행시키는 것보다 현 상태로 공작을 동결하기로 하여 유언을 전달하는 선에서 더이상 상황이 진전되지는 않았다고 한다.

최덕신이 본격적으로 남쪽 정부에 불만을 갖게 된 계기는 이른바 동백림 간첩단 사건이었다. 이 사건은 명백히 서독의 주권을 침해한 중앙정보부의 월권공작으로 현지 대사인 최덕신으로서는 대단히 곤혹스러운 일이 아닐 수 없었다. 최덕신은 이 공작에 비협조적이었고, 꼭 그 때문은 아니었더라도 일단 사건이 터져 서독이 국교단절을 불사한다는 강경한 태도로 나오자 더이상 대사 자리에 앉아 있을 수도 없는 상황이었다.

불명예스럽게 대사를 물러난 뒤 최덕신은 천도교 교령으로 취임했다. 최덕신은 신심이 깊은 인물이었지만, 오랜 군생활과 외교관 생활이 몸에 밴 탓인지 교령으로서의 그의 활동은 그다지 순탄하지 못

했다. 대부분의 언론은 그가 종단의 공금을 횡령한 비리 때문에 물러났다고 하고 있으나, 교단관계자의 증언에 의하면 1975년 말에 발생하여 1년여를 끈 종단 분규 기간에 공금횡령이나 개인적인 착복이 문제된 적은 없었다고 한다. 단지 최덕신이 교령을 부업처럼 여기면서 다른 사회활동에 치중하고, 교단운영에서 독선과 독재를 했으며, 어려운 교단 재정을 고려하지 않고 예산을 방만하게 운영했다는 것이 일반 신도들과 교단 간부들의 반감을 사게 되었다는 것이다.

최덕신은 박정희를 찾아가 도움을 요청했으나 박정희의 반응은 냉담했다. 신도들이 싫다는데 자긴들 어쩌겠냐며 잠시 해외에 나가 있으라고 권유한 것이다. 최덕신은 곧 미국으로 건너갔고, 해외의 반정부적인 인사들로 배달민족회를 조직하고 배달신보사를 설립하여 반유신 활동을 벌이게 된다.

최덕신이 북한으로 가게 된 데는 전 말레이시아대사 최홍희 부부가 중요한 역할을 한 것으로 보인다. 육군 소장으로 예편한 최홍희는 태권도의 창시와 보급으로도 유명한 인물인데, 그 역시 해방 이전 김일성과 만난 적은 없지만 남다른 인연을 맺고 있었다고 할 수 있다. 최홍희는 해방 직전인 1945년에 발생한 평양학병탈출사건의 주모자였다. 이 사건은 학병으로 징집된 청년들 중 민족주의자들과 공산주의자들이 합심하여 탈출을 기도한 사건인데, 이들이 탈출에 성공한 뒤 가려고 한 목적지는 1937년 김일성의 이름을 전국에 널리 알린 보천보 습격 사건의 보천보였다. 이미 평양을 방문했던 최홍희는 북쪽이 최동오와 류동열의 묘소를 정성스럽게 돌보고 있다는 사실을 전했다. 1963년에 1차 시도되었던 최덕신에 대한 접근이 15년여 만에 재개된 것이다.

최덕신은 어떻게 평양을 가게 되었나

1978년 11월 최덕신은 혼자서 평양을 방문했고, 11월18일에는 김일성 주석을 만났다. 이 자리에서 최동오 선생에 대한 회고로 말문을 연 김일성 주석은 과거에 구애받지 말고 통일을 위해 손잡자고 최덕신에 당부했다. 당시 서울에 생존해 있던 최덕신의 노모는 아들이 북한을 방문한 반한인사가 되어 귀국할 수 없다는 사실을 모른 채 1979년 11월 세상을 떠났다. 이후 최덕신은 여러 차례 평양을 드나들게 되었고, 1986년 8월16일 다섯 번째 평양을 방문했을 때 김일성으로부터 영주귀국을 권유받게 된다. 김일성은 고령의 최덕신 내외가 해외에서 단둘이 외롭게 살고 있는데 건강까지 좋지 않다면서 친형제처럼 지내자는 파격적인 말로 그들 내외를 평양에 눌러앉힌 것이다.

남쪽 출신 인사로서 월북한 최고위급 거물이었던 최덕신에 대한 이북의 대접은 융숭했다. 그는 조선천도교청우당 중앙위원장 이외에도 조국평화통일위원회 부위원장, 조선종교인협의회 회장, 최고인민회의대의원 등 여러 직함을 지내다가 1989년 11월16일 사망해 애국열사릉에 안장되었다. 최덕신이 이북에서 지닌 직함 중 한 가지 특이한 것은 조선골프협회 회장이라는 직함이다. 골프를 좋아하는 최덕신이 태성호에 갔다가 이곳에 골프장이 건설될 계획이라는 말을 듣고 이런 데 와서 골프장 부지배인이나 하며 노년을 보냈으면 좋겠다고 농담처럼 말했는데, 이를 김일성 주석이 보고받고 자리를 마련해 주었다고 한다.

평범한 가정주부로 일생을 보내온 류미영 단장은 남편이 세상을 떠나자 본격적인 사회활동에 나서 1990년 천도교 중앙지도위 고문에 취임한 것을 시작으로 최고인민회의 대의원, 조선천도교 중앙지도위

위원장 등의 고위직을 맡아 활발한 활동을 벌이고 있
다. 류미영은 흔히 보도된 바와 같이 서울에서 태어
난 것이 아니라 1921년 만주 하얼빈에서 출생했다.
아버지의 독립운동 때문에 간고한 형편 속에서 자란
류미영은 어려서는 매리라는 아명으로 불렸는데, 17
살의 어린 나이에 최덕신과 결혼하였다. 최덕신은 당
시 중국 중앙군관학교를 우등으로 졸업하고 중앙군
에 복무 중이었다. 류미영은 임시정부가 충칭(重慶)
에 자리잡은 뒤에는 남편의 임지에 따라가지 않고 충
칭에 머물면서 독립운동가들의 수발을 들었다.

독립운동의 큰 별로 화성의숙 숙장으로 김
일성 주석을 만난 최동오 선생(위). 광복군
과 한국군의 산파 구실을 한 류동열 장군
(아래).

　해방이 된 해 10월 젊은 류미영은 두 아이를 안고
군함에 몸을 실어 10여 일 간의 고생 끝에 부산 앞바
다에 이르렀다. 독립운동가 가족, 광복군의 아내를
기다리고 있던 것은 꽃을 든 환영인파가 아니라 무장
한 미군들이었다. 머리에서 발끝까지 DDT 분말소독약

을 뒤집어쓴 류미영 일행은 수용소에 억류되어 마치 패전
국 포로와도 같은 취급을 받았다. 분단과 미군정 실시의 냉엄한 현실
아래 독립운동가들이 앞으로 겪을 수난의 예고편이었다.

　최덕신이라고 사정이 좋았던 것은 아니었다. 한국광복군 총사령
부 선전과장을 잠시 지낸 이외에 주로 중국중앙군에서 근무한 최덕
신은 멀리 인도, 미얀마 전선에까지 가 일본군과의 전투에 참가하다
가 해방을 맞았다. 그는 중국 신일군(新一軍) 참모로 광둥 지역에서
일본군의 항복을 접수하고 무장해제를 했으며, 1945년 12월에는 대
령으로 승진하여 일본군에 강제징집된 한국인 사병들을 접수하여 중

국화남지구 한국적사병 집중훈련총대를 조직하여 총대장으로 활동하다가 이들을 이끌고 1946년 5월에 귀국하였다. 그는 이듬해 3월 국방경비대 사관학교 3기특별생으로 입학하여 소위로 임관되었다. 일본군의 무장해제를 담당했던 연합군의 대령이 그 경력을 인정받지 못하고, 일본군, 만주군 등 패전군 출신들이 득세한 사관학교에서 그들에 의해 훈련을 받고 소위로 임관된 것이다. 최덕신은 1년 이내에 대령 계급을 회복하긴 했지만, 해방 조국의 뒤틀린 역사를 상징적으로 보여주는 사건이었다.

류미영 단장이 남편의 사망 이후 벌인 주요활동은 남쪽 천도교와의 교류였다. 사실 천도교는 최덕신의 월북 이후 1997년에 오익제 전교령이 또다시 월북함으로써 큰 타격을 입었다. 당시 정보기관의 발표에 의하면 류미영과 서독에 체류중이던 최덕신의 큰아들 최건국 등이 오익제의 월북에 관련되었다고 한다. 그런 면에서 보면 류미영이 이산가족 방문단 단장이 되어 서울을 방문한 것은 껄끄러운 일일 수도 있다. 그러나 다행히도 천도교 쪽은 교당 정문에 류미영 위원장의 서울방문을 환영하는 플래카드를 내거는 성숙한 화해의 자세를 보였다.

부모의 선택 때문에 당한 고난

정전회담 한국군 대표의 아내에서 북쪽 이산가족 방문단의 단장으로 서울을 찾은 류미영 위원장의 인생유전에는 우리의 기막힌 분단의 역사와 예사롭지 않은 가족사가 고스란히 담겨 있다. 독립운동가들의 후예들 중 상당수는 부모의 선택 때문에 제대로 먹지도 배우지도 못하고 고난을 당했다. 그리고 독립운동가의 아들딸이며 그 자신이 독립운동에 참가했던 최덕신, 류미영 부부의 자제들은 부모의 선택으로 또다시 이루 말할 수 없는 고초를 겪었다. 최덕신, 류미영의 수기는 평양행의 동기를 양가 아버지 묘소에 성묘하는 것이 가장 큰 이유였다고 설명했다. 아버지에 대한 그리움 때문에 최덕신은 노모를 다시 보지 못했고, 서울의 자제들과 또 다른 이산가족이 되었다.

80을 바라보는 어머니 류미영은 다시 한번 아들딸을 만나라는 권유를 아직 만나지 못한 이산가족이 너무 많다며 한사코 물리쳤다. 그래도 그들은 한번이나마 그리던 가족을 만날 수 있었다.

독립운동가 집안에서 자라 남한 각료 출신으로 유일하게 북한에 정착한 최덕신이 부인 류미영과 함께 평양에서 고적관광을 하고 있다.

4부

반미감정 좀 가지면 어때?

'운동권'의 반미와 청소년, 네티즌들의 반미는 그렇게 만나고 있었다. 아직까지 미군보고 당장 나가라고 하는 사람은 그 엄청난 촛불의 바다에서도 소수일 것이다. 그러나 '이 따위로 하려면 나가라'는 점에 공감하지 않는 사람들은 없어 보였다. "어머님, 아버님, 힘내세요, 우리가 있습니다"를 외칠 때 우리는 서로 반미냐 미국 반대냐를 따지지 않았다. 호들갑을 떠는 수구세력에 하나가 되어 '반미감정 좀 가지면 어때?'라고 모두 외치는 듯했다.

맥아더가 은인이라고?

_남의 나라 장수 동상이 서 있는 나라

인천에 가면 자유공원이 있다. 이 공원은 1888년 러시아 토목기사 사바틴이 측량하여 만든 우리나라 최초의 서구식 공원이다. 이 공원의 명칭이 변화한 과정에는 우리 현대사의 굴곡이 잘 나타나 있다. 19세기 말 외세가 조선을 침략해오는 관문이었던 인천의 사정을 반영하여 만국공원으로 문을 연 이 공원의 이름은 일제강점기에는 서공원(西公園)으로, 그리고 한국전쟁 뒤에는 자유공원으로 바뀌었다. 그리고 1957년 9월15일에는 맥아더 장군의 동상이 공원 정상에 건립되어 46년째 우뚝 서 있다.

인천상륙작전과 평양성의 왜군 대파

2002년 임오년, 근대에 들어와 우리나라에 외국군대가 주둔하기 시작한 것이 1882년이니까 꼭 120주년이 되는 해다. 그때로부터 단 하루도 이 땅에서 외국군대가 없는 날이 없었다. 이 땅을 거쳐간 외국군대만 하더라도 청나라·일본·러시아·미국·소련·중국·미군 이외에 유엔 깃발 아래의 15개국 군이니, 중립국 감시군을 빼더라도 헤아리기에 손발이 모자란다. 19세기 후반부터 21세기에 이르기까지

© 이찬수

인천 자유공원의 맥아더 동상. 그의 생전 건립된 동상은 청산돼야 할 주권국가의 흉물이다.

남의 나라 군대가 주둔한 나라는 우리말고는 없겠지만, 더 기막힌 것은 외국군대의 주둔을 당연한 것으로 여기는 일이다.

맥아더 장군, 어려서부터 우리는 그를 우리 민족의 은인으로 배워왔고 동상까지 세우며 기려왔다. 그러나 과연 그가 민족의 은인인지, 또는 살아생전에 동상까지 세워 기려야 할 만큼 훌륭한 인물인지 생각해 보지 않을 수 없다. 맥아더가 구국의 은인이라면, 임진왜란 때 명군을 이끌고 온 이여송(李如松) 역시 구국의 은인으로 칭송되어야 마땅하다. 이여송이 평양성에서 왜군을 대파한 것이나, 맥아더가 인천상륙작전을 통해 일거에 전세를 역전시킨 것이나 위기에 빠진 국가를 구한 것은 마찬가지다.

그러나 오늘날 아무도 이여송을 구국의 은인으로 기억하지 않는다. 물론 이여송이 그렇게 기억되던 때도 있었다. 조선시대의 지배층들은 그를 재조지은(再造之恩), 즉 다 망한 나라를 다시 살려낸 은혜를 베푼 인물로 추앙했다. 오죽하면 평양성 전투 승리의 소식이 전해지자 조정에서 이여송의 공적을 기리는 송덕비를 세우고 생사당(生

202

祠堂), 즉 살아 있는 인물을 위한 사당을 짓기로 결정했을까? 이렇게 해서 조정에서는 평양에 무열사(武烈祠)를 세우고 이여송과 그의 동생 이여백(李如栢), 병부상서 석성(石星), 도독 양원(楊元) 등 명나라 장수 6명의 화상을 걸고 봄가을로 제사를 지냈다. 또 1599년에는 총독 형개(邢玠)를 모신 선무사(宣武祠)란 사당을 짓고 선조가 친필로 '재조지은'이라고 쓴 현판을 걸었다.

『임진왜란과 한중관계』의 저자인 한명기 교수는 재조지은을 강조할수록 당시 권위가 실추된 선조나 대신들은 어려운 입장이 다소나마 완화될 수 있었다고 그 정치적 의미를 분석했다. 즉, "위기를 극복해낸 공로의 대부분을 명군의 것으로 돌리고, 나아가 명군을 불러온 주체가 자신들임을 부각함으로써 전쟁 초반의 연이은 패배 때문에 실추된 권위를 어느 정도 만회할 수 있었다"는 것이다. 이렇게 재조지은을 강조하면 이순신이나 권율 같이 정규군을 이끈 명장들이나 김덕령(金德齡), 곽재우(郭再祐) 등 의병을 이끈 진짜 구국영웅들의 역할과 의미는 축소되고, 명군을 불러들인 조정 신료들이나 왕을 호종한 사람들의 정치적 입장이 강화된다. 실제로 임진왜란이 끝난 뒤 전공을 세운 사람들을 공신으로 봉한 선무공신(宣武功臣)에는 이순신·권율 등 18명만이 책봉되었는데 그나마 의병장은 단 한 명도 끼지 못했다. 반면 선조를 따라 의주까지 도망가서 명나라에 파병을 청해 불러들인 공로로 정곤수(鄭崑壽)를 일등공신에 봉한 것을 필두로 무려 86명이 공신이 되었다.

쇠말뚝 전설의 원조, 이여송

재조지은에 대한 강조는 시간이 지날수록 강화되었다. 선조의 뒤를 이은 광해군은 재조지은의 압박에서 벗어나 보려고 민생에 큰 부담을 줄 명의 출병 요구를 거절했으나, 인조반정이라는 쿠데타를 통해 폐위되었다. 이제 재조지은은 그에 대해 어떤 태도를 취하느냐가 정권교체의 명분이 될 정도로 강력한 이념으로 등장했다. 이후 병자호란을 당해 삼전도에서 항복하는 수모를 겪은 조선의 조정은 청에 대해서는 형식적인 조공의 예를 갖추었으나, 내부적으로는 대명의리론(對明義理論)·북벌론(北伐論)을 내세우는 등 재조지은의 논리를 한층 강화하게 된다.

재조지은의 논리가 계속되는 한 그 주역인 이여송은 조선왕조 지배층의 입장에서 볼 때 맥아더마냥 일방적으로 미화되는 구국의 은인이었다. 그러나 일반 백성은 이여송을 그렇게 보지 않았다. 근대 이전에 문자로 된 기록은 거의 지배층이 독점했다. 그렇기 때문에 일반 대중의 정서와 생각을 공식기록을 통해 읽어내는 것은 불가능하지는 않아도 매우 어렵다. 따라서 대중 속에 전승되어온 구비설화는 대중의 정서와 의식을 읽어내는 중요한 자료가 된다. 구비설화 속의 이여송은 지배층의 공식기록에 나타난 것과는 너무도 다른 모습으로 우리에게 다가온다.

구비문학 전공자나 민속학자들의 조사에 의하면 이여송 설화는 전국의 어느 곳에서나 가는 곳마다 채록된다고 한다. 임재해 교수(안동대)의 분류에 의하면 이여송 설화는 첫째, 조선의 사신이 명나라에 들어가 수모를 겪으면서도 마침내 이여송을 청병해오는 전설, 둘째, 이여송이 조선에 훌륭한 인물이 많이 날 것을 시기하여 명산의 혈(穴)을 잘랐다는 전설, 셋째, 이름 없는 소년이 이여송의 행패를 저지하고 조선에서 쫓아내는 전설, 넷째, 명산의 혈을 함부로 자르다 보니 자기 할아버지 혈까지 잘라버려(공식기록에서도 확인되지만 이여송의 조상은 조선인이다) 마침내 자신도 망하였다는 전설 등 크게 네 범주로 나눌 수 있다.

　관변 쪽의 기록이 일방적으로 이여송을 미화하고 찬양하는 반면, 구비설화에 보이는 민중의 인식은 이여송의 못된 면만을 부각하고 있다. 특히 흥미로운 점은 이여송의 단혈(斷穴), 즉 명산의 혈을 잘랐다는 전설이다. 최근 몇 년 사이에 일본이 조선을 침략하면서 명산에 쇠말뚝을 박아 기를 끊고 큰 인물이 나지 못하도록 했다는 사례가 많이 보고되었다. 실제로 북한산을 비롯한 전국 각지의 명산에서 뽑아낸 쇠말뚝이 수십 개에 이른다. 그런데 이 쇠말뚝 전설의 원조가 바로 이여송인 것이다. 이여송이 실제로 쇠말뚝을 박았는지는 알 수 없으나, 적어도 민중의 눈에 이여송은 구국의 은인이 아니라 쇠말뚝을 박는 인물로 비쳤다.

"왜군이 얼레빗이라면 명군은 참빗"

　왜 민중은 이여송을 평양성 전투의 영웅으로 기억하지 않고 쇠말뚝을 박는 인물로 기억한 것일까? 그것은 명군이 조선에 주둔하면서 보인 행태 때문이다. 평양성 전투에서 이여송이 지휘하는 명군이 베었다는 왜군의 머리 절반은 실상 조선 백성의 것이었다. 이여송이 평양을 공격할 때 조선 백성의 머리를 벤 다음 앞머리털을 빡빡 깎아서 왜군의 머리로 만들어 전공을 속였다는 것은 명나라 병사들 사이에서는 공공연한 비밀이었다. 이 사실은 명군 내부에서도 문제가 되어 산동도어사(山東都御使) 주유한(周維翰)은 이여송을 탄핵하고 조사관을 보내 망건 자국이 있는 조선인과 머리를 빡빡 민 일본인의 수급을 구별하는 작업을 벌이기까지 했다. 이여송의 평양성 공격 당시 불에 타 죽거나 물에 빠져 죽은 조선인이 1만 명이나 되었다는 기록도 『선조실록』에 보인다. 노근리 학살을 능가하는 처참한 학살을 임진왜란 당시 재조지은의 주역 이여송이 자행한 것이다.

임진왜란 때 조선에 왔던 명군 장수 이여송. 평양성에서 왜군을 대파할 때 조선인 1만 명이 노근리 학살을 능가하는 죽임을 당했다는 기록도 있다.

명군의 폐해는 비단 여기에 그치지 않는다. 연 인원 20만 명의 명군을 먹여살리고 그들에게 급료를 주느라 이미 피폐해질 대로 피폐해진 조선의 백성은 죽을 지경이었다. 더구나 명군은 민가의 재산을 약탈하고 부녀자를 겁탈하는 것을 일삼았기 때문에 명군이 온다는 소식에 주민들이 도망가는 사례가 비일비재했다. 명군의 노략질이 오죽했으면 민중 사이에 왜군이 얼레빗이라면 명군은 참빗이라는 말까지 돌았을까? 명군의 행패가 심해지자 민심의 이반은 극에 달해 "어찌하여 왜적이 오지 않아 이런 고통을 겪게 하는가?"라는 한탄이 나올 정도였다.

조선의 조정은 명군의 행패를 뻔히 알면서도 명군이 철수하면 장차 나라가 어찌 될지 모른다면서 명군의 계속 주둔을 희망했다. 그러나 구비설화 속에서 이여송은 이름 모를 소년이나 초립동(草笠童) · 노인 · 산신령 등에 의해 혼이 나서 조선에서 쫓겨간다. 권율 · 곽재우 · 김덕령 등 민중의 사랑을 받은 장수들을 때리고, 이순신 장군의 전과를 가로챘을 뿐 아니라, 민중을 쥐어짠 명군을 민중은 설화를 통해서나마 스스로 쫓아낸 것이다. 이여송의 죽음에 대해서도 애도 일색이던 조정의 분위기와는 달리 설화에서는 "이여송이가 제 발등을 제가 찍고서 돌아가 그 후손까지 결딴났다"고 고소해했다. 임재해 교수는 당시 민중은 "대국과 소국 간의 종속관계란 혈연의 친연성이나 혈맹관계 운운으로 호혜평등의 원칙에 의한 선린이 유지될 수 없다는 것을 잘 인식"하고 있었다고 평가했다. 명군의 횡포를 직접 겪어야 하는 수난의 당사자인 민중은 이렇게 현실을 냉철하게 인식하였다는 것이다.

맥아더를 무속신으로 삼은 코미디

한국전쟁 이후 반공의 광풍 때문일까, 민중의 맥아더에 대한 인식은 조선시대 민중의 이여송에 대한 인식보다 한참 뒤져 있다. 1998년 서규환 교수(인하대 · 정치외교학)가 인천 지역 청소년 1,170명을 대상으로 인천을 대표하는 역사인물을 조사했는데 여기서 맥아더는 20.3%를 얻어 비류백제의 시조인 비류(沸流)의 4.3%를 멀찌감치 따돌리고 1위를 차지해 충격을 주었다. 이 조사에 대해 서 교수는 "청소년들이 맥아더 장군을 인천을 대표하는 인물로 꼽은 것은 청소년들의 그릇된 인식이라기보다는 기성세대가 인천의 역사와 정체성을 바로 세우지 못했다는 증거"라고 평가했다. 한편 양담배를 단속하던 1970년대에는 맥아더를 무속신으로 모신 무당이 맥아더에게 양담배를 공양하다가 단속반에 걸렸다는 웃지 못할 일도 있었다.

언젠가 필자는 한 유명한 재야인사가 4 · 19혁명 당시 이승만이 하야하자 시위대 속에서 누군가가 "맥아더 장군께 가자!"라고 외쳐 인천까지 와 맥아더 동상에 헌화했다는 이야기를 들은 적이 있다. 그때 같이 인천 자유공원에 가서 꽃을 바친 그 인사는 뒤에 맥아더가 어떤 인물인지를 알고는 분하기도 하고 부끄럽기도 해서 잠을 못 이룰 정

도였다고 한다. 필자가 미국에 있을 때 이 이야기를 일본 현대사를 전
공하는 한 미국인 교수에게 했는데, 그는 박장대소하더니 자기도 비
슷한 경험을 했다고 말했다. 맥아더가 트루먼 대통령에 의해 해임되

한국전쟁 당시 인천에 상륙하는 맥아더. 그의 만주폭격 주장은 참으로 위험한 것이었다.

고 미국에 돌아와 의회에서 연설할 때 자신은 초등학생이었는데, 학
교에서는 수업을 중단하고 라디오로 중계되는 연설을 들었다고 한
다. 그때 그 교수는 다른 급우들과 함께 맥아더의 "노병은 죽지 않는
다, 다만 사라질 뿐이다"라는 유명한 연설에 감동하여 엉엉 울었는
데, 나중에 일본 현대사를 공부하면서 맥아더의 사람됨을 알고는 너
무 억울했다는 것이다.

맥아더가 트루먼에 의해 해임된 사건에 대하여 한국에서는 매우

애석해하는 분위기가 압도적이다. 맥아더를 무속신으로 모신 것도 그를 최영 장군, 남이 장군 또는 관우 장군처럼 큰 한을 품은 사람으로 보았기 때문이다. 아직도 많은 사람들은 1951년에 트루먼이 맥아더의 주장대로 만주를 폭격했더라면 통일은 그때 되었을 것이라고 생각한다. 1964년 맥아더가 죽었을 때 〈조선일보〉는 추도 사설에서 한국통일의 절호의 찬스가 맥아더의 해임으로 유실되었다면서, 그의 주장이 수포로 돌아간 것을 다시 애달프게 생각한다고 했다. 또 1996년에는 대통령 김영삼이 전방부대를 방문한 자리에서 그렇게 말하여 논란이 벌어지기도 했다.

그러나 만주폭격 주장은 대단히 위험한 발상이었다. 원자폭탄의 사용을 전제로 한 맥아더의 만주폭격 구상이 실현되었다면 이는 한반도의 통일이 아니라 즉각 제3차 세계대전으로 이어질 일이었다. 더구나 맥아더는 합동참모본부에 원자폭탄을 투하해야 할 목표지점으로 한두 곳이 아니라 무려 26곳을 선정하여 보고하면서 즉각적인 원자폭탄 투하를 승인해줄 것을 요청했다. 그것도 1차로! 이런 위험한 발상을 한 맥아더를 해임한 것은 한반도를 위해서나 세계평화를 위해서나 천만다행인 조치였다. 맥아더가 이렇게 강력한 주장을 한 것은 전쟁 수행과정에서의 자신의 판단착오를 감추기 위해서였다. 그는 끊임없는 정보보고에도 불구하고 북한군의 공격 가능성을 무시했으며, 중국군의 개입 가능성을 묵살하고 38도선 이북으로의 북진을 단행했다. 더구나 그의 호언장담과는 달리 중국군이 개입하자 미군은 미군 역사상 최대의 치욕으로 기억되는 장진호 패배를 당하는 등 중국군에 크게 밀렸다. 맥아더는 1960년 자신이 원자폭탄의 사용을 주장했다는 트루먼의 주장은 완전한 거짓이라고 말했지만, 뒤에 간행된 회고록에는 30∼50발의 원자탄을 투하할 것을 계획했다고 쓰여 있다.

맥아더 해임은 실로 천만다행

미국 역사상 맥아더만큼 상반된 평가를 받는 군인도 없다. 미국 역사상 최초로 문민우위의 원칙에 도전했다가 해임된 맥아더는 한편에서는 미국의 시저, 또는 미국 역사상 가장 위대한 인물, 심지어 신으로까지 추앙받지만, 최근에는 그에 대한 비판적인 연구가 연이어 나오고 있다. 애리조나대학의 마이클 샬러 교수는 『더글러스 맥아더: 극동의 장군』에서 흔히 높이 평가되는 맥아더의 군사적 업적도 객관적으로 평범하거나 수준 이하인 경우가 많았으며, 인간적으로 볼 때 맥아더는 독선적이며, 이기적 기회주의자이자 자아도취적 소아병 환자였다고 주장했다. 선글라스에 옥수수 파이프, 팽팽한 모자에 잘 다린 바지로 상징되는 맥아더의 옷차림에 대해 트루먼은 70대의 5성 장군이 19살 소위같이 하고 다닌다고 못마땅해했다. 펜실베이니아주립대의 와인츠로브 교수도 『맥아더 장군의 전쟁』에서 맥아더가 "한국전 당시 대통령도 무시할 정도의 제왕주의적인 태도와 국제정세에 대한 빈약한 판단력 때문에 결국 강제 전역됐다"고 평가했다.

맥아더는 이승만 정권 시절 살아생전에 동상이 건립되었을 뿐 아니라 생일이면 신문에 기사가 실릴 정도로 정권에 의해 찬양받았다. 재야나 학생들의 주장 이외에 주한미군 철수문제는 최근에야 〈한겨레21〉이 용미(用美)와 철미(撤美)의 대화라는 식으로 조심스럽게 제기할 정도로 이 땅에서는 엄청난 금기사항이었다. 일반 대중의 미군에 대한 인식 역시 임진왜란 당시 일반 백성의 명군에 대한 인식에 비하면 대단히 호의적이다. 그러나 대학생들이 반미 구호를 외치기 훨씬 전에 채록된 구비설화에 일본군이 아닌 미군이 우리 산천의 혈을 자른 이야기들이 다양하게 생산되어 전승되고 있는 것을 보면 맥아더나 주한미군에 대한 일방적인 찬양과 옹호와는 다른 기류가 아주 낙후된 형태로나마 만만치 않게 흐르고 있었음을 감지할 수 있다.

김남주 시인의 시에 인용된 한 농부는 이렇게 말하고 있다. "남의 나라 군대 끌어다 제 나라 형제 쳤는데/ 뭣이 신난다고 외국 장수 이름을 절에까지 붙이겠소(蘇定方의 이름을 딴 부여의 定方寺, 來蘇寺를 가리킴)/ 하기야 인천 가니까 맥아더 동상이 서 있더라만/ 남의 나라 장수 동상이 서 있는 나라는 우리나라밖에 없다더만."

노근리 학살을 거론하고, 맥아더의 동상에 대해 시비를 거는 게 배은망덕이라고? 입장을 바꾸어 북한이 만일 중국인민지원군 사령관 펑더화이(彭德懷)의 동상을 세웠다면 얼마나 꼴불견일까? 노병은 죽지 않고 사라질 뿐이라지만, 죽어서도 사라지지 않는 노병의 동상을 보며 나는 자꾸 숨이 막힌다.

정전협정의 '저주받은 유산'

_대미 예속의 강화, 이남의 군사주의화…

필자가 오랜 미국생활을 마치고 돌아오자 한 친구가 그동안 한국에서 유행한 유머 몇 가지를 소개해준 적이 있다. 다들 재미있는 이야기였지만 정말 배를 잡고 웃은 이야기는 한 초등학교에서 있었던 일이다. 그 학교 선생님께서 6·25를 맞이하여 반공표어 숙제를 내고 다음날 한 아이에게 발표를 시켰더니 "6·25는 무효다. 다시 한판 붙어보자!"라고 했다는 것이다. 그런데 초등학생의 입에서 나온 말이었으면 재미있는 유머로 넘어갈 수 있겠지만, 이 말이 국회 내 제1당의 영향력 있는 국회의원들 입에서 나오면 소름 끼치게 섬뜩한 이야기로 돌변한다. 이성을 되찾고 서해교전이라는 불행한 사태를 짚어보자는 태도에 대해 대북 강경론자들은 이런 사태가 햇볕정책 때문에 생긴 것이라고 주장하지만, 이런 일은 햇볕정책에도 '불구하고' 발생하였다고 보아야 할 것이다.

정전협정체제는 왜 불안정한가

한반도의 군사적 위험을 관리하는 유일한 장치는 1953년 7월27일에 체결된 정전협정이다. 그러나 불행히도 불완전하나마 유일하게 한반도의 위기를 관리하는 정전협정의 기능은 상당 부분 마비되어 있다. 1991년 3월25일 유엔이 군사정전위원회의 유엔군 쪽 수석대표로 한국군의 황원탁 소장을 임명하자, 북쪽은 정전협정에 서명하지 않은 한국군이 정전위 수석대표를 맡는 것을 인정할 수 없다면서 회의를 거부했다. 그리고는 1994년 12월에는 북쪽 대표단을 판문점에서 철수시켜 정전협정체제를 실질적으로 마비시켰다. 정전협정과 법적 지위가 다르지만, 1991년에 남북은 기본합의서를 채택했다. 그러나 7·4남북공동성명에 이은 역사적 문건인 기본합의서는 국회의 비준을 받지 못해 사문화되었다. 따라서 현재 한반도의 군사적 위기상황을 관리할 수 있도록 쌍방이 합의한 장치는 정상적으로 가동되지 않고 있다.

두 차례 서해교전의 발발 원인이나 한반도 정전협정체제의 불안정성은 이미 1953년 7월의 정전협정에 내포되어 있었다고 할 수 있다. 개전 원인은 그대로 둔 채 무력사용의 중지만을 규정한 정전협정은 그 자체로 많은 한계를 갖고 있었기 때문에, 관련 당사국들은 90일 안에 고위급 정치회담을 열어 한반도의 평화정착과 관련된 문제들을 논의하도록 되어 있었다. 그러나 이듬해 열린 제네바회담은 아무런 성과를 내지 못한 채 결렬되었다. 정전협정에 대한민국 쪽이 서명하지 않았다는 사실은 정전협정체제의 불안정성을 가져온 중요한 요인이었다.

38개월 간 지속된 한국전쟁에서 정전회담은 무려 25개월을 끌었다. 중국군의 5차대공세가 대실패로 판명나자 공산군 쪽은 공산군 쪽대로, 유엔군 쪽은 유엔군 쪽대로 각각 전쟁을 지속하는 것을 부담스럽게 생각하게 되었다. 미국과 소련 간의 물밑접촉을 거쳐 유엔주재 소련대사 말리크는 1951년 6월23일 미국 내 방송연설이라는 특이한 방식으로 정전회담을 제의했다. 미국은 6월 30일 유엔군 총사령관 리지웨이의 성명을 통해 이북 원산항 인근의 덴마크 병원선에서 회담을 갖자고 제의했다. 이에 공산군 쪽은 다음날 7월 10일부터 15일 사이에 개성에서 회담을 열자고 제의했다. 미국은 이승만이 반대했음에도 이를 수락하여 1951년 7월 10일 역사적인 첫 회담이 개성에서 열렸다.

정전협정 시작된 뒤 더 치열한 전투

한국전쟁 과정에서 전선이 이동하는 격전은 전쟁 발발 초기부터 정전회담이 시작되기 직전인 1951년 5월까지 벌어졌다. 그 이후 정전협정 체결까지의 2년 간은 양쪽이 일종의 땅따먹기 싸움을 벌인 것

1951년 7월 정전회담에서 북쪽 대표인 남일 대장(뒤에 선 사람) 등이 회담장에 들어서고 있다.

이다. 그러나 고지 빼앗기 싸움 중심으로 벌어진 2년 간의 전투에서 양쪽은 초기의 격전보다 더 많은 사상자를 냈고, 무수한 포탄을 썼으며, 개전 초기보다 훨씬 더 많은 병력을 갖게 되었다. 이런 상황은 정전협정 체결이 가시화된 1953년 6월 이후 극에 달해, 6월 한 달 동안만 쌍방이 각각 자기 쪽 피해로 인정한 수가 3만여 명씩 모두 6

1951년 7월 정전회담 유엔군 대표로 참석한 미 해군 터너 조이 중장.

만여 명을 넘어섰고, 7월 중순에는 한 주 동안 양쪽을 합쳐 거의 10만 여 명이 죽었다.

　왜 한국전쟁에서의 정전협정을 이토록 오래 끌었으며, 정전회담을 진행하는 동안 이렇게 많은 사상자가 발생한 것일까? 전통주의적 설명은 정전협상이 장기화된 원인을 공산군 쪽의 유연성 부족에서 찾았다. 이 입장에 따르면 장기화된 교섭이 마침내 타결될 수 있었던 까닭은 미국의 핵위협에 중국이 굴복했기 때문이다. 그러나 영국 출신의 로즈메리 풋 교수는 정전협정이 빠르게 진행되지 못한 것은 미국 쪽의 유연성 부족 때문이라고 지적했다. 그는 공산군 쪽이 정전협정 체결에 응한 것도 중국이 미국의 핵위협에 굴복했기 때문이 아니라 자신들의 필요성 때문이라고 주장했다. 그의 설명에 따르면 미국의 협상 자세가 경직화된 이유로는 첫째, 미국은 정전협상에 강력히 반발하는 이승만의 존재를 무시할 수 없었고, 둘째, 당시 미국 안에 매카시즘 광풍이 불고 있어 공산주의자들과의 협상에 반대하는 분위기가 팽배했으며, 셋째, 미국 군부는 공산군 쪽과의 협상 자체가 큰 실수라고 인식하면서 군사적 압력에 의한 타결을 추구했고, 넷째, 미국은 과거 역사에서 무력을 동원한 경우 대부분 승리했기 때문에 외교와 타협의 기술을 발전시킬 필요가 별로 없었다는 것이다.

'인도주의적' 포로송환 원칙의 함정

정전회담에서 가장 중요한 문제는 군사분계선과 포로문제였다. 이 가운데 군사분계선 문제는 1952년 1월27일에 일찌감치 타결되었다. 공산군 쪽은 처음에는 전쟁 발발 이전의 38도선을 경계로 해야 한다고 강력히 주장했으나, 상당한 정도로 양보하여 현재의 휴전선과 비슷하게 획정지었다. 그러나 정전협정에서는 육상 군사분계선만 획정하였을 뿐 해상 군사분계선은 미확정 상태로 놔두었기 때문에 북방한계선 문제와 같은 분쟁의 불씨를 남겨두게 되었다. 유엔군 사령관이 일방적으로 선포한 북방한계선은 그 이름이 말해주듯 남쪽 배가 북쪽으로 올라갈 수 있는 한계선으로 정전협정과 관계없는 유엔군 사령부의 내부 방침이다. 한나라당의 전신인 신한국당이 여당 시절 국회에서 국방장관 이양호씨가 북방한계선을 북쪽 경비정이 '침범'한 것이 정전협정 위반이 아니냐는 야당 의원의 거듭된 질문에 정전협정 위반이 아니라고 두 차례나 밝힌 사실에 우리는 유의해야 한다.

포로문제는 더욱 복잡했다. 유엔군 쪽은 상당한 물리적 강압을 수반하기는 했지만, 13만2천여 명의 포로 가운데 송환 거부자를 6만여 명이나 만들어내어 공산군 쪽을 놀라게 했다. 반면 공산군 쪽은 개전 초기 6만5천여 명에 달하던 유엔군 포로의 명단을 1만1559명만 제시하여 유엔군 쪽을 놀라게 했다. 대부분 유엔군의 폭격으로 죽거나 도주하거나 아니면 석방되었다는 것이다. 여기서 '석방'이란 국군포로들이 인민군에 편입된 것을 뜻한다. 제네바 협정 118조에는 전쟁포로는 전쟁이 끝나면 지체 없이 석방, 송환되어야 한다고 명시되어 있다. 이는 과거 제2차 세계대전 당시 소련이 독일군과 일본군 포로를 송환하지 않고 소련의 전후 복구사업에 강제동원한 것과 같은 일을 막기 위해 서방 쪽의 강력한 요구로 확립된 원칙이었다. 그러나 자동송환 원칙은 유엔군 쪽이 제시한 자원송환 방침, 즉 포로 개인의 의사에 따라 송환 여부를 결정하는 방침에 의해 제네바 협약 발효 이후 첫 번째 포로문제 처리에서부터 거센 도전에 부닥친다.

미국이 자원송환을 고집한 까닭은 표면적으로는 인도주의적 원칙에 따라 본인의 의사를 존중해야 한다는 것이지만, 실제로는 군사적 승리가 불가능한 상황에서, 도덕적으로나마 결정적 승리를 바랐기 때문이다. 그러나 풋 교수를 비롯한 많은 연구자들은 이런 정책이 과연 도덕적이고 인도주의적인 정책이었느냐에 대해 근본적으로 의문을 제기한다. 이 문제로 인해 정전협정 체결이 지연되는 동안 열악한 포로수용소에 갇혀 있는 포로들의 인권이 더욱 유린되었기 때문에 포로들은 오히려 자원송환 원칙의 희생자가 되었다는 것이다. 여기에 정전협정이 늦어지는 동안 발생한 양쪽의 엄청난 인명피해를 포함하면 정치적 의도가 깔린 '인도주의'적 주장이 때로 얼마나 무의미한 희생을 초래했는가를 볼 수 있다. 포로문제는 1953년 4월 저우언라이(周恩來)가 송환을 바라는 포로는 즉각 송환하고, 송환을 바라지 않는 포로는 일단 중립국인 인도 쪽에 넘겨 처리하도록 하자는 양보안을 내놓고, 이를 미국이 받아들여 인도를 위원장 국가로 하는 중립국 위원회에서 처리하도록 하자는 수정안을 내놓아 지루한 협상 끝에 마침내 타결되었다.

단독 북진, 이승만의 '몽니'

그러나 정전협정의 진정한 걸림돌은 이승만이었다. 이승만은 정전회담이 구체화되자 강력히 반발했지만, 대세를 막을 수는 없었다. 이미 서방 참전국들은 승리의 전망이 보이지 않는 무의미한 전쟁에서 발을 빼려고 하였다. 특히 소련이 연이어 핵실험에 성공하자 서방국가들은 자국의 안보를 걱정해야 하는 처지가 되었다. 유엔의 기류도 군사력이 아닌 협상으로 한국문제를 해결해야 한다는 방향으로 변화하고 있었다. 이미 유엔은 미국이 마음대로 조종할 수 있는 기구가 아니었다. 미국은 유엔을 통해 한국전에 개입하였기 때문에 유엔의 결정에 구속될 수밖에 없었다. 미국의 강경파나 이승만은 유엔을 통하지 않고 미국이 단독 개입하였다면 서방국가나 유엔의 압력에서 자유로울 수 있었을 것이라고 뒤늦게 아쉬워했다.

이승만에게는 전쟁의 지속 자체가 정치적으로 중요한 기반이었고, 북진통일론은 반대파를 제압할 수 있는 막강한 명분이었다. 이승만은 정전협상 과정에 개입하여 그 내용에 영향을 끼치거나 자기에게 유리한 조건을 삽입할 만한 힘이 없었다. 그러나 그에게는 아주 치명적인 무기가 있었다. 그는 정전협상이라는 판 자체를 깰 수 있었던 것이다. 이승만이 가장 바란 것은 미군이 계속 공산군과 싸워주는 것이었지만, 미국은 더이상 "잘못된 장소에서 잘못된 적들과 잘못된 싸움"을 계속할 의사가 없었다. 더구나 미국은 정전협정이 체결되면 한반도에서 미 지상군을 완전 철수시키려는 방침을 갖고 있었다. 이승만은 한미상호방위조약을 체결하여 미군을 붙잡아두고자 했으나 미국의 반응은 냉담했다. 이에 이승만이 빼어든 카드는 국군의 단독 북진이었다. 이승만은 개전 초기 한국군의 작전지휘권을 유엔군에 이양한 것은 북진통일을 효과적으로 이룩하기 위한 것인데, 유엔군의 목적이 전쟁 발발 이전 상태로의 복귀에 있다면 작전지휘권을 회수하여 단독으로 북진할 수밖에 없다고 미국에 통보했다.

이와 같은 이승만의 태도는 영어식 표현으로 하면 꼬리가 개를 흔드는 격이었고, 미국이나 이남의 이북 전문가들이 즐겨쓰는 벼랑 끝 전술의 원형을 선보인 셈이었다. 많은 사람들은 이승만을 미국에 예속된 존재로 보았으나, 이승만은 그렇게 호락호락한 존재가 아니었다. 일부에서는 박정희가 '반미적인 태도'를 보였다고 주장하지만, 박정희의 '반미'가 미국을 전혀 이해하지 못한 데서 나온 '투정'으로 아무것도 얻어내지 못한 것이었다면, 이승만의 태도는 미국의 약점을 꿰뚫어본 상태에서 철저하게 계산된 '몽니'였다.

클라크가 느낀 거대한 모욕감

이승만이 부린 '몽니'의 절정은 휴전협정 조인을 앞둔 1953년 6월18일 송환을 거부하는 공산군 쪽 포로 2만7천여 명을 석방해버린 일이다. 이에 격노한 처칠은 이승만을 배신자라고 규탄했고, 이때가 8년의 대통령 재임 기간 중 자다가 일어난 유일한 때였다는 아이젠하워는 친구 대신 또 하나의 적을 얻었다고 탄식했다. 다행히 공산군 쪽은 이 문제로 판을 깨는 것을 바라지 않았고, 정전협정은 체결되었다. 이런 무모함을 보이는 이승만을 내쫓기에는 너무 늦었고, 실제로 단독 북진도 불사할 통제불능의 이승만을 달래기 위해 미국 정부는 국

포로수용소를 찾은 이승만 대통령 앞에서 만세를 부르는 반공포로들. 미국은 이승만의 반공포로 석방으로 골머리를 썩었다.

무성 차관보인 로버트슨을 특사로 파견하였다. 로버트슨은 19일 간 한국에 머물면서 이승만을 설득했다. 그는 이승만을 "교활하고 임기 응변의 재주가 있는 장사꾼적 기질에 더하여, 그의 나라를 국가적 자살행위에 충분히 몰아넣을 수 있을 만큼 고도로 감정적이고 비합리적, 비논리적인 광신도"라고 규탄—그 표현은 김일성이나 김정일에 가해지는 것과 매우 비슷하다—했지만, "아시아에서 최대이며 가장 강력한 반공군대"를 잃어서는 안 된다고 결론지었다.

　1953년 7월27일 정전협정은 마침내 조인되었다. 이날 〈뉴욕타임스〉는 "양쪽은 마치 휴전이 아니라 전쟁선포에 합의하는 것처럼 보인다"라고 보도했다. 정전체제하의 또 다른 전쟁은 이렇게 시작되어 지금까지 계속되고 있다. 유엔군 총사령관으로 이 협정에 조인한 미국

육군대장 마크 클라크는 조인을 마치고 집으로 돌아와 부인을 부여잡고 자신이 미국 역사상 최초로 전쟁을 승리로 끝맺지 못하고 정전협정에 조인한 불명예스러운 군인이 되었다고 펑펑 울었다는 일화가 전한다. 당시로 볼 때 세계에서 가장 조그만 나라 이북과 가장 어린 나라 중국을 상대로 초강대국 미국이 16개 유엔회원국의 지원을 받으며 군사적으로 무승부를 기록하였으니 클라크가 느낀 모욕감은 이해할 만한 일이다.

이승만은 정전협정에 서명하지 않았을 뿐 아니라 이를 뒤엎는다는 위협을 가하여 미국한테서 한미상호방위조약을 얻어냈을 뿐 아니라, 한국군의 증강, 미국의 군사경제적 원조 등을 따냈다. 이남의 어느 대통령도 미국을 상대로 이런 외교적 '성과'를 얻어낸 사람이 없지만, 그 '성과'는 주한미군의 장기 주둔, 대미 예속의 강화, 이남의 군사주의화 등등의 저주받은 유산을 남긴 것이기도 했다.

정전협정을 공고한 평화체제로

또 한국군이 정전협정의 당사자가 아니라는 점은 대북관계의 개선이나 정전체제의 평화체제로의 전환에 큰 장애물이 되었다. 이남은 실질적으로는 한반도 군사대치에서 주역 중 하나이면서도 법적으로 온전히 당사자 지위를 주장할 수 없는 처지에 있다. 이런 상황은 이북에 꽃놀이패와 같은 좋은 선전거리를 주었다. 이북은 1974년 이후 미국과의 평화협정 체결을 주장하면서 이남의 존재를 무시했다. 형식논리상으로 보면 정전협정 당사자끼리 만나자는 이북의 주장이 맞다고 볼 수 있지만, 이런 주장은 한반도에 공고한 평화체제를 수립하는 데 아무런 도움이 되지 못한다.

1991년 노태우 정권이 남북평화협정을 제의했을 때 북은 남이 정전협정의 당사자가 아니라는 이유로 이를 거부했다. 그러나 북은 1962년, 남에 대해 평화협정을 체결하자고 주장한 바 있다. 1991년의 남북기본합의서나 2000년의 남북정상회담은 북이 종래 남쪽은 무시하고, 미국하고만 상대하려던 이른바 '통미봉남'(通美封南) 정책 대신 남쪽과 실질적인 대화를 모색한 것이었다. 남은 남대로 정전체제의 국외자라는 이승만 시대의 저주받은 유산을 떨쳐버리고, 한반도 평화정착의 당사자로 적극 나서야 한다. 그러기 위해서 반드시 해야 할 일은 남쪽이 대미 자주성의 회복을 통해 주권국가로서의 면모를 되찾는 것이다.

정전협정에서의 당사자 문제는 중국과 이북이 유엔의 회원국이 됨으로써 유엔의 두 회원국가의 군사령관이 유엔군 총사령관과 정전협정을 맺은 기이한 모습으로 바뀌었다. 이런 기이한 모습도 바로잡아야겠지만, 서해교전과 같은 불행한 사건의 재발을 막기 위해, 나아가 민족의 생존을 보장하기 위해 정전협정체제를 평화체제로 대치하는 일은 절대적으로 요청되는 과제다. 이제는 전쟁의 달 6월을 기념하지 말고 불완전하나마 전쟁의 정지를 가져온 7월을 기억하자. 2003년은 정전협정 체결 50돌이 되는 해다. 우리는 그 불완전한 50돌을 어떻게 보내고 있는가?

주한미군, 뻔뻔할 자격 있다?

_사실상의 치외법권, SOFA의 역사

꽃다운 나이의 여중생 효순이와 미선이가 육중한 미군 장갑차에 치여 목숨을 잃었다. 온 나라가 월드컵 열풍에 뜨겁게 달아 대~한민국을 외치고 있을 때 일어난 일이다. 월드컵 4강이라는 자존심이 이 사건의 처리과정에서 여지없이 무너진다. 누구 차에 치여 목숨을 잃은들 비극이 아닐까마는, 가해자 쪽이 뻔뻔스럽게 나올 때면 슬픔은 분노로 바뀐다. 어쩌면 단순한 교통사고에 의한 과실치사였을 수도 있는 이 사건이 국민적 관심을 끄는 사건으로 번진 데는, 그리고 가해자 쪽인 주한미군이 뻔뻔스럽게 나온 데는 역사적·구조적 배경이 있다. 약칭으로는 주둔군 지위에 관한 협정 또는 소파(SOFA·Status of Forces Agreement), 정식명칭으로는 '대한민국과 아메리카 합중국 간의 상호방위조약 제4조에 의한 시설과 구역 및 대한민국에서의 합중국 군대의 지위에 관한 협정'이라는 아주 긴 이름의 협정이 그것이다.

왜 '조약'이 아니라 '협정'인가

이 협정은 흔히 한미행정협정이라고도 하는데, 미국의 입장에서 보면 타당한 명칭일지 모르나 우리 입장에서는 적절치 못한 이름이

1978년 미8군 한미연합사 창설식에 참석한 박정희 대통령. 무기한으로 우리 영토를 내주는 한미상호방위조약은 소파의 어떤 조항보다도 한국의 주권을 가장 심각하게 침해하고 있다.

다. 미국에서는 조약을 체결하기 위해서는 상원에서 출석의원 3분의 2가 동의해야 한다. 그러나 미국 행정부는 의회의 견제나 간섭을 피하기 위해 일정한 범위의 조약에 대해서는 행정협정 형태로 대통령의 책임만으로 체결하기도 하며, 이런 행태가 관행으로 인정되고 있다. 주둔군 지위에 관한 협정 역시 그 범위 안에 속하는 것으로 미국에서는 의회의 동의가 필요하지 않다. 그러나 우리나라의 경우, 외국 군대의 지위에 관한 조약은 미국과 소파를 체결한 1966년 당시의 헌법 제56조에 국회의 동의가 필요한 조약으로 명시적으로 규정되어 있다. 그러므로 한-미 간에 체결된 미군 지위협정은 단순한 행정협정이 아니라, 독립적인 기본조약이라는 것이 법학자들의 공통된 견해다.

미군이 한국에 주둔한 오랜 역사는 법적 지위를 기준으로 크게 네 단계로 나눠볼 수 있다. 첫째, 1945년 9월8일 미군이 첫발을 들여놓은 날부터 대한민국 정부가 수립된 1948년 8월15일까지는 미군이 점령군으로 이 땅에 미군정을 실시한 시기다. 이 기간에 미군은 주둔군 지위에 관한 협정 같은 것에 구애받지 않았고, 현재 논란이 되는 형사 재판에 관한 관할권 같은 것은 거론될 수조차 없는 상황이었다. 미군 이 한국의 법정에서 재판을 받는 것이 아니라, 한국인들이 미군 법정 에서 영어로 재판을 받아야 했으니 말이다.

다음으로 대한민국 정부 수립 이후부터 1949년 6월30일, 미군이 군사고문단만을 남기고 철수할 때까지는 미군의 지위가 1948년 8월 24일 체결된 '과도기에 시행될 잠정적 군사안전에 관한 행정협정'에 의해 규정된 시기다. 이 협정은 본문이 5조에 지나지 않는 것으 로 뒤의 소파보다 아주 간단한 내 용이었다. 하지만 미군, 군속 및 가족들에 대한 전속적 관할권을 보장하는 것으로 내용은 아주 강 력하고 불평등한 것이었다.

셋째, 한국전쟁 발발 직후인 1950년 7월1일 미군 스미스 부대 가 부산에 도착한 이래 1967년 2 월9일 소파가 발효될 때까지의 시기는 1950년 7월12일 체결된 이른바 대전협정, 즉 '주한미군 군대의 형사재판권에 관한 대한 민국과 미합중국 간의 협정'과 1952년 5월24일에 체결된 한미

1966년 7월 한 · 미 양국의 'SOFA' 서명 모습.
소파는 이듬해 2월9일부터 발효되었다.

경제조정협정(마이어협정)이 미군의 지위와 미군과 한국 정부, 한국 민의 관계를 뒷받침하던 시기다. 그리고 마지막으로 1967년부터는 소파가 주한미군의 지위를 규정하고 있다.

로마에 가도 내 법대로!

로마에 가면 로마법을 따른다는 말이 있다. 그러나 주한미군에 이 말은 적용되지 않는다. 지금도 그렇지만, 1967년에 소파가 발효되기 이전의 미군에게는 더더욱 그랬다. 한국전쟁 초기의 다급한 상황에서 체결된 대전협정은 미군 범죄의 종류와 장소 여하를 불문하고 무조건 미군 당국에 형사재판권을 부여했다. 아무리 전쟁이라는 절박한 상황에서 나온 것이었지만, 대전협정은 형사주권을 여지없이 포기했다는 점에서 독립국가가 맺을 수 있는 협정은 아니었다. 더구나 이 협정은 한국인이 미군 또는 그 구성원에 대해 가해행위를 했을 때는 그 한국인을 미군이 구속하는 것을 인정했다. 대전협정은 헌법이 정한 법관에 의해 재판을 받을 수 있는 국민의 권리를 조약으로 박탈하였다는 점에서, 그리고 국회의 비준과 동의를 받지 않았다는 점에서 볼 때 명백히 헌법을 위반한 협정이다.

미군에 의한 범죄를 한국 법원이 아니라 전적으로 미국 군법회의에서 재판받도록 한 것은 제국주의 시대 치외법권의 연장선상에 서 있는 조치였다. 치외법권이란 한 나라의 국민이 다른 나라에 거주할 때 두 나라 간의 조약에 의해 주재국의 영토 안에서 주재국의 법령에 복종하지 않고 본국의 법령에 복종하는 특권을 말한다.

1953년 7월 정전을 맞으면서 이승만 정권은 정전협정을 받아들이는 대가로 한미상호방위조약 체결을 미국에서 약속받았다. 그해 8월

7일 한미상호방위조약에 대한 가조인을 하면서 채택된 이승만과 미국무장관 덜레스 간의 공동성명은 양국이 상호방위조약 효력 발생 직후 미국 군대의 지위에 관한 협정을 체결하기 위한 교섭에 합의했다고 발표했다. 그러나 전시에 맺은 불평등한 대전협정을 정전이라는 새로운 상황에 걸맞은 협정으로 대체하기 위한 시도는 미국 쪽의 무성의로 인해 별다른 성과를 거둘 수 없었다.

한국 정부는 1954년 후반 미국에 행정협정 체결을 요구한 데 이어, 다음해 4월 행정협정 체결을 위해 초안을 작성해 미국에 전달하면서 교섭의 개시를 촉구했고, 1957년 9월에도 다시 한번 협상을 촉구했으나 미국은 별다른 반응을 보이지 않았다. 미국 쪽은 휴전은 했지만 한반도는 기술상 전시상태라고 고집했다. 미국은 한국의 법질서와 그 운영에 대한 불신, 정치 질서의 불안정성 등을 표면적인 이유로 내세웠지만, 실상 이미 습성화된 특권적 지위 때문에 주둔국 지위에 관한 협정을 체결하려는 교섭에 응하지 않았던 것이다.

미국이 처음으로 주한미군의 지위에 관한 한미행정협정의 체결이 가능하다고 밝힌 것은 1958년 1월23일 주한 미 대사 다울링의 성명을 통해서였다. 미국이 마지못해 교섭에 응하겠다는 입장을 밝힌 것—실제로 교섭을 시작하지는 않았지만— 은 주한미군의 범죄행각에 대한 비등하는 여론을 무시할 수 없었기 때문이다. 특히 이런 여론에 불을 지핀 것이 이른바 양주(楊州) 열차강도 사건이었다.

1957년 4월12일 밤 인천에서 미군 PX용 물품을 가득 싣고 인천에서 의정부를 거쳐 동두천으로 가던 군용열차가 의정부와 덕정 사이 고갯길에서 갑자기 멈췄다. 열차에서 누군가가 손전등으로 신호를 보내자 9명의 한국 민간인이 열차로 달려가 산소 용접기로 문을 절단하고 양담배 24상자를 들어냈다. 이때 갑자기 총성이 울리고 3명이 총에 맞아 쓰러지고 나머지 사람들이 체포되었는데, 총에 맞은 1명은 현장에서 즉사했다. 이 사건은 뜻밖의 사실이 밝혀지면서 주둔군 지위에 관한 협정이 체결되지 않은 상태에서 한국 경찰이 최초로 미군을 심문한 계기가 되었다. 체포된 범인들에 대한 심문과정에서 범인들은 이 사건이 범인들에게 발포한 윌슨 상사와 공모한 일이었다고 털어놓았고, 정차한 열차에서 손전등으로 신호한 사람도 바로 윌슨 상사였다고 자백했다. 범인들은 윌슨과 범행을 모의할 때 화차의 문고리를 교묘히 따서 증거를 남기지 않기로 했으나 산소 용접기로 절단하여 흔적이 남자, 경비 책임자인 윌슨이 책임을 모면하기 어렵다는 생각에 공모사실 은폐를 위해 범인들에게 총을 쏜 것이라고 주장했다. 미군 쪽은 윌슨이 범인들과 사전에 만나고 손전등으로 신호한 것은 인정했으나 이는 범인 일당을 일망타진하기 위한 함정수사였다고 발뺌했다.

구두닦이 김춘일군 린치 사건

그런데 총을 맞은 세 사람은 바로 윌슨과 공모한 사람들이고, 다른 사람들은 윌슨의 공모사실을 모르는 단순 가담자들이었다. 윌슨이 공모사실을 감추기 위해 그 사실을 알고 있는 사람들을 살해하려 했다는 한국인들의 주장이 힘을 얻게 된 것이다. 이 사건의 파장이 커지자 한국 각료와 주한미군 수뇌부의 회담을 거쳐 미군은 한국 검찰의 윌슨에 대한 한국 쪽의 조사에 동의해, 5월6일 미8군 장교구락부에서 한국 검사에 의해 심문이 시작되었다. 한국 쪽은 윌슨의 사전 공모에 대한 심증을 굳혔으나, 윌슨을 기소할 수는 없었다. 대신 한국

정부는 윌슨을 절도 사건의 공범이자 살인범으로 규정한 기소장 사본만 미군에 전달할 수 있었을 뿐이다.

이 사건에 뒤이어 크고 작은 미군 범죄가 꼬리를 무는 가운데 다울링의 성명이 나왔는데, 그 직후에 김춘일군 린치 사건이라는 또 다른 충격적인 사건이 일어났다. 1958년 2월25일 아침 의정부의 미군 1군단 헬기장에 비행기 부속품 상자가 도착했다. 상자를 내리던 카투사들은 상자 속에서 들려나오는 비명소리에 놀라 상자를 뜯어보았다. 그러자 얼굴에 콜타르를 뒤집어쓴 채 온몸이 만신창이가 된 한 소년이 나왔다. 그는 그날 새벽 부평의 미공군 정비창 하사관 숙소에 물건을 훔치러 간 열네 살의 구두닦이 소년 김춘일이었다. 토머스 제임스 소령과 마빈 캠프 대위 등 미군들은 김춘일을 붙잡아 다섯 시간 동안 사정없이 몽둥이로 때리고 발길로 걷어차고, 칼로 양쪽 무릎과 팔을 찌르고는 머리칼을 베고 얼굴에 콜타르를 부은 뒤 비행기 부속품 운반용 상자에 넣고 못질한 뒤 의정부 1군단으로 보내버린 것이다.

전신주에 거꾸로 매달아 가혹한 매질

역설적인 일이지만, 피해자가 살해당한 사건보다 피해자가 살아서 미군의 만행을 증언하거나 만행 증거가 사진으로 공개될 때 더 큰 공분을 불러일으키기도 한다. 그런 사건의 대표적 예가 1960년 1월2일 발생한 동두천 여인 삭발 사건이다. 이날 새벽 동두천의 두 여인은 전부터 알고 지낸 미군을 만나기 위해 7사단 탱크대대 철조망 구멍을 통해 영내로 들어갔다. 두 여인은 막사로 들어가 자기가 알고 지내던 미군을 깨웠으나 어둠 속에서 사람을 잘못 보아 다른 사람을 깨웠다. 그 미군은 두 여인을 붙잡고는 동료들을 깨웠고, 10여 명의 미군이

1960년 1월2일 일어난 동두천 여인 삭발 사건의 피해자들.

겁에 질려 벌벌 떠는 두 여인을 에워싸고 희롱하기 시작했다. 보고를 받고 달려온 중대장 메케네리는 한 하사관과 함께 가위와 전기 이발기로 두 여인의 머리를 빡빡 밀어버렸다. 미군들은 청소용 빗자루로 여인들의 머리를 쓸어대며 손뼉을 치고 괴성을 질러댔다.

미군 부대에 무단잠입한 것은 여인들의 잘못이었지만, 이런 만행을 자행할 수 있었던 것은 대전협정에 미군에 대한 범죄를 저지른 한국인을 미군이 체포할 수 있다는 조항이 있었기 때문이기도 하다. 물론 이 조항이 이런 만행이나 사형(私刑)을 보장하는 것은 아니지만, 당시 자주 일어난 각종 린치 사건이 이 조항과 무관하다고는 할 수 없을 것이다.

이런 충격적 사건들이 연이어 일어나자 미국은 주둔군 지위에 관한 협정의 교섭에 응하겠다고 밝혔지만, 정작 교섭이 처음 이뤄진 것은 4·19혁명 이후인 1961년 4월10일의 일이었다. 다울링의 성명에서 첫 교섭이 이뤄지기까지의 3년 동안에도 어김없이 미군의 탈선과 만행이 자행되었고, 국회는 두 차례에 걸쳐 대정부 건의안을 채택해 행정협정 체결을 촉구하였다. 그렇지만 미국이 교섭에 응한 것은 4·19혁명에 이어 1961년 초 미국과의 경제협정 등을 둘러싸고 민족주의와 반미감정이 고조된 뒤의 일이다.

1961년 4월17일에 처음 열린 주둔군 지위에 관한 협정 체결을 위한 교섭은 곧이은 5·16군사반란으로 인해 중단되고 말았다. 협상은 중단되었지만, 미군 범죄는 끊이지 않았다. 1962년 전반기는 전 세계적인 민족주의의 열풍 속에서 미군에 의한 총격 사건 · 린치 사건 등에 대한 비판여론이 끓어올랐다. 특히 1월 6일 일어난 파주 나무꾼 사살 사건은 큰 충격을 주었다. 애초 미군은 비무장지대에 들어온 나무꾼 2명이 순찰병의 정지명령을 어기고 도주하다가 사살되었다고 발표했다. 그러나 진상은 달랐다. 이들이 살해당한 장소는 비무장지대

1962년 5월 부대 안의 한국인 절도혐의자를 전신주에 거꾸로 매달아 가혹한 매질을 한 파주 린치 사건의 가해 미군장교들(오른쪽).
1962년 1월 발생한 파주 나무꾼 사살 사건의 피해자 황광길씨(왼쪽).

가 아니라 미군 부대 주변 출입금지 구역이었고, 칼빈이나 M1 같은 군용무기가 아니라 사냥용 산탄총을 맞고 살해당했으며, 더구나 피살자 가운데 1명은 나체상태에서 총을 맞았다. 그들의 몸은 산탄총에 맞아 벌집이 되었지만, 한 피살자의 옷에서는 바늘구멍도 없었고, 피한 방울 묻어 있지 않았다. 이 사건에 이어 2월 12일에는 미군 초병이 무단침입자를 사살한 사건, 2월 24일에는 미군에 폭행당한 임신부가 낙태하는 사건을 비롯한 많은 사건들이 신문에 보도되었고, 5월 29일에는 미군 장교가 부대 안의 한인 종업원을 모아놓고 절도혐의자를

전신주에 거꾸로 매달아 가혹한 매질을 한 파주 린치 사건이 일어났다.

유엔군 사령관의 이례적 사과

이 당시는 5·16군사반란 이후 계엄령이 선포된 상황이었음에도 학생들의 항의시위가 이어졌다. 1962년 6월6일 고려대생 2천여 명은 "한미행정협정 체결하라", "린치 사건을 철저히 규명하고 책임자 엄단하라"는 등의 구호를 내걸고 데모를 벌였고, 6월8일에는 서울대생 1천여 명이 같은 구호에 "고려대생 석방하라"는 내용을 추가해 격렬한 데모를 벌였다. 학생들의 시위가 국민적 지지를 받자 미국도 긴장했다. 매우 이례적으로 유엔군 사령관이 미안하다는 성명을 발표했고, 국무성도 유감의 뜻을 표명한 뒤 백악관에 주둔군 지위에 관한 협정과 관련한 협상을 재개해야 한다고 건의했다. 박정희도 계엄상황이었지만, 이번만은 관대히 처분한다며 구속된 학생 전원의 석방을 지시했다.

6월15일 마침내 미국은 조건부로 협상 재개에 동의했다. 협상은 지금 시작하지만, 협상 체결은 합헌적인 민정이 수립된 뒤로 미루자는 것이었다. 군사정부가 이를 수락해 1962년 9월20일 17개월 만에 실무자회의 협상이 재개되었고, 1965년 5월18일 박정희 방미를 앞두고 초안이 마련되었다. 그러나 이 초안은 모든 1차재판 관할권을 미국 쪽에 넘겨주도록 규정하고 있었다. 초안의 일부 내용이 알려지면서, 학생들과 미군기지 노동자들의 반발이 거세지자 정부는 재협상을 통해 초안의 굴욕적인 조항을 수정했다. 협상이 마무리된 것은 1966년 7월8일로, 한국 정부가 처음 주둔군 지위에 관한 협정 체결을 촉구한 지 13년 만의 일이었고, 실무자 교섭이 시작된 뒤 3년 9개월 간 82회의 공식회의와 많은 비공식회의를 거친 뒤의 일이었다.

7월 9일 조인된 소파는 10월 14일 국회의 동의를 거쳐 1967년 2월 9일에 발효되었다. 이때 체결된 소파는 31개 조의 방대한 분량에 합의의사록·합의양해사항·교환서한 등 3건의 부속문서가 딸려 있다. 본협정은 외형상 나토군 지위에 관한 런던협정 등과 비교해볼 때 큰 차이가 없으며, 대전협정에 비하면 많이 진전된 것이었다. 그러나 본협정과 같은 효력을 갖는 3개 부속문서가 큰 문제였다. 사실상 본협정의 내용을 뒤엎는 자동포기조항을 통해 미군의 형사재판권에 대한 실질적인 관할권을 보장해주는 등 불평등한 내용이 많았기 때문이다.

1965년의 초안에서 미군에 완전히 보장해준 재판관할권이 형식적이나마 한국 쪽에 넘어올 수 있었던 것은 학생 등의 시위도 영향을 끼쳤지만, 한국군의 베트남 파병에 대해 미국이 선심을 쓴 것이라 할 수 있다. 지금 입장에서 볼 때 소파는 엄청난 불평등조약이지만, 베트남 파병이라는 피의 대가로 한국은 미군의 '무법천지'를 적어도 외형상으로나마 벗어날 수 있었다. 미군 범죄는 1967년 이후 해마다 적을 때는 1,100여 건, 많을 때는 2,300여 건이 일어났는데, 1967년 이전에는 통계조차 없다. 다만 관련자들의 증언에 의하면, 소파 채택 이후 미군 범죄가 현격하게 줄어들었다고 하니 미군 범죄가 그동안 얼마나 심각했는지를 미루어 짐작할 수 있을 뿐이다.

이렇게 힘겹게 마련된 소파는 그 뒤 35년 간 본협정은 손보지 못하고 부속문서만 두 차례 개정되었을 뿐이다. 1980년대 이후 반미운동이 거세게 일어나면서 미국도 소파 개정에 응하지 않을 수 없었다.

1991년의 개정에서는 본협정과 합의의사록은 전혀 손대지 않은 채, 합의양해사항과 교환서환을 폐기하는 대신, 두 개의 부속문서를 대체하는 양해사항을 새로 채택했다. 대신 주한미군의 주둔비를 방위비 분담이라는 명목하에 한국에 물리기 시작했다.

파병의 대가로 '무법천지'를 잠재우다

2001년의 개정도 매우 미흡한 수준이었다. 1967년의 소파 5조 1항은 "합중국 군대의 유지에 따르는 모든 경비는 합중국이 부담한다"라고 되어 있는데, 한국의 방위비 분담으로 이 조항은 사문화되었다. 미군기지에 대한 무상지원, 카투사 등 인력 및 군수지원비, 기지이전비 등을 포함할 경우 국민의 세금으로 부담되는 주한미군 주둔비용은 1992년 25.4억달러, 1993년 24.1억달러로 주한미군 주둔비의 78%를 우리가 부담하는 것이다. 이는 일본이 76%, 독일이 33%, 나토 회원국들이 25%를 분담하는 것과 비교할 때 세계 최고다. 필리핀이 미군기지 사용료를 받는 것과 비교하면, 그리고 쥐꼬리만한 대북지원과 비교하면 '퍼주기'도 이런 '퍼주기'가 없다. 게다가 미국의 무기강매는 '퍼가기' 수준이다.

소파에 관해서 일반인들에게는 주로 형사재판권 문제가 알려져 있지만, 사실 환경, 노동, 재산권, 민사, 여성 및 아동인권 등 어느 것 하나 문제가 아닌 곳이 없다. 형사재판권이 국가와 국가 간의 주권에 관한 문제라면, 다른 항목들은 국민 개개인의 인권과 재산권에 관한 문제다. 그런데 국가가 만만하게 보이는데 그 국가의 국민이 입은 인권침해나 민사상의 피해가 미군 눈에 제대로 보일 리 없다. 더 큰 문제는 소파의 근거가 되는 한미상호방위조약이다. 이제까지 한번도 개정된 적이 없는 한미상호방위조약은 미군 주둔의 목적규정이 결여되어 있고, 무상주병권이 인정되고 있으며, 미군 철수에 관한 협의규정도 없고, 조약의 시효가 무기한이라는 점에서 많은 문제점을 내포하고 있다. 미군에 무상·무기한으로 우리 영토를 내주는 것은 소파의 어떤 조항보다도 한국의 주권을 가장 심각하게 침해하는 조항이다. 한미상호방위조약의 전면적 재검토 없이 그 부속협정에 지나지 않는 소파의 어떠한 개정도 근본적 한계를 가질 수밖에 없다.

효순이, 미선이 두 소녀의 죽음에 대한 슬픔과 분노가 거세게 일자, 미국은 뒤늦게 부시가 사과했지만 소파의 개정에 대해서는 전혀 언급하지 않았다. 1995년 오키나와에서 초등학생이 미군에 의해 성폭행당했을 때 10만 명이 모여 항의집회를 열어 클린턴 대통령의 사과와 일본 소파의 개정을 끌어냈다. 미국은 이렇게 일이 커져야만 소파를 바꿀 생각을 하는 정녕 그런 천박한 나라인가?

반미의 원조는 친일파였다

_후천성 반미결핍증의 웃기는 역사

2002년 11월 대학로에서 미군 궤도차량에 의해 목숨을 잃은 두 여중생을 추모하고, 책임을 저야 할 미군에 대해 무죄평결을 내린 미군의 재판에 항의하며 불평등한 한미 주둔군지위협정(SOFA)의 개정을 촉구하는 집회가 열렸다. 이 집회의 첫머리에는 수십 명의 남녀 대학생들이 미국에 대한 항의로 삭발을 단행했다. 100년 전 단발령에 저항하면서 "내 목은 잘라도 내 머리는 못 자른다"고 외친 최익현의 후예들이 바리캉 앞에 스스로 머리를 내놓았다. 난데없는 야외 이발소가 설치되고, 학생들이 의자에 앉자 삭발을 위해 포대기를 두른다. 한반도기였다. 흰 바탕에 그려진 한반도가 찬 겨울공기 속에서 서글프도록 푸르다. 중·고등학교 시절 교문에 버티고 선 지도교사나 학생부의 눈을 피해 얼마나 애지중지하던 머리였을까? 1960년 1월 세상을 떠들썩하게 한 동두천 여인 삭발 사건에서는 미군이 미군기지에 몰래 들어간 두 여인의 머리를 밀어버렸는데, 오늘은 여학생들이 머리를 깎는다. 이런 모습의 딸을 보며 우실 어머니 생각을 하니 눈물이 난다고 목이 메는 파르라니 머리 깎은 여학생의 모습 위로, 눈을 부릅떴을 최익현의 모습과 초점을 잃은 동두천 사건의 두 여인의 모습이 겹치면서 나는 고개를 돌리고 말았다.

236

신미양요, 350명 전사했어도 격퇴?

우리와 미국은 참으로 특별한 관계를 맺어오고 있다. 두 나라의 기구한 만남은 전쟁으로 시작되었다. 1871년의 이른바 신미양요(辛未洋擾). 사학자들은 이 사건을 선전포고 없는 전쟁이라지만, 한-미 관계의 첫 장을 전쟁으로 여기는 것이 못마땅해서인지 교과서는 이를 전쟁이라 부르지 않는다. 당시 조선은 350명이 전사하는 막심한 피해를 입었지만, 미군을 '격퇴'한 것으로 생각했다. 그리고 그로부터 10여 년이 지나 1882년 조미수호조약을 맺었다. 조미수호조약에는 다른 열강들과 체결한 불평등조약과는 다른 한 조항이 삽입되어 있었다. 이른바 '거중조정'(good offices) 조항인데, "만약 다른 열강이 체약국 정부에 대해 부당하게 또는 억압적으로 대하는 일이 있을 때에는 체약당사국은 그러한 사건에 관하여 통지를 받는 대로 원만한 타결을 위하여 거중조정을 다함으로써 그 우의를 표시해야 한다"는 내용이다. 당시 조선 조정은 이 거중조정 조항을 하나의 군사동맹에 준하는 내용으로 자의적으로 해석한 반면, 미국은 의례적인 표현으로 여겼을 뿐이다. 그러나 이 조항은 19세기 말에서 20세기 초에 걸쳐 많은 조선인들, 특히 고종의 미국에 대한 처절하도록 안타까운 짝사랑의 근원이 되었다.

보수적인 지식인들은 화이적 세계관에 입각하여 미국을 금수의 나라로 여겼지만, 개화파 지식인들은 미국을 영토적 야심이 없는 부유한 나라, 공의와 신의를 중시하며 외국과 체결한 조약을 엄수하는 모범적인 문명개화국, 자유와 인권 등 인류 보편의 이상을 실현한 극락세계 등 극히 호의적으로 보았다. 민씨 정권의 핵심인물인 민영익(閔泳翊)은 미국을 둘러본 뒤 "나는 암흑에서 태어나 광명 속에 들어왔다가 다시 암흑으로 돌아간다"고 말하기까지 했다.

물론 당시의 개화파 지식인들이 모두 미국에 대해 일방적인 짝사랑을 한 것은 아니다. 대표적인 개화파 관료로 외무대신 등을 역임하면서 미국과의 교섭에 나선 김윤식(金允植)은 이미 1895년에 "미국사람들은 말만 떠벌리지 하나도 행동으로 우리를 도와주지 않는다"고 불만을 표시했다. 또 유길준(兪吉濬)은 1885년에 쓴『중립론』에서 당시 조미수호조약에 대한 기대감으로 들뜬 분위기에 대해 미국은 멀리 대양 건너편에 있고, 우리나라와 별로 관계가 없으며, 그들이 말로는 도움을 줄 수 있을지언정 군대를 동원해서 구원해줄 수는 없다고 정확하게 지적했다.

그러나 고종은 나라의 운명이 기울어가는 상황에서 미국에게만 기대려 하였다. 호암 문일평(湖岩 文一平)은 그의 명저『한미 50년사』의 결론에서 한국이 세상 돌아가는 것과 미국의 정책을 알지 못하고 한갓 그네들에게 의뢰하려고만 하여 미국인 고문을 초빙하고 미국인에게 많은 이권을 양여하는 등 "아무쪼록 미국인의 환심을 잃지 않으려고 노력한 것은 다른 까닭이 아니라 미국 정부의 원조를 크게 기대하였음"이라고 지적했다. 그는 이어 미국 정부가 미약한 한국을 위해 전 책임을 질 리가 없다는 점에서 돌이켜 생각하면 누구를 원망하고 누구를 탓할 것도 없다고 탄식했다.

미국 비판에 기독교 인사들 대거 동원

잘 알려진 것처럼 미국의 루스벨트 대통령 정부는 일본이 러일전쟁에서 승리하자 태프트-카쓰라 밀약을 맺어 미국의 필리핀 점령을 일본이 묵인하는 대가로 미국은 일본이 조선을 강점하는 것을 묵인했다. 루스벨트는 이런 밀약이 한 부분을 이루는 러일전쟁 종결을 위한 포츠머스 강화회의를 주선한 공로로 노벨평화상을 거머쥐었다. 그리고 을사조약으로 일본이 대한제국의 외교권을 강탈하자 제일 먼저 미국 공사관을 철수시켰다. 해방 뒤 미국이 돌아왔을 때 사람들 사이에 "미국놈 믿지 말고, 소련놈에 속지 말고, 일본놈 일어나니, 조선

미국의 실체를 정확히 지적한 유길준, 미국에 크게 기댔던 고종, 미국이 을사조약을 승인하자 분노에 떨었던 윤치호(왼쪽부터).

사람 조심해라"라는 말이 널리 퍼진 것도 이런 기억 때문이다.

　일제강점기에 미국에 대한 인식은 여전히 애증이 교차하고 있었다. 3·1운동 당시 윌슨의 민족자결주의가 상당한 동력이 된 것은 분명한 사실이며, 베르사유 강화회의에서 이 꿈이 깨진 뒤에도 미국에 대한 인식이 결정적으로 악화되지는 않았다. 1920년 미국 의원단이 서울을 방문했을 때 각 언론은 미국 의원단의 방문을 가뭄 끝의 단비로 찬양하는 등 미국에 대한 기대를 저버리지 않았다. 그러나 점차 사회주의가 퍼지면서 미국도 제국주의 국가라는 인식이 확산되고, 1921년에서 1922년까지 열린 워싱턴 세계군축회의에서 한국의 독립문제를 역시 외면하자 독립운동가들은 미국을 명백한 제국주의 국가

로 인식하게 되었다. 김규식과 여운형 등은 해방 직후 미군정이 가장 선호한 지도자들이었지만, 이 시기에는 미국에 대한 실망에서 모스크바로 눈을 돌려 국제공산당(코민테른)이 주최한 제1차 극동노력자회의에 참가하여 미국을 규탄했다. 특히 김규식은 "자국의 이타주의 지향성과 민주주의 원칙의 범세계적 적용을 그토록 떠들어온 위대한 미공화국"이 가면을 벗어던지고 "영국·프랑스·일본 등 악명 높은 3대 흡혈귀 국가와 가증할 4강협정을 체결함으로써" 흡혈귀 국가가 되었다고까지 말했다.

일제강점기에 사회주의자들이 미국을 규탄한 것은 놀라운 일이 아니다. 그런데 1935년 코민테른 7차대회가 반파쇼인민전선 노선을 내걸고, 미국과 소련이 2차대전에서 연합국으로 손잡고 싸우게 되자 사회주의자들은 미국에 대한 비판을 거두었다. 그 대신 친일파들이 "귀축미영(鬼畜美英)을 박멸하자!" 즉, 미국 귀신이나 영국 귀신, 미국 짐승이나 영국 짐승을 때려잡자라고 목이 터지게 외치게 된다. 일본의 진주만 공습을 기념하는 시에서 한 시인은 나 같은 역사가들에게까지 이렇게 호령한다. "이날에/ 영미의 세대가 끝나고/ 아세아의 세대가 시작되느니라/ 오직 이렇게 그대는 써라/ 역사가야."

이 암흑의 시기에 일제에 의해 강압에 의해, 또는 자발적으로 친일시를 쓰고 "귀축미영을 박멸하자"는 나팔수가 된 사람들이 한둘이 아니지만, 특기할 점은 미국에 대한 비판에는 기독교 인사들이 대거 동원되었다는 사실이다. 앞에 인용한 시를 쓴 사람도 형제가 요한과 요섭이라는 기독교 이름을 나누어 가진 유명한 문인이다. 분단 이후 한국 기독교계의 대표적 지도자가 된 어느 목사는 아예 창씨명이 平康美洲였다. 미국 대륙을 평정한다는 뜻이다. 전통적으로 한국에서 미국과 기독교는 떼려야 뗄 수 없는 관계를 맺어왔다. 그러니 일본으로서도 기독교인들을 동원해 미국을 공격하는 것이 가장 효과적이었던 것이다. 한국의 민주화운동과 노동운동에 깊이 참여한 조지 오글 목사는 반미의 무풍지대였던 한국이 가장 강력한 반미운동의 본거지가 된 것이 너무나 드라마틱한 일이라 했다. 하지만, 미국에 의해 육성된 기독교계의 지도자들이 '반미성전'(反美聖戰)의 열렬한 전사가 되었다가 다시 친미파로, 미국 신사로 둔갑한 것 역시 너무나 드라마틱한 일이 아니었을까? '귀축미영을 때려잡자'던 친일파의 후예들이여, 지금의 너무나도 온건한 반미감정에 호들갑을 떨지 말지어다.

후천성 반미결핍증의 이상한 증상

그런데 여기서 주목해야 할 것은 당시 기독교인들의 반미가 꼭 일제의 강압에 의한 것은 아니라는 점이다. 대표적인 예를 윤치호(尹致昊)에게서 찾을 수 있는데, 그는 일기에서 "수세기 동안 유색인종에게 복속과 치욕을 준 너희들의 뽐내던 과학과 발견, 그리고 발명을 가지고 지옥으로 가라"고 썼다. 공개적인 글이나 좌담에서 행한 발언이라면 일제의 강압에 의한 것이라 보아줄 수 있지만, 남이 보지 않는 일기에까지 이렇게 쓴 것을 보면 친일인사들의 반미성향은 상당했던 것으로 보인다. 윤치호는 미국 유학 시절 황인종이라는 이유로 숙소를 구하지 못해 역에서 밤을 새우는 등, 심한 인종차별을 당해 죽고 싶을 정도의 좌절감에 빠지기도 한 인물이다. 독실한 기독교도이기도 했던 그는 미국의 유색인종 차별을 몸으로 겪으며 이 문제를 신학적 탐구의 대상으로 삼기도 했다. 윤치호는 러일전쟁에서 일본의 승리를 인종주의적 관점에서 찬양했으며, 을사조약 체결 이후 미국이 맨 먼저 이를 승인하자 미국에 대한 원망과 분노에 떨었다. 이런 그의 태도는 105인 사건 이후 그가 왜 일본의 대륙진출에 동조하면서 백인 종을 무릎 꿇게 만드는 것에서 대리만족을 구하였는가에 대한 해답의 단서를 제공한다.

일제강점기에 국내의 명사들이 대대적으로 반미성전에 앞장섰다면, 해방 이후 우리 사회의 상류층들은 집단적으로 몹쓸 병에 걸려버렸다. 어떤 의사들은 이 병을 후천성 반미결핍증이라고 하는데, 일부에서는 이 병이 후천성이 아니라 선천성이 아닌가 의심하고 있다. 그러나 처음 이 병에 걸린 사람들이 한때 반미의 열렬한 선구자(?)였던 점을 본다면 후천성임이 분명하다. 그렇지만 이 병에 걸린 사람들의 자식들이 수직감염되는 사례가 빈발하기 때문에 많은 사람들은 후천성이던 이 병이 선천성 유전병으로 변화하는 것이 아닌가 의심하고 있다. 한번 이 병에 걸리면 여간해서는 고쳐지지 않고, 반미의 '반' 자만 보아도 화들짝 놀라고 흥분해서 날뛰게 된다.

이 병의 특징은 멀쩡한 두 발을 갖고서도 자신이 홀로 설 수 없다고—증세가 심해지면 홀로 서서는 안 된다고까지—생각하면서, 자신의 두 발로 대지에 굳건히 내려 서려는 건강한 사람들을 감옥에 가두고, 두들겨패고, 심지어는 죽이기까지 한다는 점이다. 이 병의 병원균은 뇌 속 깊이 침투하여 환자 스스로 병에 걸린 사실을 부인하게 만들기 때문에 환자들이 절대로 약을 복용하지 않고, 완강히 치료나 요양을 거부하게 한다. 모든 치료를 거부하면서, 건강한 사람들이나 이 병에 걸렸다가 건강을 되찾은 사람들에 대해 살의에 가까운 적개심을 품는 공격성 때문에 허준 같은 명의가 있다 해도 환자를 돌보기 어렵다.

흔히 진보적인 사람들은 이 병에 잘 걸리지 않는다고 생각하는데, 해방 직후 상황을 보면 꼭 그런 것은 아니다. 해방 직후의 대표적 좌파 지식인인 박치우(朴致祐) 같은 사람은 '조선에 반미론자가 없는 이유'라는 글까지 썼다. 이 글에서 그는 "조선민족은 은혜를 원수로 갚는 따위의 민족"이 아니기 때문에 '타도 양키'를 부르짖던 친일파 마저 "보살도 오히려 부러워할 정도의 관용정책"을 실시한 "무제한 무차별적인 박애주의자"인 미국에 대해 감동했기 때문에 조선 사람 중에 "반미적 언동 같은 것은 엄두도 내려는 자가 전무(全無)"하다고 주장했다. 박치우가 미국이 왜 친일파에 대해 박애정책을 폈는지 이유를 물어볼 필요도 없다고 말하는 것을 보면 그도 반미결핍증이 상당히 진척된 상태였던 것 같다.

그러나 친일파에 대해 보살도 부러워할 정도의 관용정책을 펴던 미국과, 미국의 비호를 받는 친일파들이 진보적·민족적 입장을 견지한 사람들을 탄압하기 시작하면서 박치우 같은 사람들은 뒤늦게나마 후천성 반미결핍증에서 벗어나기 시작했다. '조선에 반미론자가 없는 이유' 같은 글을 쓴 자신이 미워서였을까? 박치우는 빨치산을 키워내는 강동정치학원의 정치부원장이 되었다가 뒤에 빨치산 부대의 정치위원이 되어 미제국주의를 타도하는 전선에 몸을 바쳤다.

반미를 이야기하던 이들은 다 죽고…

박치우는 가장 극단적인 사례겠지만, 해방 직후 미국을 환영하던 진보적인 사람들이 뒤늦게나마 미국의 대한정책이 무엇을 의미하는지를 통렬히 깨닫기 시작할 무렵 한국전쟁이 일어났다. 제대로 된 반미운동이 뿌리내리기도 전에 민간인 학살이 이 땅을 휩쓸고 지나갔고, 반미를 이야기할 수 있는 사람들은 다 죽었다. 요행히 살아남은 사람들도 굳게 입을 다물어버렸다. 그리고 학살의 무덤 위에 선 대한민국을 장악한 친일파들은 무럭무럭 자라났다. 한탄강 일대의 들쥐들이 들녘을 뒤덮은 전사자들의 시체를 파먹고 유행성 출혈열균을 키워갔듯 학살의 무덤 속에서 후천성 반미결핍증 병원균은 걷잡을 수 없이 배양되었다.

한국전쟁 직전의 짧은 시기를 제외하고, 이 땅은 세계에서 유례를 찾아볼 수 없는 반미의 무풍지대가 되었다. 그리고 국가보안법을 비롯한 각종 정치적 탄압의 수단이 목표로 삼은 것은 다 통일운동과 민족자주를 주장하는 세력이었다. 이승만

우리 사회의 후천성 반미결핍증에 대한 백신을 공급하기 위해 김세진 · 이재호 열사는 자기 몸을 불살랐다. 김세진 · 이재호 열사 추모제.

의 저격미수범도 사형을 받지 않던 시절 조봉암은 처형되었다. 그리고 〈민족일보〉의 청년 사장 조용수, 통혁당 사건, 인혁당 사건, 남민전 사건 등에서 사형을 받은 사람들은 모두 통일을 이야기하던—통일을 이야기하다 보면 자연히 미국 이야기가 나오게 되어 있다—사람들이었다. 1950년대와 1960년대 중반까지만 해도 미군 범죄를 비롯해서 미국에 비판적인 기사를 신문이나 잡지에서 찾아보는 것은

어렵지 않았다. 그러나 박정희의 병영국가 건설이 본격화된 유신시대가 되면 미국에 비판적인 기사나 미군 범죄에 대한 보도는 신문에서 사라져버린다. 올곧은 언론인들을 학살한 유신시대에 〈조선일보〉편집인인 김대중 같은 인물들이 승승장구했고, 가장 민감하게 사회문제를 전달해야 할 언론은 후천성 반미결핍증 환자들의 난장판이되어버렸다. 홍길동의 10대손 홍만수를 주인공으로 내세워 미국을비판하던 소설 '분지' 같은 작품은 더이상 이어지지 못하고, '황구의비명'만이 온 산하에 가득했던 시절이다. 미국에 조금이라도 비판적인 기사를 찾아볼 수 없게 만든 박정희를 일부 인사들이 마치 반미와자주국방의 기수인 양 떠받드는 것은 너무나 어처구니없는 일이다.

미국이라면 끔뻑 죽던 이 땅에서 반미라는 불온한 움직임이 시작된 것은 1980년 5월 광주를 겪고 난 뒤의 일이다. 광주항쟁 당시 시민들은 미국이 7함대를 파견하자 민주국가인 미국이 시민들을 보호하기 위해 7함대를 보낸 것이라고 좋아했다. 그러나 이는 오해도 엄청난 오해였다. 미국은 전두환 일당이 광주 시민들의 정당한 저항을마음놓고 짓밟는 동안 이북을 견제하기 위해 항공모함을 보낸 것이기 때문이다. 이런 미국의 태도는 반미의 무풍지대였던 한국을 1980년대에 가장 강렬한 반미운동을 전개하는 나라로 만드는 계기가 되었다. 그러나 워낙 오랜 기간 반미라는 말을 감히 꺼낼 수 없었던 까닭에 반미운동의 점화가 쉽지는 않았다. 서울 미문화원 점거농성의경우 학생들은 미국의 광주학살에 대한 지원에 항의하려도 아니고, 다만 미국이 광주학살과 어떤 관련이 있는지 '물어보러' 들어간 것이다. 물론 당시 학생들의 의식수준이 이 정도에 머무른 것은 아니었다. 그러나 우리 사회에 후천성 반미결핍증이 워낙 널리 퍼져 있다 보니 학생들은 조심스럽게 첫발을 뗄 수밖에 없었다. 이런 우리 사회의 후천성 반미결핍증에 대한 백신을 공급하기 위해 김세진·이재호 열사는 자기 몸을 불살라야 했다.

젊은 세대가 비추는 서광

국방의 의무를 지러 간 젊은이들을 전경으로 차출하여 치안유지에 돌리는 위헌을 일삼은 자들은 그것도 모자라 전경들을 미군기지 앞에 배치한다. 이 세상 어느 천지에 경찰이 군대를 지켜주는 꼴은 있어 본 적이 없다. 더구나 미군은 언필칭 우리를 지켜주기 위해 와 있다는 존재가 아닌가? 후천성 반미결핍증이 맹위를 떨치는 나라에서만 볼 수 있는 꼴불견이다. 1980년대 중반 반미가 아주 극단적 방식으로 표출되었다면, 지금은 그런 엄숙함과 무거움 없이 자연스럽게, 아주 대중적으로 진행되고 있다. 미운 놈 미워할 줄 알고, 기분 나쁘면 나쁘다고 말하는 젊은 세대들. 그들은 김남일 선수가 미국 선수 8명과 맞장을 뜨자고 눈을 부릅뜬 것에 환호하고, 안정환 선수의 오노 세리머니에 열광하는, 후천성 반미결핍증에 대한 항체를 갖고 있는 세대다. 젊은 세대의 힘은 불치병으로 알려진 후천성 반미결핍증의 치료에도 서광을 비추고 있다. 미국의 양자가 되지 못해 안달하던 사람들조차 소파의 불평등성을 이야기하니 대통령선거가 좋긴 좋다. 체육관에서 끼리끼리 모여 대통령을 뽑던 시절 후천성 반미결핍증은 걷잡을 수 없이 악화되지 않았던가?

반미감정 좀 가지면 어때?

_광화문 촛불시위 거리에서 느끼는 감격

시청 앞 아스팔트를 꼭 15년 만에 밟았다. 1987년 7월, 한열이 장례식 때 지금보다 훨씬 많은 인파가 시청 앞 광장을 가득 메웠을 때, 그 대열에 끼어 한여름의 열기를 훅훅 뿜어내던 아스팔트를 밟아보고 꼭 15년 만의 일이다.

지금의 청소년들은 믿기 어렵겠지만, 그 당시 군사독재정권이 정권의 폭력에 의해 목숨을 잃거나 군사독재에 항거해 투신·분신한 분들의 시신을 빼앗아가는 일이 자주 있었다. 한열이의 시신도 그렇게 빼앗길지 모른다는 두려움에 수만 명의 청년학생들이 신촌 세브란스병원 부근에서 이틀씩, 사흘씩 밤을 지새웠다. 오죽하면 아침에 영결식을 하는 숙연한 자리에서 깜빡깜빡 조는 젊은이들이 많았을까? 100만 인파가 태평로 앞까지 갔다가 저들의 페퍼포그 세례 한번에 개미새끼 흩어지듯 흩어져버렸다. 1980년대 내내, 그리고 6월항쟁의 한달간 최루가스에 단련될 대로 단련됐지만 며칠 밤을 지새운 지친 몸은 페퍼포그 한방에 무너져버렸다. 무교동 골목으로 도망쳤다가 기운을 추스르고, 혹시 사람들이 다시 모이지 않을까 나와본 태평로에는 주인 잃은 신발짝만 가득했다.

광화문, 민족자주의 기념관이 될 자리

광화문의 아스팔트를 22년 만에 밟아보았다. 1980년 서울의 봄, 대학생들은 거리진출을 놓고 오랜 논쟁을 벌이다 마침내 시내로 나아갔다. 5월15일의 이른바 서울역 회군을 결정하기 전날인 5월14일 밤, 학생들은 경찰의 저지선을 뚫고 광화문까지 진출했다. 그러나 그것뿐이었다. 1978년 6월26일 광화문에서 서울 시내 대학생들이 연합시위를 했는데, 이때는 아스팔트를 밟았다가 연행된 학생들 20여 명이 1년 내지 2년의 징역을 살아야 했다. 아마 이 데모는 1964년 '6·3 사태' 이후 처음으로 광화문에 진출한 것이었을 텐데, 아스팔트 밟은 죄로 1년 이상 콩밥을 먹어야 했으니 광화문은 그렇게 엄청난 곳이었다. 그곳에 10만 가까운 인파가 모여 반미를 외쳤다.

유신시대를 기준으로 하면 시민들은 10만 년어치 감옥살이를 번 셈이다. 그날 그 자리에서는 반미를 외친다고 더이상 안기부의 지하실에 끌려가 고문당할 걱정은 없었으니 세상 많이 달라졌다. 세상이 좀더 달라져 행정수도가 건설되고 미대사관이 옮겨간다면, 저 자리는 민족자주의 기념관이 돼야 하고, 두 아이를 비롯해 미군의 범죄에 희생된 모든 이를 기리는 추모 공간이 돼야 한다는 생각이 들었다.

대통령선거에서 세대별로 표의 향방이 확 갈린 것처럼, 미국을 대하는 태도에도 세대 간에 뚜렷한 차이가 나는 것 같다. 좀 거칠게 이야기해보면 70대 이상 일제강점기를 경험한 세대들은 미국과 싸워본 경험 때문일까, 미국이 꼭 좋은 나라가 아니라는 점은 잘 알고 있는 듯하다. 그러나 50대 후반과 60대는 미국에 아주 심한 열패감을 느끼는 세대다. 미군을 쫓아다니며 미군이 던져주는 초콜릿과 껌을 얻어먹고, 문전옥답에 미군기지가 들어서고, 동네의 예쁘지만 가난한 집

248

언니·누나들이 하나씩 양공주가 되는 것을 보고 자란 세대가 그들이다. 이들에게는 미군이 군홧발을 쳐들면, 그것이 항공모함만하게 보일 수밖에 없었다. 이들 세대에 인기가 있는 〈애모〉의 노래말처럼 "그대 앞에만 서면 나는 왜 작아지는가"를 외울 수밖에 없는 역사적 경험이 그들을 사로잡고 있다.

50대 초반에서 40대 중반까지의 세대들은 미국의 원조물자로 만든 옥수수빵을 학교에서 급식으로 먹고 자란 세대다. 윗대와는 달

유신 때 같았으면 아스팔트 밟은 죄로 1년 이상 콩밥을 먹었을 것이다.
2002년 12월 그 자리에 10만 명이 모였다.

리 미군의 못된 짓을 직접 볼 기회가 적었으며 학교에서는 미국을 은인의 나라로 가르쳤고, 언론은 미군의 범죄에 대해 입을 다물었다. 40대 초반에서 30대까지는 그래도 대학을 다니며 반미의 세례를 받고 살아온 사람들이다. 미국이 꼭 고마운 나라가 아니라는 점은 알게 됐지만, 그렇다고 자기 몸을 불사르며 '가열찬' 반미투쟁을 벌이는 투쟁대열에 선뜻 몸을 내던지기에는 어딘가 꺼림칙한 것이 있었다. 이들은 군사독재에 온몸으로 저항한 이른바 386세대지만, 한편으로는 군사독재자들이 정한 규율에 의해 누구보다 철저히 교육받았기에 아직 규율로부터 온전히 자유롭지는 못하다. 반면 10대와 20대는 상대적으로 미국으로부터도, 군사독재로부터도 자유로운 세대다. 미국에

고마움을 느낄 것도 없고, 미국을 비판하는 것에 두려움을 느낄 까닭도 없다. 그들은 당당하다.

반미의 '반' 자만 나와도 기겁을 하던 어떤 정당의 대통령 후보는 앞장서서 소파 개정과 부시의 직접사과를 요구하고 나서서 많은 사람들을 어리둥절하게 했다. 그러고는 신부님들이 삭발까지 하고 단식하는 농성장에 나아가 연대감을 표시했다. 그 자리에서 신부님들은 그 후보 일행에게 떠나달라고 했지만, 그들은 보통 사람이라면 바늘방석 같은 그 자리를 꿋꿋이 지키고 서 있었다. 일부에서는 그들에게 떠나라고 한 신부님들이 속이 좁았다고 비판하지만, 나는 신부님들의 마음을 충분히 이해한다. 월드컵 열기 속에 두 아이가 어처구니없이 목숨을 잃은 뒤 '여중생 사망사건 범국민대책위원회'(범대위)가 만들어졌다. 이 단체의 관계자들이 이 사건에 대한 관심을 촉구하며 대책 마련을 호소하기 위해 그 정당을 방문했을 때 그들은 문전박대를 받았다. 그날 방문단에 포함된 신부님들이, 머리를 깎고 단식농성하고 있는 그 신부님들이었다.

화해할 수 없는 세계관의 차이

며칠 뒤에는 그 정당의 대표라는 사람이 지금의 반미 흐름 뒤에는 '보이지 않는 손'이 있다고 해 사람들의 속을 다시 한번 뒤집어놓았다. 2002년 12월14일 시청 앞 집회에서 촛불시위를 처음 제안한 '앙마'라는 아이디를 쓰는 청년은 '여러분의 오른손을 들어 왼쪽 가슴을 만지면 보이지 않는 손, 바로 여러분의 양심을 느낄 수 있을 것이다'라는 말로 일침을 놓았지만, 나는 선후배 동료들이 숱하게 거쳐간 1970~80년대 공안기관의 어두컴컴한 조사실을 떠올렸다. 많은 사람들이 고문을 당했는데, 더러는 숨기고 감춰야 할 사실을 지키느라 힘겨운 싸움을 벌였지만, 대부분은 자기가 알고 있는 사실을 그대로 털어놓았는데도 고문이 그치지 않았다며 기막혀했다.

정말 그랬다. 공안기관원들이야 상부의 지시가 있어 움직이고, 또 그런 일을 하면 돈이 나오고 진급도 하고 상도 받는데, 돈이 나오는 것도 아니고 상 받는 것도 아니고 뻔히 감옥갈 일을 누구의 지시도 받지 않고 했다는 말을 그들은 믿어주지 않았다. 그러니 없는 배후를 만들어내야 했고, 광주 시민의 항쟁은 고정간첩의 사주를 받은 것이라야 자신과 상급자들을 납득시킬 수 있었던 것이다. 이것은 화해할 수 없는 세계관의 차이였다. 양심이라는 것을, 자발성이라는 것을, 자기희생이라는 것을 알지 못하는 자들과, 그것들을 소중히 간직한 사람들 간의 전쟁이었다. 그리고 전쟁은 계속되고 있다.

12월14일 촛불시위에서 두드러진 점은 반미에 대한 일체감이 형성됐다는 점이다. 일주일 전 시위에서만도 반미는 조금은 두려운 구호인 것 같았다. 여중생 사망 사건 이후 인터넷에서는 일부 네티즌들이 우리는 '반미'가 아니라 '미국 반대'나 '안티 유에스에이'라고 주장했다. 논리적으로 반미와 미국 반대가 어떻게 다를 수 있겠는가? 그러나 많은 네티즌들은 운동권의 반미와 자신들의 분노를 애써 구분하고자 했다. 수구세력에 의해 빨갛게 덧칠해져서만이 아니다. 과거 '운동권'은 일반 시민에게 '참을 수 없는 반미의 엄숙함'을 요구했다. 온몸에 시너를 붓고 산화해간 김세진 · 이재호 열사의 후예들은 '민족의 허리가 두 동강난 아픔'을 외면하면서, 윤금이씨가 말로는 도저히 표현할 길 없이 참혹하게 살해된 사실은 외면하면서, 그까짓 금메달 하나 빼앗겼다고 난리치는 '참을 수 없는 반미의 가벼움'

을 견딜 수 없었다.

성조기를 처음 태운 강원대생들은 국가보안법 위반으로 처벌받았다. 그런데 이제는 대형 성조기를 시청 앞 집회에서 당당히 찢어버렸

'바로 그 자리.' 1987년 6월 서울 시청 앞 이한열군의 장례식 인파.

다. 과거에도 미군부대에 기습적으로 들어가 시위를 벌인 학생들이 있었다. 그들은 정말로 미군이 자신들을 향해 총을 쏠지 모른다는 각오를 하고서 미군부대의 담을 넘었다. 그러나 최근 미군부대 철조망을 끊고 들어가 시위를 한 학생들은 법원에서 영장이 기각됐다. 윤금이씨 살해 사건이 일어났을 때는 미국에 있어서 잘 몰랐는데, 귀국해서 어떤 글을 보니 일부 학생들이 추모행사를 하며 윤금이씨를 '민족

의 순결한 딸'이라 부른 모양이었다. 꼭 그렇게 불러야 미군의 악랄
함이 드러나는 것일까? 미군을 상대로 매매춘을 업으로 삼는 '양색
시'를 우리는 경멸하고 '우리'라는 범주에 끼워주지 않았다. 그를 꼭

'바로 그 자리.' 1960년 4월 이승만 정권에 분노를 터뜨리는 시민들.

순결한 딸로 치장해야만 미군 범죄를 고발할 수 있었던 것일까? 학생
들은 그렇게 해야 '양키'들의 범죄에 귀기울이지 않는 시민의 관심을
조금이라도 더 끌 수 있으리라고 생각했을 것이다. 그러나 이런 식의
반미운동은 오히려 일반 시민과 반미운동가들 사이의 벽을 더욱 높
게 했다.

12월7일의 촛불시위에서는 현장의 일부 참가자들이 한총련이나

민주노동당의 깃발을 치우라고 요구했던 모양이다. 미군철수가 부담스럽고, 자신들의 자발적이고 '순수'한 참여가 반미라는 색깔로 덧씌워지는 것에 거부감을 느꼈기 때문이리라. 그러나 14일에는 조그만 동아리까지 모두가 자기네 깃발을 들고 나왔다. 두 아이들이 엊그제 죽은 것이 아니다. 사건이 있고 계절이 두 번 바뀌었다. 반팔을 입은 아이들을 떠나 보냈는데, 지금은 두터운 외투를 입어도 한기가 스며든다. '앙마'는 연단에서 2주일 전에 나왔던 사람 손들라고 물었다. 여기저기서 손이 올라갔다. 그리고는 6개월 전부터 나왔던 사람 손들라고 했다. 그 많은 인파 중에 얼마 되지 않았다. 자연스러운 박수가 나왔다. 온갖 어려움을 견디며 불씨를 이어와 오늘 촛불의 바다를 이루게 만든 범대위를 비롯한 활동가들에게 보내는 박수였다. '운동권'의 반미와 청소년, 네티즌들의 반미는 그렇게 만나고 있었다. 아직까지 미군보고 당장 나가라고 하는 사람은 그 엄청난 촛불의 바다에서도 소수일 것이다. 그러나 '이 따위로 하려면 나가라'는 점에 공감하지 않는 사람들은 없어 보였다. "어머님, 아버님, 힘내세요, 우리가 있습니다"를 외칠 때 우리는 서로 반미냐 미국 반대냐를 따지지 않았다. 호들갑을 떠는 수구세력에 하나가 되어 '반미감정 좀 가지면 어때?'라고 모두 외치는 듯했다.

1975년 신일고생들의 유신반대, 그 뒤…

청소년들이 거리로 나섰다는 것은 참으로 역사적 사건이다. 어른들이 보기에 너무나 어려 보이는, 그리고 살인적 입시제도 때문에 어린 상태에 있도록 강요받아온 청소년들이지만, 이번 일을 보니 놀라울 정도로 속이 꽉 여물었다. 일제강점기의 동맹휴학이나, 광주학생운동을 우리 교과서는 민족독립운동으로 찬양한다. 그러나 군사독재정권 시절, 불의에 항거해 중고생들이 어떤 움직임을 보이면 당장 퇴학감이었다. 4·19에서 대학생들이 주역이었다지만, 중고생들의 역할을 낮게 평가해서는 안 된다. 그 기억을 간직한 군사독재정권은 고등학생들이 정치적 문제에 관심을 갖는 것이 불가능하도록 온갖 노력을 기울였다. 그래도 나이가 든 대학생들은 경찰이 투입되어 진압하면 도망을 가지만, 물불 안 가리는 고등학생들은 오히려 무섭다는 것이다. 1975년 4월 신일고등학교생들이 유신반대 유인물을 뿌려 9명이 구류를 산 것을 마지막으로 고등학생들의 사회참여는 찾아볼 수 없게 됐다.

이후 고교 평준화가 단행되면서 그래도 일찍 정치문제나 사회문제에 눈뜬 학생들이 모여 있는 명문고등학교가 사라지고, 중고등학교 입시에 분산된 입시 압력이 대학교 시험에 몰리게 됐다. 또 학도호국단 설치와 교련교육 강화 등 군사정권의 학교통제가 강화되면서 고등학생들이 사회문제나 정치문제에 참여하는 것은 극도로 어렵게 됐다.

로드니 킹 사건과 비교해보라

미국에 사는 제 또래 아이들이 자기네 말로 꿈꾸고 미래를 설계할 때, 영어 단어를 외워야 하는 우리 아이들이 촛불을 들고 거리로 나섰다. 한창 공부할 나이에 거리에 나가면 어떡하느냐고 걱정하는 학부모님들이 혹시 계시다면 한말씀 드리고 싶다. 이보다 더 좋은 논술공부는 없으니 안심하시라고. 스스로 느끼고, 생각하고, 체험하고, 자료를 찾아보고, 토론하는 것보다 좋은 논술공부는 없다고. 7일의 촛불시위에서 한 고등학생이 학교에서 아무도 자기들에게 미국에 대해 가르쳐주지 않았고, 근현대사를 가르치지 않는다고 비판했다는 기사를 보았을 때 참으로 가슴 아프고 얼굴이 화끈거렸다.

촛불시위 첫날, 아이들은 역사를 만들고 있었다. 민주주의를 교과서에서 배우는 것이 아니라 몸으로 체험하고 있었다. 자기 발로 역사의 현장에 나와 스스로 집회 방식을 정하고, 질서를 잡아가고, 다른 사람들이 정치적으로 이용하려는 것을 경계하며 집회 목표를 분명히 하는 모습은 민주정치의 참모습이었다. 무엇이 두려워 투표권을 스무 살에 묶어두어야 하는가? 그나마 다행인 것은 2007년에는 촛불시위의 주역인 청소년들이 대부분 유권자가 된다는 점이다.

정부나 보수언론들은 시민들의 움직임이 반미로 흘러서는 안 된다면서 차분하고 이성적으로 대응해야 한다고 강조하고 있다. 그러나 지금 가장 성숙하고 신중하며, 이성적 대응을 하는 사람들은 물불을 가리지 않는다는 청소년들이 주축이 된 시위대다.

미국의 경우 로드니 킹을 무자비하게 구타한 경찰관들에게 무죄 평결이 내려지자, 로스앤젤레스 지역 유색인종들은 격분해 50여 명이 목숨을 잃는 유혈폭동을 일으켰다. 로드니 킹은 경찰들에 의해 떡이 되도록 맞았지만 죽지는 않았다. 그러나 우리는 여중생 두 명이 참혹하게 죽었음에도 너무나 평화적이고 차분한 시위를 벌이고 있다. 미국의 폭거에 대항해 이슬람 세계는 비행기를 납치해 무역센터와 국방성으로 돌진했지만, 우리는 평화의 종이비행기를 날리고 있다.

다른 나라에서는 반미감정이 고조되면서 미군이나 미국인에 대한 테러가 자행됐지만, 우리는 자기 머리를 깎는 삭발이나 자기 밥을 굶는 단식으로 미국에 대한 분노를 표출하고 있다. 이보다 어떻게 더 차분하고 이성적으로 대응할 수 있을까?

　일부에서는 미국의 사법제도와 법문화를 몰라서 우리가 미국에 무리한 요구를 하고 있다고 주장하지만, 이는 어불성설이다. 로드니 킹을 구타한 경찰관들이 무죄평결을 받았을 때 상식이 있는 미국 시민들이 분노한 것은 정의가 실현되지 않았기 때문이지, 미국의 사법제도에 대한 무지 때문은 아니다. 소파의 조문이 나토국가들이 맺은 조문보다 손색이 없다는 말도 현실을 무시한 말이다. 두 아이가 목숨을 잃기 며칠 전 미군의 고압선에 감전된 전동록씨가 세상을 떠났는데, 그를 죽게 한 고압선은 여전히 피복조차 되지 않은 채 민가 위를 지나고 있다.

　군산 기지에선 오수가 하루 3천t씩 방류되고 있고, 용산을 비롯한 많은 곳에선 기름이 새어 토양을 오염시키고 있으며, 매향리에선 폭격이 계속되고 있다. 생각하기도 싫지만, 우리 아이들이 미군의 궤도차량에 깔려 죽는 일이 내일이라도 또 일어난다면, 사고를 낸 미군들은 미군 검사에 의해 미군 법정에 기소되고 미군 배심원들이 평결하고, 미군 변호사가 변호하고, 미군 판사가 심판하고, 무죄로 석방돼 다음날 출국해버리면 그만이다. 이것이 소파의 현실인데 운영개선이 무슨 소용인가? 이런 현실을 그대로 두고 그저 전화로 유감스럽다는 한마디 듣자고 시민들이 모인 게 아니다. 부시가 "한국민을 존경한다"는 립서비스를 했을 때 오히려 모욕감을 느낀 것은 우리 속이 좁아서일까?

우리의 분노엔 국경이 없다

　미국은 소파 개정에 쉽게 응하지 않을 것이다. 미국은 어떤 나라와도 공무 중의 미군 범죄에 대한 재판권을 주재국에 넘긴 예가 없다. 그래서 정부는 지레 겁부터 먹고 있다. 그러나 역사를 기억하자. 19세기 제국주의 시대에 어떤 국가도 자국민에 대한 치외법권을 순순히 포기한 적이 없는 사실을. 그러나 20세기에 들어와 민간인에 대한 치외법권은 더이상 인정되지 않는다. 우리가 미국과 맺은 소파는 해당범위가 너무 넓어 미군뿐 아니라 그 가족, 친척, 그리고 미군과 계약을 맺은 미국인까지 포함하고 있다. 20세기 불평등 시대에 미군에 대한 사실상의 치외법권이 인정됐다면, 이제 21세기에는 새로운 제도가 만들어지지 못한다는 법이 없고, 공무 중을 포함한 미군의 모든 범죄를 강력히 규제하는 새로운 협정이 우리나라에서 처음 시작되지 말라는 법도 없다. 10년 전 또는 100년 전 범죄행위를 현재 우리는 당당히 우리의 권리로 누리고 있지 않은가? 역사는 그렇게 발전해가는 것이다. 이루지 못할 것 같은 불온한 꿈을 이뤄가면서.

우리는 민주화운동 과정에서, 그리고 한반도의 전쟁 위기를 완화하는 운동 과정에서 해외의 벗들로부터 큰 도움을 받았다. 이제 우리는 그 빚을 갚아야 한다. 우리가 든 촛불이 효순이와 미선이의 넋만을 비추는 것은 아니다. 이라크에도, 아프가니스탄에도 수많은 효순이와 미선이가 있다. 우리가 되찾아야 할 민족자주가, 우리가 되찾고야 말 대한민국의 자존심이 어찌 한반도의 남녘에만 국한될 것인가? 미국의 오만은 국경이 없다. 그래서 우리의 분노도 국경이 없다. 미국의 오만에 상처받은 사람들, 우리는 모두 하나다. 촛불의 힘으로, 아무도 감히 경험해보지 못한 평화의 힘으로 우리는 하나가 되고 있다.

5부

병영국가 대한민국

징병제도는 국가와 시민 간의 계약에 의한 것이어야 한다. 국가가 시민들에게 일방적인 희생을 강요한다면 국민병제도의 장점을 살릴 길이 없다. 더구나 바람의 아들, 신의 아들, 장군의 아들 등 특권층을 중심으로 병역비리와 기피가 판을 치고, 사람의 아들들과 아픔의 자식들은 현행 징병제가 국민개병제가 아니라 '빈민개병제'라고 비아냥거리는 현실을 언제까지 두고 볼 것인가? 이제 우리는 민주주의의 발전, 시민사회의 성숙, 경제발전, 남북관계의 개선에 걸맞은 병역의무를 시행하는 제도를 만들기 위해 현행 징병제도를 근본적으로 재검토해야 한다.

찬란한 '병영국가'의 탄생

_ '신성한 국방의무'는 어떻게 시작되고 유지되었나

우리 사회는 60만 명이 넘는 방대한 규모의 군대를 지난 50년 간 유지해왔으며, 이를 위해 막대한 군사비를 쓰고 있다. 이와 같은 과중한 군사비 부담은 당연히 사회복지와 교육분야의 희생을 강요했다. 한국에서는 1961년 박정희의 군사반란 이래 30여년 간 군사독재정권이 유지돼왔다. 1990년대 들어와 민간정치인 출신이 대통령이 되어 군사독재는 종식되었지만, 오랜 기간에 걸친 군사독재의 여독은 사회 곳곳에 남아 있다. 군사독재의 여독을 제거하고, 한국사회를 지배해온 국가주의와 군사주의를 청산하는 작업은 한국사회의 민주주의로의 이행을 위해서 필수적이다.

개항 이후 징병제 처음 소개

세계사에서 징병제가 수립되는 과정은 곧 근대국가의 발전과정이기도 했다. 중세의 군주는 봉건계급의 군사적 독점을 파괴하고자 독자적인 재원을 마련하여 자신의 군대를 사게 되었다. 군주가 봉건적 기사들이 이끄는 군대에 의존하지 않고 자신이 직접 마련한 재원으로 용병을 사게 되는 과정은 사실상 중세를 유지해온 정치질서를 근

태평양전쟁이 일어나자 일제는 1944년부터 조선에 징병제가 실시된다고 발표했다.
징병을 홍보하는 행진.(사진으로 보는 독립운동)

저에서부터 무너뜨리는 것이었다. 자본주의의 발전과 병행하여 국가 재원이 확대되고, 군주권이 강화되면서 군주는 상비용병군을 거쳐서 상비왕군을 갖게 되었다. 여기에 프랑스혁명과 같은 정치·사회적 변화와 민족주의 이데올로기를 바탕으로 한 국민군대가 등장하게 된다. 프랑스가 신분의 차이를 넘어서서 국민개병제에 입각한 국민군대를 형성한 성과는 나폴레옹의 유럽 석권으로 나타났다. 유럽의 여러 나라들은 국가의 생존을 위해서라도 시민계급과 농민계급에 많은 정치적 양보를 하면서 국민개병제에 입각한 징병제도를 수립하지 않을 수 없었다. 유럽에서 징병제도 발전의 역사는 한편으로는 참정권 등 시민적 권리의 확대과정이기도 했다.

우리나라에 징병제도가 처음 소개된 것은 개항 이후 1881년 일본에 파견된 조사시찰단(朝士視察團)에 의해서였다. 홍영식, 박정양, 어윤중 등 뒷날 개화운동에서 중요한 역할을 하게 되는 조사들은 국민개병제에 기반한 일본의 징병제에 깊은 인상을 받고 이를 고종에게 보고했다. 특히 어윤중은 양반을 포함한 전 국민을 대상으로 하는 국민개병제를 시행하여 상비군을 확보함으로써 강병을 도모해야 한다고 건의하였다.

1894년 12월에 반포된 '홍범14조' 중 제12조에서는 "징병법을 적용하여 군제의 기초를 확립한다"라고 징병제의 시행을 예고하였다. 이렇게 징병제의 실시가 예고된 것은 당시 갑오경장을 주도한 유길준 등 개화파 관료들이 군제개혁의 일환으로 추진한 것이다. 그러나 개화파 관료들과는 달리 고종은 징병제에 부정적인 반응을 보였다. 군사력의 존재이유를 국토방위보다는 왕권유지를 위한 것으로 보았던 고종은 용병제로 모병한 병사들이 국왕에 대한 충성심이 더 강하다고 보았다. 더구나 동학농민전쟁 등을 거치면서 민(民)을 극도로 불신하게 된 고종은 농민층이 주요 구성원이 되는 징병제를 검토할 의사가 없었던 것이다.

태평양전쟁과 함께 도입

고종은 민에 대한 불신을 거두지는 않았지만, 대한제국 수립 무렵 청나라에서 일어난 의화단의 난으로 정세가 복잡해진 상황에서 한때 징병제를 검토하게 된다. 고종은 1903년 3월 징병제 실시에 대한 조칙을 반포하였다. 고종이 추진하려 한 징병제는 국민개병적 성격을 지닌 징병제가 아니라 전통적인 병농일치제의 부활이었다. 군주나 국가에 의한 막대한 인적·물적인 자원 동원을 요하는 징병제도의 경우 최소한 묵시적으로라도 자원제공자들의 동의가 요구되었다. 그러나 고종이 생각한 병농일치의 징병제는 근대민족국가의 수립을 위한 정치체제의 개혁을 전제로 하고 있지 않았다. 대한제국 시기에 징병제는 끝내 실시되지 못하였다. 징병제가 실시되었다고 해서 국권을 수호할 수 있었을지는 의문이지만, 당시에는 군주와 지배층의 민에 대한 근본적인 불신 이외에도 열악한 국가재정, 호적제도의 미비, 중앙정부의 지방통제력의 한계, 국민교육의 부재 등 징병제의 실시를 가로막는 제약요인들이 많이 있었다.

국권을 상실한 일제강점기에 대부분의 민족해방운동 세력들은 그 강령과 정책을 통해 징병제의 실시를 예고했다. 민족주의자나 사회주의자를 막론하고 국권상실의 아픔을 겪고 있던 민족해방운동 세력의 대부분은 당연히 전 민족적 총동원에 기초한 독립전쟁을 추구했다. 또 이들은 독립을 쟁취한 뒤에 세울 국가가 부국강병을 실현해야 한다고 믿고 있었다. 임시정부는 1919년 9월19일자로 채택한 '대한민국임시헌법'에서 대한민국 인민은 "병역에 복하는 의무"를 진다고 규정하였다. 임시정부는 같은 해 12월18일 제정한 '대한민국육군임시군제'를 통해 "만 20살 이상 만 40살 이하의 장건한 남자로 징병령에 의하야 징모된 자"를 중심으로 상비병을 편성한다고 규정하여 징병제도의 실시를 분명히 했다. 임시정부가 추진한 징병제는 중국과 러시아 동포를 대상으로 한 것이었지만, 그나마 제대로 시행될 수는 없었다.

이 땅에서 징병제가 처음 실시된 것은 아이로니컬하게도 이민족 지배하였던 일제강점기의 마지막 시기였다. 일제는 1938년 2월22일 '육군특별지원병령'을 발표하여 조선인이 일본군에 지원할 수 있도록 했다. 이 단계에서는 아직 전반적인 징병제가 실시된 것은 아니었다. 일제가 지원병제도를 도입한 것은 병력자원의 부족을 메우려는 의도도 있었지만, 조선청년들을 '황군'에 복무케 함으로써 황국의식을 주입하려는 것이 주된 의도였다. 일제는 당시 지원병제를 실시하면서 징병제의 실시는 의무교육, 즉 '황민화교육'이 실시되고 나서 한 세대 이상이 지나야 가능한 먼 장래의 일로 생각하고 있었다.

그러나 일제의 의도와 달리 태평양전쟁의 발발로 병력자원에 대한 요구가 급증하자 일제는 1942년 5월8일 각의의 결정을 통해 1944년부터 조선에 징병제가 실시된다고 발표했다. 일제는 표면적으로는 조선에 대한 징병제의 실시가 내선일체의 궁극적인 도달점이자 상징적 표현이라고 주장했지만, 징병제가 예상보다 빨리 돌연히 실시된 것은 일본인과 조선인 모두를 경악시키기에 충분한 일이었다.

한국전쟁, 무자비한 병력 동원

일제는 조선인을 징집하면서 조선인들이 '천황폐하'의 '황군'에 복무할 기회가 주어진 것은 무한한 영광이자 특권이며, 대동아공영권 내에서 '반도 동포'들이 '내지(內地=일본) 동포'들과 나란히 지도자적 지위를 갖게 되는 것이라고 선전했다. 그러나 이런 허황된 논리 이외에 실질적인 징병 실시의 대가는 주어지지 않았다. 일부 친일적인 조선인들은 징병제의 실시를 통해 '내선일체'(內鮮一體)가 완성된다면서 조선인들에게 참정권이 주어질 것이라는 기대를 하기도 했지만 그런 기대도 이루어지지 않았다. 요컨대 일제가 강제한 징병제에는 조선인들에 대한 아무런 반대급부가 없었던 것이다.

일제강점기의 마지막 시기에 잠시 실시되었던 징병제는 이남 단독정부 수립 이후인 1949년 8월6일, 전문 8장 81조 부칙으로 구성된 병역법(법률 제41호)의 공포를 통해 부활했다. 이 법에 따른 첫 징병검사는 1950년 1월6일에 전국적으로 실시되었다. 그러나 이 첫 번째 징병검사를 마지막으로 징병제는 폐지되었다. 당시 미국은 한국군의 정원을 10만 명으로 동결해두고 있었다. 이는 만일 이승만에게 국경경비와 국내 치안유지에 필요한 최소한도의 병력 이외에 더 많은 병력을 쥐어줄 경우 이북에 대한 군사행동을 취할지 모른다는 미국 쪽의 우려 때문이었다. 미국의 군사원조가 없이는 군대를 유지할 길이 없었던 이승만은 미국의 군 정원동결정책 때문에 1950년 3월 징병제를 폐지하고 지원병제를 채택했다.

한국전쟁 발발 초기에 국군은 엄청난 인명피해를 입었다. 국군이 낙동강 전선으로 후퇴하여 부대를 수습했을 때 병력 손실은 무려 45%에 달했기 때문에 막대한 병력 소요가 발생했다. 군이 본격적인 전시동원체제를 갖추기 시작한 것은 1950년 9월15일 인천상륙작전 이후였다. 당시 정부는 병역법과 임시 법령조치에 따라 제2국민병을 소집했다. 그러나 정상적인 소집이 이루어지지 않자 가두모집, 가택수색 등 강제징집과 소집을 통해 병력을 보충했다. 가두모집이란 실제로 길거리에서 젊은이들의 입대지원을 받는 경우도 있지만 길 가는 젊은이들을 군대로 잡아가는 것이고, 가택수색이란 말 그대로 집에 있는 사람들을 수색하여 잡아가는 것이다.

한편 정부는 중국군의 개입으로 전세가 크게 불리해지자 1950년 12월21일 법률 제172호로 국

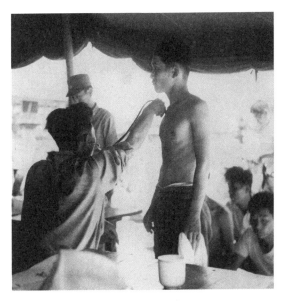

징병제는 1951년 병역법 개정을 통해 다시 부활했다.
당시 신체검사 장면.(대한민국정부 기록사진집)

민방위군 설치법을 제정하여 청년층을 대대적으로 동원했다. 국민방위군의 동원은 본격적인 징병제가 부활하기 이전의 일이었지만, 50만~60만여 명의 장정이 동원되어 불과 100여일 만에 5만 명이 굶어 죽는, 있을 수 없는 참사를 낳았다. 이 사건은 아무리 전시라지만 국가가 시민들을 함부로 동원하고 또 그런 국가에 대해 시민들이 견제할 수 없을 때 어떤 비극이 발생하는가를 참담하게 보여준다.

베트남 파병으로 감군 압력을 피하다

징병제는 1951년 5월25일 병역법 개정을 통해 다시 부활했다. 한

편 전쟁으로 인해 국군의 정원을 10만 명으로 동결하는 미국의 정책도 폐지되어 국군의 수는 1952년 10월 말 현재 25만 명으로 늘어났고, 이때 한국과 미국은 국군의 정원을 46만3천 명으로 증가시키기로 합의했다. 그러나 한번 가속도가 붙은 국군의 팽창은 급격히 이루어져 휴전 당시에는 55만 명으로, 1954년에는 65만 명으로 늘어났다.

전쟁으로 모든 것이 피폐해진 상황에서 정부는 경제적으로 65만 명의 대군을 유지할 능력이 없었고, 군의 유지를 위한 물적 자원은 전적으로 미국의 원조에 의존했다. 그러나 전쟁이 끝난 상황에서 미국은 과연 한국에 저렇게 방대한 규모의 군대를 유지할 필요가 있는가를 재고하기 시작했다. 당시 아이젠하워 행정부는 재정균형을 이루기 위해 비정상적으로 비대해진 한국군의 감군을 원했다. 미국이 한국군의 감축을 시도한다는 사실 자체는 이승만 정권의 생존을 위협하는 것이었다. 이에 이승만은 베트남, 라오스 등에 한국군을 '반공 십자군'으로 파병하겠다고 미국에 제의하며 한국군의 감군을 모면하려 했다.

1950년대의 아이젠하워 정권이 미국의 막대한 군사원조 부담을 줄이고 재정균형을 맞추기 위해 한국군의 감군을 추진했다면, 1960년대 초의 케네디 정권은 제3세계 국가의 개발을 위해 자원이 군사부문보다는 경제부흥에 투자되어야 한다면서 한국군의 감군계획을 구체화했다. 한국군의 감군은 군사반란으로 집권한 박정희 군사정부의 기반을 위협하는 일이었다. 박정희가 한국군을 베트남에 파병한 데는 여러 가지 요인이 있지만, 미국이 계획하는 한국군 감축을 피해보려는 것도 중요한 이유의 하나였다. 박정희가 미국과의 관계에서 베트남 파병을 통해 많은 것을 얻어내지는 못했지만, 적어도 이 분야에 관한 한 그의 목적은 이루었다고 할 수 있다. 왜냐하면 한국군의 베트남 파병 이후 한국군 자체의 감군이 심각하게 논의된 적은 없었기 때문이다. 더구나 1968년 1월 21일 이북 특수부대의 청와대기습 사건과 1월 23일의 푸에블로호 나포 사건으로 한반도의 긴장이 극도로 고조되자 한국군의 감군은 완전히 물건너간 일이 되었고, 박정희는 오히려 향토예비군을 창설하여 비대해진 군을 그대로 유지하는 데 그치지 않고 이 땅에 병영국가를 건설했다.

한국에서 징병제가 실시되는 과정에서 특기해야 할 일은 국가와 시민 간의 계약에 기초하여 수립되어야 할 징병제도가 시민의 권리에 대한 별다른 고민 없이 너무나 당연하게 국가의 압도적인 우위 속에서 시행되었다는 점이다. 이민족 지배하의 일제강점기에도 시행되었던 징병제이기 때문에, 국가나 시민들이나 징병제가 독립된 대한민국에서 실시되는 데 아무도 거부감을 갖지 않았다. 또 징병제는 대부분의 민족해방운동 세력이 꿈꾸었던 제도이기도 했다. 더구나 시민들은 일제가 퍼뜨린 국가주의의 세뇌에서, 그리고 이를 끊임없이 확대재생산해온 독재국가의 '국민교육'으로부터 자유로울 수 없었다.

국민개병제는 빈민개병제?

현행 징병제의 가장 큰 문제점은 정부가 무제한으로 군대에 사람을 공급할 수 있는 체제하에서 사람의 가치를 찾을 길이 없다는 점이다. 불과 100여 일 만에 5만 명을 굶겨 죽인 국민방위군 사건은 과거의 일이라 하더라도, 1980년부터 1995년 5월까지 15년 5개월 간 군복무 중 사망한 사람은 자살 3,263명, 폭행치사 387명 등 모두 8,951명에 달한다. 이는 연 평균 577명의 젊은이들이 목숨을 잃은 것으로,

우리 군은 전쟁을 치르지 않고서도 3년마다 1개 연대 병력을 잃고 있는 셈이다. 걸프전 당시 미군 쪽 사망자가 269명에 불과한 것에 비한다면 이같은 손실이 얼마나 엄청난 것인지 알 수 있다.

현역으로 근무하는 사람들은 인생의 가장 빛나는 시기에 꼬박 26개월이라는 긴 시간을 제복을 입고 보내야 한다. '신성한 병역의무'라는 말과 달리 우리 사병들의 복무여건은 참담하다. 아무리 병역의 의무를 져야 한다고 하지만 인생의 가장 찬란한 시기에 26개월이라는 긴 기간

일당 600원. 시간당 25원.
징병제는 국민의 일방적인 희생을 강요한다.

을 아무런 보상 없이 보내야 하는 현역 복무자들은 엄청난 박탈감을 안고 있다. 현역병에 지급되는 급여가 월 1만 원 선인데, 우리와 안보 환경과 경제규모에서 유사한 대만의 사병들이 1개월 간 받는 급여가 우리나라 사병들이 26개월 근무하고 받는 급여와 비슷하다. 국가는 징집된 병사들에 대해 경제적으로 보상해야 할 의무가 있지만, 한국은 거의 완벽하게 이 의무를 방기해온 것이다. 병역의 의무가 신성한 것이라면 그들을 일당 600원, 시간당 25원짜리로 둘 것이 아니라 신성하게까지는 아니더라도 최악의 박탈감을 느끼지는 않을 정도로 대우해줘야 한다.

징병제도는 국가와 시민 간의 계약에 의한 것이어야 한다. 국가가

시민들에게 일방적인 희생을 강요한다면 국민병제도의 장점을 살릴 길이 없다. 더구나 바람의 아들, 신의 아들, 장군의 아들 등 특권층을 중심으로 병역비리와 기피가 판을 치고, 사람의 아들들과 어둠의 자식들은 현행 징병제가 국민개병제가 아니라 '빈민개병제'라고 비아냥거리는 현실을 언제까지 두고 볼 것인가? 이제 우리는 민주주의의 발전, 시민사회의 성숙, 경제발전, 남북관계의 개선에 걸맞은 병역의무를 시행하는 제도를 만들기 위해 현행 징병제도를 근본적으로 재검토해야 한다.

그들은 왜 말뚝을 안 박았을까

_아직도 요원한 군사문화로부터의 해방

5·16이 일어난 1961년부터 이른바 문민정부가 들어선 1993년까지 우리는 장장 40여년을 군부독재 아래 살아왔다. 민간인 출신이 대통령이 된 지 거의 10년이 다 돼가지만, 과연 이 땅에서 군부독재의 잔재는 청산되었는가? 과연 군부독재와 징병제를 통해 끊임없이 재생산돼온 군사문화는 사라져가고 있는가? 불행히도 답은 그렇지 않다. 그렇지 않은 정도가 아니라 군사독재의 잔재는 이 땅에서 대단히 안녕하시다. 아니, 잔재, 즉 찌꺼기가 아니라 몸통이 고스란히 남아 있다.

1970년대, 수많은 장교들의 미국 유학

최근 우리 사회의 쟁점으로 등장한 양심적 병역거부의 문제에서 3년여의 도피생활 끝에 마침내 검거된 박노항의 병역비리에 이르기까지 군대와 관련된 문제는 언제나 우리 사회의 중요 문제로 대두되고 있다.

미완의 혁명이 돼버린 1960년의 4월민중항쟁과 이듬해의 군사반란 이래 30여년 간 한국 현대정치사는 군부와 학생의 격돌로 점철되었다고 해도 과언이 아니다. 한국전쟁으로 모든 사회운동 세력이 파괴된 이남에서 학생들은 유일하게 조직된 잠재적 정치세력이었다. 지식인이 정치를 담당하는 오랜 유교문화의 전통 속에서 학생들의 정치적 역할은 학생 자신들에 의해서나 사회에 의해서나 당연한 것으로 용인되었다. 1990년대 들어와 학생운동이 급격히 퇴조한 것은 동구사회주의권의 붕괴, 학생들이 점차 정치적 문제에 관심을 덜 갖게 된 것 등의 내외적 요인과 아울러, 그동안 학생들이 비정상적으로 대변자 역할을 할 수밖에 없었던 민중운동의 각 부문이 성장했기 때문이기도 하다.

한편 군부가 한국정치의 주역으로 등장한 것은 제3세계 일반에서 군부독재의 출현이라는 일반적 현상과 아울러 분단과 전쟁, 그리고 주한미군의 지속적 주둔이라는 한국의 특수성이 작용한 결과이다. 1946년 남조선국방경비대로 처음 출발할 때 6천 명에 불과했던 군은 대한민국 정부 수립 당시 5만 명, 1950년 한국전쟁 발발 당시 8만여 명으로 급속히 팽창했다. 한국전쟁이 한창이던 1952년에 군은 25만 명으로 증가했는데, 정작 지금과 같은 60만 명이 넘는 대군으로 성장한 것은 전쟁이 끝난 뒤인 1954년이다. 이런 방대한 군은 1950년대에는 국가예산의 40% 이상을, 1980년대 후반까지 30% 가량을 할당받아 물질적으로 한국사회의 다른 어떤 집단과도 비교할 수 없는 풍요를 누렸다.

한국에서 군이 급성장하여 막강한 정치적 영향력을 누렸던 것은 비단 무력을 장악하고, 무제한의 물질적 풍요를 누렸기 때문만은 아니었다. 고려시대 이래의 상문천무(尙文賤武)라는 문인 우위의 전통을 지닌 유교문화 속에서 많은 지식인들, 또는 학생운동 세력은 군인들을 무식한 집단으로 얕잡아봤다. 1970년대 지식인들의 박정희에 대한 반감의 상당 부분이 그가 가난한 농민 출신의 군인이라는 점도 부인할 수 없다. 그러나 적어도 1970년대 초반까지 장교집단은 한국 사회에서 가장 교육수준이 높은 집단 중 하나였다. 1953년부터 1966년까지 해외유학인정 선발시험을 통과해 해외로 유학한 사람은 모두 7,398명으로, 그중 86%인 6,368명이 미국으로 유학했다. 그러나 이들 유학생이 학업을 마치고 귀국한 비율은 6%에 지나지 않는다. 반면 한국군 장교는 1950년대에만 무려 9천여 명이 미국의 각종 군사학교에 파견되어 교육받고 돌아왔다. 물론 장교의 미국 연수기간이 일반 유학생들의 유학기간에 비해 짧았다고는 하지만, 군은 일반 사회와는 비교가 안 될 정도로 많은 해외유학 경험자들을 보유했다. 또 사회에 재교육 기관이 거의 없던 시절 군은 육군대학, 국방대학원, 보병학교, 공병학교, 통신학교 등등의 방대한 자체 교육기관을 갖춘 유일한 사회집단이었다. 군은 정밀한 무기를 다루고, 최첨단의 통신과 수송수단을 장악했을 뿐 아니라, 방대한 조직을 운영하기 위한 고도의 행정관리 체계와 기술을 보유했다. 한국사회에서 조직관리와 경영학의 개념을 가장 먼저 도입한 집단도 기업보다 군이었다.

한국군이 광복군을 계승했다?

그러나 한국정치에서 군부가 가장 강력한 집단으로 등장할 수 있었던 가장 중요한 요인은 역시 미국과의 관계였다. 미국이 한국에서 오랜 세월에 걸쳐 막대한 자금을 투여해가며 직접 육성한 기관은 군밖에 없다. 육군사관학교의 모태가 군사영어학교라는 사실, 그리고 앞서 언급한 수많은 장교들의 미국 유학은 한국군과 미국 간의 심상치 않은 관계의 한 증거일 뿐이다. 특히 군은 처음에는 유엔군 사령부, 1970년대 중반 이후에는 한미연합사령부를 통해 주한미군과 일상적으로 접촉하는 통로를 확보하고 있었다. 중진 국회의원들이 주한미대사관의 서기관급하고도 밥을 같이 먹지 못해 안달하던 것에 비하면, 고위장교 집단은 아주 안정적인 대미 접촉통로를 확보하고 있었던 것이다. 또한 군부는 미국 문화 도입의 중요한 창구이기도 했다. 한국사회에서 압도적인 영향을 끼치고 있는 미국 문화의 유입에서 기지촌이 저급문화 유입의 통로였다면 군은 중급 내지는 고급문화 유입의 통로로 기능했다.

사관학교라는 특수한 교육경험을 공유하면서 선후배 간의 관계로 얽혀 있는 군 장교들의 응집력은 한국사회에서 다른 집단의 추종을 불허한다. 상대적으로 많은 교육을 받았고, 응집력에서 타의 추종을 불허하고, 무제한의 물자와 인력을 사용하고, 무장력을 갖추었으며, 게다가 미국과 가장 밀접하게 연결된 군이 한국에서 정권을 장악하지 못했다면 오히려 이상한 일이었을 것이다.

하지만 60만 대군의 위용을 자랑하는 한국군에는 몇 가지 감추고 싶은 기억, 또는 현실이 있다. 한국군의 뿌리가 일본군과 괴뢰 만주군이었다는 점, 한국전쟁 당시 일패도지하여 사흘 만에 수도 서울을 내주었다는 점 등이 그 대표적이다. 경찰과 함께 군이 친일인맥이 고스란히 보존된 집단이라는 것이야 이제는 너무나 잘 알려진 사실이기 때문에 여기서 다시 군의 친일인맥을 들출 필요는 없을 것이다. 박정희 시절 육군참모총장이나 합참의장에 일본 육사나 만주군관학교 출신 등 확실한 친일경력자보다 당시 일반적으로 일제 강제동원의 피해자로 인식되던 학병 출신들을 많이 앉힌 것도 군의 친일 색채를 조

한국전쟁 당시 일패도지하여 사흘 만에 수도 서울을 내주었다는 것은 한국군에 커다란 악몽이다.
그 뒤 미국의 도움으로 서울을 탈환한 한국군이 퍼레이드를 하고 있다.

금이나마 옅게 해보려는 시도였다고 볼 수 있을 것이다. 그런데 한 가
지 흥미있는 사실은 1990년대 들어 군의 역사를 서술하면서 마치 한
국군이 광복군의 정통성을 계승한 것처럼 기술하고 있는 점이다. 전
쟁기념사업회가 '군의 정통성'이라는 부제를 달아 펴낸 『현대사 속
의 국군』이란 책이 그 한 예이다. 광복군 출신들 중 군에 투신한 사람
이 상당수 되지만, 한국군에서 이들이 중심적인 위치를 차지하지 못
하고 일본군, 만주군 출신에 밀린 것은 두말할 필요가 없다. 광복군이
그토록 애타게 갈구하여 중국군으로부터 되찾은 작전지휘권을 한국
군은 미군에 맡긴 지 50년이 넘도록 찾을 생각도 안 하고 있다. 이런
현실에서 한국군이 광복군의 맥을 계승하였다는 것은 어불성설이다.

276

'연애편지' 국방장관의 여유는…

한국군의 또 다른 악몽은 한국전쟁 당시 일패도지하여 사흘 만에 수도 서울을 내주었다는 것이다. 불패의 군대라던 미군도 한국전쟁에서 당시 세계에서 가장 작은 나라 이북과 가장 어린 나라 중국을 상대로 승리하지 못한 채 전쟁을 끝맺었다. 이것이 베트남에서의 패배라는 더 큰 악몽에 묻힌 다음에도 두고두고 상처가 되어 미 군부의 이북에 대한 적개심의 원천이 되고 있듯이, 한국군에도 한국전쟁 초기의 악몽은 잊을 수 없는 기억이다. 주월한국군 사령관을 지낸 채명신 장군은 한국군의 베트남전 파병 당시 만약 한국군을 파병하지 않으면 미국이 주한미군을 베트남으로 빼갈 것이고, 미군이 철수하면 당장 이북이 쳐들어올 것이기 때문에 한국군의 파병이 불가피했다고 강조한다. 필자는 이 주장에 동의하지는 않지만, 군사력은 물론이고 경제력에서조차 이북에 크게 뒤져 있던 현실에서 있을 수 있는 주장이라고 생각한다. 그렇지만 지난 수십 년 간 안보, 안보를 외치면서 국가예산을 물 쓰듯 써놓고, 경제력에서 이북의 25배 규모에 이르렀다는 오늘까지도 주한미군이 없으면 당장 전쟁이 날 것처럼 호들갑을 떠는 것은 도저히 이해할 수 없는 일이다.

2000년 세상을 떠들썩하게 한 린다 김 사건에서 단연 화제는 국방장관이던 양반이 린다 김에게 보낸 연애편지였다. 한 여자 정신과 의사는 마초사회 중 마초사회인 군에서 공군 출신이란 약점을 안고 합참의장에 이어 국방장관에 오른 이양호씨의 외로운 심리가 린다 김이라는 한국사회와는 다소 이질적인 여인에게 누구에게도 터놓을 수 없는 속마음을 토로하게 만들었을 것이라고 분석했다. 상당히 설득력 있는 개인 심리분석이라고 생각하지만, 그래도 국방장관이라는

요직에 앉아 있는 사람이 집무실에서 연애편지를 쓸 수 있는 마음의
여유(!)를 가질 수 있게 만든 원인은 다른 각도에서 분석해봐야 할 필
요가 있다.

'정통 관료'와 군사문화의 헤게모니

한국전쟁이 한창이던 1952년 5월 계엄령하의 임시수도 부산에서
는 50여 명의 국회의원이 탄 버스가 헌병대에 의해 끌려가 많은 국회
의원이 국제공산당과 연루되었다는 상투적인 누명을 쓰고 구속된 사
건이 있었다. 당연히 이 사건으로 정국은 극한대치 상황에 빠졌다. 일
치단결하여 전쟁을 수행해도 힘이 부칠 판에 어떻게 해서 이승만은
이런 폭거를 감행할 수 있었고, 야당은 또 이에 맞서 박터지게 싸울
수 있었을까? 그러고도 망하지 않은 비결은 무엇이었을까? 다 미군
이 있었기 때문이다. 임진왜란 직전 율곡 선생이 10만 양병론을 주장
했을 때—당시 인구규모로 본다면 오늘날의 60만 대군에 필적하는
엄청난 규모이다—왜 조정은 이를 받아들이지 않았을까? 조공제(朝
貢制)라는 중국적 세계질서 속에 조선이 안주하고 있었기 때문이다.
절대적으로 믿고 기댈 곳이 있을 때 독립적이고 주체적인 사고는 형
성될 수 없는 법이다. 쉰 살이 넘은 대한민국 국군이 진정한 성년을
맞이하지 못하고, 군 수뇌부가 사춘기 소년 같은 연애편지를 외국 로
비스트에게 보내는 현실은 무엇을 의미하는가? 외국의 로비스트는
주적이 아니니까 경계하지 않아도 된다는 것일까? 미군의 그늘 아래
있는 한 대한민국 국군은 진짜 강군이 될 수 없다는 사실을 국민들뿐
아니라 군이 자각해야 한다.

한국사회에서 군사문화의 흔적은 도처에 널려 있고, 군사독재정

1953년 8월 덜레스 미 국무장관과 한미상호방위조약에 가조인하는 이승만 대통령.
미군의 그늘을 탈피하지 못하는 한 대한민국 국군은 진짜 강군이 될 수 없다.(대한민국정부 기록사진집)

권은 물러났지만 아직도 그 잔재는 청산되지 않고 있다. 장차관이나
고위공무원의 인사가 있으면 신문에 프로필이 실리는데 거기 자주
등장하는 말에 '정통 관료'라는 것이 있다. '엘리트 관료'란 말은 이
해가 가지만 관료면 관료지 '정통 관료'란 말은 우리나라에만 있는
참 이상한 말이다. 그런데 이 말도 한국사회에 만연한 군사문화를 반
영하고 있다. 유신 말기에 장교의 공급과잉과 진급적체가 군 내부의
큰 불만으로 대두되자 박정희는 대위급에서 전역희망자를 받아서 행
정부처의 사무관으로 임명했다. 이른바 군화 신고 고급공무원이 된
유신사무관이다. 당당히 행정고시에 합격한 사람들이 이들과 자신들
을 구분하기 위해 만들어낸 말이 바로 '정통 관료'이다.

'정통 관료'라는 말이 공무원사회에 국한된 말이라면, 한국사회 전반에서 군사문화의 막강한 헤게모니를 대변하는 말은 "너, 군대 갔다 왔어?" 또는 "군대 갔다 와야 사람이 된다"는 말이다. 물론 "군대 갔다 와야 사람이 된다"는 말도 역사적으로 나름대로 근거가 있다. 장교를 놓고 본다면 한국사회에서 군대는 출세를 위한 사다리였다. 가난한 농촌 청년이나 북에서 월남하여 남쪽에 이렇다할 기반을 갖지 못한 젊은이들은 군대를 통해 신분의 상승을 경험할 수 있었다. 사병도 마찬가지였다. 1950년대 일제의 강점과 전쟁의 참화를 겪은 대다수의 농촌 청년들은 문맹이었고, 전근대적인 인습과 가치관에 사로잡혀 있었다. 그런데 군대에 가면 우선 글을 배울 수 있고 자동차, 무기, 통신장비 등 기계문명을 비로소 접하게 된다. 단체생활을 통해서 규율과 협동, 복종을 배우고 졸병들을 거느리면서 통솔력과 지도력, 사람 다루는 법을 익히게 된다. 또 1960년대 초반에는 제대 군인들에게 농사기술을 가르치기도 했다. 그러니 군대를 갔다 오면 사람이 달라져 오니 그런 말이 생길 법도 했다. 그러나 이는 1960년대 초반까지의 이야기이지, 대학교육이 일반화되어 고등학교 중퇴만 되어도 군대에 가지 않는 오늘의 현실에는 전혀 해당되지 않는 이야기다.

징병제, 이제는 재검토해야 한다

군대 갔다 오면 사람이 된다? 이 말이 사실이라면 여성들은 여군을 다녀오지 않는 한 사람이 될 자격을 갖지 못한 불쌍한 존재가 된다. 인격과 인권을 차압당한 채 군대생활을 하다가 제대하여 이를 되찾아 온전한 사람이 되었다는 뜻이라면 모를까, 그렇지 않다면 천만에 말씀이다. 사람구실을 못하는 자가 군대 가서 사람이 되는 것이 아니라 '사람'이 군대에 가서 '군인', 그것도 인격을 차압당한 졸병이 되는 것이다. 국방의 의무는 신성하다고 말한다. 필자 역시 이 점에 대해서는 추호의 이견이 없다. 그러나 한국에서 국방의 의무를 사병으로서 수행한 사람들에게 물어보라. 군대생활이 신성했냐고? 이보다 더 썰렁한 개그는 없을 것이다. "너, 군대 갔다 왔어?"라고 물으며 군사문화를 확산하는 장교 출신들에게 반문해 보자. "당신, 사병생활 해봤냐?"고. 군대에서 가장 큰 욕이 "말뚝 박아라"이고, 제대하면서 군대생활한 동네를 향해서는 오줌도 누지 않겠다라고 말하는 사람들이 다수인 현실에서 국방의 의무를 흔쾌히 신성하게 받아들이는 것은 어렵다.

민주사회의 표징은 여러 가지이겠지만, 그중 중요한 하나는 국가나 정부가 국민들을 훈육의 대상으로 삼지 않는다는 것이다. 거대한 훈육장으로서의 병영과 그 기반으로서의 징병제를 이제는 재검토해야 한다. 대통령만 민간인 출신이 된다고 군부독재의 잔재가 사라지는 것은 아니다. 평화와 통일을 준비하면서 우리는 새 시대에 맞는 군의 역할과 규모, 위상, 그리고 군사문화의 청산에 대해 진지하게 생각해야 한다. 이것이 어찌 예비군 마치고 민방위가 되어서까지 아직도 가끔 군대 꿈을 꾸고 찝찝하게 일어나는 우리 세대만을 위한 것일까?

이제 모병제를 준비하자

_국민개병제 아닌 '빈민개병제'

2002년 초 인기가수 유승준씨의 미국 국적 취득으로 인한 병역면제 파동에서도 볼 수 있듯 병역문제는 우리 사회에서 언제나 뜨거운 쟁점이 될 수밖에 없는 구조를 갖고 있다. 군대 가는 사람들은 인생의 가장 화려한 시기에 큰 고생을 하는데, 여러 가지 사유로 병역을 면제받는 사람들의 수는 너무나 많기 때문이다.

허울뿐인 국민개병제

현역은 괴롭다. 육군 26개월, 해군 28개월, 공군 30개월이라는 복무기간도 길지만, 내무생활도 힘들다. 군대 좋아졌다는 이야기는 20여 년 전 필자가 군복무를 할 때도 늘 들은 이야기고, 지금도 계속되는 이야기다. 그러나 아직도 우리 군대는 좋아져야 할 여지가 너무 많다. 우리 군, 특히 사병들의 복무여건을 이대로 두었다가는 병역의무에 대한 거부감만을 증폭시킬 뿐이다. 상류층 자제들은 이런저런 이유로 줄줄이 병역면제를 받는 현실에서 우리의 국민개병제는 허울뿐이고, 사실은 '빈민개병제'가 되었다는 비아냥거림이 나온 지 오래다. 현역 복무자들의 상대적 박탈감은 폭발 직전이다.

우리 헌법 39조 1항은 "법률이 정하는 바에 의하여 국방의 의무를 진다"라고 되어 있다. 국방부나 병무청이 병역의무의 정당성을 내세울 때 금과옥조로 여기는 조항이다. 그런데 우리는 39조 1항뿐 아니라 그 뒤에 나오는 39조 2항을 기억해야 한다. "누구든지 병역의무의 이행으로 인하여 불이익한 처우를 받지 아니한다." 사문화된 이 조항을 우리는 되살려야 한다. 그것이 현재 상류층 자제의 병역비리로 인해 야기된 병역의무에 대한 거부감을 해소하는 유일한 길이다.

1956년 2,070만 명이던 우리나라 인구는 2000년에 4,700만 명을 넘어섰다. 그 사이 군대의 규모는 거의 비슷하게 유지돼왔으나 사병의 복무기간은 33개월에서 26개월로 고작 7개월 줄어들었다. 인구가 2.27배 늘어난 사이 군대의 규모가 일정하다면 복무기간은 14.5개월로 줄어들어야 계산이 맞다. 정부는 군복무 기간을 줄여 병역의 형평성을 꾀하는 대신 각종 병역특례나 면제자를 양산해온 것이다. 1956년과 견줘보면 현재의 사병들은 26개월의 복무기간 중 자기 몫 14.5개월의 복무를 한 뒤, 1년 가까이 남의 몫의 군대생활을 하는 셈이다.

과도하게 긴 복무기간의 단축과 아울러 사병들의 복무여건에서 우리가 꼭 짚고 넘어가야 할 부분은 그들이 받는 월급이다. 월급이라 불러야 할지, 용돈이라 불러야 할지 모르지만 그들이 한 달에 받는 돈은 평균 2만 원에 못 미친다. 인정하기는 싫지만 자본주의 사회에서 인간은 자신이 받는, 또는 자신이 버는 돈에 의해 존재가치가 결정되는 게 현실이다. 인간으로서의 존엄이나 인간은 누구나 평등하다는 교과서에 나오는 당위는 돈이 지배하는 현실 앞에선 무력하기 짝이 없다. 2만 원이라면 하루 일당으로 666원. 8시간 근무에 1시간 야간

보초를 선다고 치면 시간당 74원이다. 사병들은 사실 24시간을 다 바치고 있으니 24시간으로 나누면 시간당 28원이 채 안 된다. 21년 전 필자가 이등병이 되었을 때 첫 월급이 2,700원이었다. 미국에서 공부할 때 이 얘기를 했더니 한 미국인 동료가 "음, 괜찮네"라고 말한다. 어이가 없어 쳐다보니 그 친구도 뭐가 잘못됐느냐는 표정으로 "시간당 2,700원이면 그다지 나쁜 조건은 아니지 않느냐"고 반문한다. 이럴 땐 웃어야 하나 울어야 하나?

대만 사병들조차 40만 원을 받더라

가장 중요한 액수문제만 빼놓으면 사병들의 월급은 아주 조건이 좋다. 필자도 이등병 시절 2,700원이던 월급이 병장을 달자 4,500원으로 무려 67%가 올랐다. 2년 사이에 봉급의 3분의 2가 오르는 직장은 찾아보기 힘들다. 임금 체불? 걱정할 필요 없다. 단 한번도 정한 날에 월급이 안 나온 적 없이 꼬박꼬박 나온다. 게다가 3개월마다 월 정액의 100%씩 보너스도 거르지 않고 나왔다. 정리해고나 명예퇴직은 제발 시켜주었으면 해도 시켜주지 않는다. 1997년 말 외환위기가 닥쳤을 때는 월급의 10%를 일률적으로 삭감해 국민경제 회복에 혁혁한(!) 기여를 하기도 했다. 벼룩의 간을 내먹는다는 말에 한마디로 "딱 걸렸어"다.

현재 2만 원도 안 되는 사병들의 월급은 월급이라 부르기가 낯간지러울 정도로 터무니없이 적다. 2000년 초 헌법재판소가 하위직 공무원 시험에서 제대군인들에게 부여된 5%의 가산점을 위헌이라고 판결했을 때 전국의 예비역들은 놀라운 전우애를 과시해 헌법재판소와 여성단체의 홈페이지를 초토화시켰다. 당시 예비역들의 분노는 방향이 잘못됐을 뿐 충분히 이유가 있는 것이다. 군가산점이란 정부가 군복무를 마친 사병들에게 해준 유일한 배려였기 때문이다.

안보여건이 우리보다 좋다고 할 수 없는 대만도 우리 사병들이 26개월 동안 모은 월급을 한 달 월급으로 받고 있다.(SYGMA)

나라살림이 어려운데 징집된 사병들에게 월급을 꼭 줘야 하나 하고 생각하는 사람도 있을 것이다. 자유당 정권 말기인 1960년 3월을 기준으로 하면 병장의 월급은 120환. 현재의 9급 공무원 초임에 해당하는 5급 26호봉이 360환이었으니, 병장 월급은 공무원 초임의 3분의 1이었다. 당시 준장의 월급(기본급)은 1,200환으로 병장은 준장 월급의 10분의 1 수준이다. 또 당시 이등병(60환)과 대장(1,800환)의 월급 격차는 1 대 30밖에 되지 않았지만, 지금 그 격차는 수백 배다. 나라살림이 어려우면 자유당 때가 더 어려웠다. 그 뒤 경제성장의 과실은 다 어디로 갔나? 정말 우리 군대가 많이 좋아진 것인가? 사병들의 교육수준과 인권의식은 크게 신장했지만 상대적인 복무기간과 처우는 뒷걸음질쳐도 한참을 뒷걸음질쳤다.

인해전술 쓸 일 있나?

현역으로 복무하는 사병들은 돈을 내는 것은 아니지만 몸으로 때운다. 자신의 노동력을 제공함으로써 현물조세 형태의 병역세를 부담하는 것이다. 반면 면제자들, 특례자들, 그리고 상당수 대체복무자들은 현역보다 좋은 조건에서 경우에 따라서는 정상적인 사회생활이나 여가생활을 향유하며 정상적인 월급까지 받는다. 1990년대 초반 국방연구원이나 육군사관학교 논문집에 실린 논문들을 보면 2000년대가 되면 징집사병들에게도 지원병(부사관) 수준의 처우를 해주어야 한다고 제안하고 있다. 1993년의 한 연구는 당시의 물가를 기준으로

1960년대 군인들의 모습. 박정희 집권 전까지 이등병과 대장의 월급 격차는 30배밖에 되지 않았다.

24만 원이라는 구체적인 금액을 제시하기도 했다. 그러나 이런 주장은 실현되지 않았을 뿐 아니라, 가까운 장래에 재론될 조짐조차 보이지 않는다. 휴가 나오면 가족에게 손 벌려야 하고, 제대 뒤 복학하거나 취업하려면 막막하기만 한 사병들에게 최소한도의 월급을 지급하는 것이 그렇게 불가능한 일일까?

이제는 우리도 모병제를 심각하게 고민해야 한다. 더구나 상류층의 병역비리가 연일 방송과 신문을 장식하면서 현역으로 복무했고, 복무하고 있고, 또 앞으로 복무해야 할 사람들의 상대적 박탈감은 극에 달했다. 이런 처지에서는 징병제가 갖고 있는 장점은 전혀 살릴 수 없다. 모병제를 채택하면 물론 초기에 돈이 많이 들 것이다. 그러나

우리는 이제 징병제의 낭비도 생각해야 한다. 한창 학업에 정진하거나 생산활동에 종사할 나이의 청년들을 26개월 간 군에 잡아두는 것은 국가경제적인 면에서 매우 불합리하다는 것은 두말할 필요가 없다. 우리는 70만 명에 육박하는 대군에다 300만 명의 예비군, 500만 명의 민방위를 갖고 있다. 인해전술을 쓸 게 아니라면 이런 방대한 규모를 유지할 까닭이 없다. 현대전에서 병력 수가 중요한 것이 아니라는 사실은 초등학교 학생들도 다 아는 상식에 속한다.

1980년부터 1995년 5월 말까지 15년 5개월 동안 군복무 중 사망한 사람은 자살 3,263명, 폭행치사 387명 등 모두 8,951명에 이른다. 1990년대 후반 들어 사망자 수는 많이 줄었지만 아직도 1996년 330명, 1997년 273명, 2000년 182명 등으로 평균 200~300명 선에 육박한다.

청년실업 문제와도 연관

군당국이 안전사고를 줄이려 많은 노력을 기울임에도 사고가 끊이지 않는 이유는 무제한적인 공급이 가능한 징병제 아래서 사병들의 '인간으로서의 가치' 가 충분히 보장받지 못하기 때문이다. 사병들에게 정당한 월급을 지급함은 '신성한 군복무' 를 수행하는 사병들의 인간적 존엄성을 회복하는 첫걸음이 될 것이다.

현역으로 군에 복무한 적이 있는 사람들은 지긋지긋하게 땅을 파고, 사회에서라면 상상하기도 힘든 의미 없는 사역에 동원된 기억이 많을 것이다. 1960~70년대에 비해 크게 개선되기는 했지만, 과거 사단장쯤 되면 백만장자도 상상하기 힘들 정도의 많은 병력을 관사에서 부릴 수 있었다. 만약 사병들에게 최저임금 수준의 월급이 지급되면 사병들을 무의미한 사역에 동원하는 일 따위는 당연히 사라질 것이다. 이는 병력의 합리적인 운용에도 큰 도움이 된다.

최근 문제가 되고 있는 청년실업의 문제, 특히 고졸실업의 문제는 군대문제와 밀접한 관계가 있다. 의무적인 군복무가 청년들의 실업을 방지하는 효과를 갖고 있다는 주장도 있지만, 취업하자마자 일할 만하면 군대 가야 하는 사람들을 정당한 조건에 기꺼이 채용할 고용주는 별로 없을 것이다. 더군다나 학력을 과도하게 반영하는 사병 선발 기준에 따라 고등학교 중퇴 이하의 학력을 가진 이들은 군대에 가고 싶어도 가지 못하고, 또 사회에서의 취업 기회도 마땅치 않다.

필자가 몸담고 있는 양심에 따른 병역거부권 실현운동이 이 땅에서 넘어야 할 산은 많지만, 가장 어려운 문제는 국방부나 한국기독교총연합회 등의 반발이 아니다. 오히려 더 큰 어려움은 현역으로 복무한 사람들의 상대적 박탈감이다. 그리고 이 박탈감은 너무나 정당한 이유가 있다. 문제는 분노의 대상은 평생을 전과자로 살 각오를 하고 양심의 명령에 따르기로 한 병역거부자들이 아니라, 불합리하고 불공평한 제도와 그런 제도를 강요해온 대한민국 정부가 되어야 할 것이다.

정약용도 두손 두발 다 들다

_병역기피의 사회사 1

이회창씨의 아들 정연씨의 병역면제를 둘러싼 의혹으로 온 나라가 시끄럽다. 어떤 사람들은 또 그놈의 병풍을 꺼내 재탕·삼탕하고 있다고 볼멘소리를 한다. 그러는 와중에 18년 만에야 진실이 밝혀진 허원근 일병 사망 은폐·조작 사건은 우리의 가슴을 친다. 신의 아들은 형제가 군대를 면제받는데, 어둠의 자식은 라면 맛이 없다고 총 맞아 죽고, 그 죽음조차 자살로 은폐되어야 하다니. 병역기피 문제가 나올 때마다 많은 사람들, 특히 현역으로 복무한 사람들은 속된 말로 꼭지가 돈다. 아니, 돌 수밖에 없다. 군대 갔다온 사람들만 바보가 되는 사회에서 '자랑스럽게' 군대 빼먹은 이들을 위해 3년 가까운 세월을 썩어야 했다니.

조선시대, 번상(番上)과 봉족(奉足)

인류의 역사가 기록된 이래 군대가 없었던 적은 없다. 군대의 역사만큼 역사가 오랜 것이 병역기피의 역사다. 군에 복무하는 것이 하나의 신분적 특권이고, 군복무에 대한 대가가 정당하게 주어지는 사회에서는 병역기피가 심하지 않았지만, 부담만 있고 개인에게 돌아오는 것이 불이익뿐인 사회에서 병역기피나 거부가 없었다면 오히려

담뱃대를 문 조선시대 양반. 조선 후기 신분제의 문란 속에 양반 인구가 전체의 40%가 넘는다는 통계가 나온 것도 다 군역기피자들 때문이다.

이상한 일이다. 병역기피에도 뿌리 깊은 역사가 있다.

고대사회에서는 귀족이 전사계급이었기 때문에 귀족들의 군복무는 당연한 일이었다. 서양에는 이런 전통이 남아 있다보니 지배층 젊은이들이 군복무를 해야만 지배층의 일원으로 인정받는다. 흔히 노블리스 오블리제, 즉 지도층의 의무를 이야기할 때 군복무가 꼽히는 것도 그 때문이다. 우리나라도 삼국시대까지는 이와 비슷했다고 할 수 있다. 그러나 고려가 창건되고 사회가 안정화되면서, 고려의 지배층은 무신 성향을 버리고 유학을 배우는 문신귀족으로 변화했다. 고려의 문신귀족들은 점차 숭문천무(崇文賤武), 즉 문을 숭상하고 무를 업신여기는 풍조에 빠졌다가, 무신과 군인들의 반발을 자초해 무신의 난이라는 호된 대가를 치른다. 고려시대에 군인은 전시과 체제 아래 편입되어 군인전(軍人田)을 지급받았다. 군역과 함께 군인전은 세습되었기 때문에 군인전을 부여받고 군인으로 나가는 특정집단이 형성되었는데, 이들을 군반씨족(軍班氏族)이라고 했다. 이들의 지위는 문신이나 무신에는 못 미치지만, 평민 농민보다는 높았다고 할 수 있다.

그러나 평화가 계속되면서 군인들은 각종 토목공사에 동원되는 천역으로 변해갔고, 군인전도 제대로 지급되지 않았다. 이런 상황에서 군반씨족 체제의 와해는 불가피했다. 무신의 난 이후 정권을 잡은 최씨 가문은 삼별초를 만들었는데, 형식은 정부군이었지만 내용으로는 최씨 가문의 사병(私兵)이었다고 할 수 있다. 삼별초가 해체된 뒤 왜구의 침략 등 외침이 있으면 농민 가운데 병사를 징발해 대응하고 전쟁이 끝나면 군대를 해산했다. 상비병 체제의 붕괴 속에서 고대 병농일치의 군사제도로 돌아간 것이라고 할 수 있다.

조선 창건 이후 태종은 개국공신들이 두었던 사병을 혁파하고 군제를 개혁했다. 조선 전기의 군제는 기본적으로 병농일치에 입각한 국민개병제로, 신분의 고하를 막론하고 천인을 뺀 모든 사람들이 군역(軍役)의 의무를 지도록 되어 있었다. 조선시대의 군역은 16살에 시작해 환갑상을 받을 때가 된 60살에야 면하는, 평생에 걸쳐 짊어져야 하는 무거운 부담이었다. 병농일치의 국민개병제가 원활히 운영되기 위해서는 농민들에게 토지가 지급되어야 한다. 그러나 불행히도 조선왕조는 농민들에게 토지를 분급해줄 수 없었다. 따라서 조선의 국민개병제는 성립과 동시에 붕괴되기 시작했다. 조선시대의 군역은 서울로 올라와 현역으로 근무하는 번상(番上)과 번상하는 군인의 생계를 돕는 보인(保人) 또는 봉족(奉足)으로 구분된다. 고려시대에도 봉족을 두었는데, 고려의 봉족은 주된 임무가 군인전을 경작하는 것인 데 비해, 조선시대의 봉족은 번상을 하는 정군(正軍)들에게 토지가 지급되지 않았기 때문에 포(布)를 바쳐야 했다. 봉족들이 군역으로 바쳐야 하는 포는 정군의 역종에 따라 달랐지만 대체로 1년에 2필(돈으로는 2량, 쌀로는 6두)로 상당히 무거웠다. 시간이 흐름에 따라 번상하는 일도 점차 포를 바치는 것으로 바뀌어 국방력은 매우 약화됐다.

승병은 군역기피의 전통?

양반이나 공신의 자제들은 조선 초기에는 충순위(忠順衛)·충의위(忠義衛)·충찬위(忠贊衛) 등 특수한 성격의 보충대에 편입되었다. 이들 부대들은 군사적 성격보다는 문무과에 합격하지 못한 자들이 관직에 진출하기 위한 대기소 역할을 하는 것으로써, 국민개병제의 본래의 취지와는 거리가 멀었다. 그래도 조선 초기의 양반 자제들은 이런 식으로나마 군역의 의무를 졌다.

조선의 법제상 양반이란 신분의 개념이 아니라 문반과 무반의 관료를 뜻하는 것이며, 법제상의 신분은 양반을 포함한 양인과 천민만을 구분하는 양천제(良賤制)였다. 그러나 이 제도는 하나의 이상이었을 뿐, 시간이 흐르면서 양반은 특권귀족화하였다. 양반들은 자신들이 일반 평민들이 져야 하는 군역을 지는 것을 달가워하지 않았다. 아니, 달가워하지 않은 정도가 아니라, 군역을 지지 않는 것을 양반의 상징으로 여기게 되었다. 조선 초기의 인구 구성에서 양반이 10% 미만이고, 노비 등 각종 천민이 40~50% 정도인 점을 감안하면, 전체 인구의 절반만이 군역을 전담한 것이다.

포 2필이라는 만만치 않은 군역을 거의 평생 져야 하니 농민들 사이에 군역을 피하는 일이 일반화되었다. 엄격한 신분제 아래서 양인의 신분은 노비보다 높았다. 그러나 군역의 부담이 무겁다보니 양인의 신분을 스스로 포기하고 세도가나 힘있는 양반 가문의 노비가 되는 것을 자원하는 일이 많았다. 스스로 노비의 길을 택해야 할 만큼 군역의 부담은 무거운 것이었다. 또 하나의 방법은 승려가 되는 길이었다. 조선시대 승려의 지위는 고려시대와는 달리 천인에 속하는데, 양인인 농민이 사회적 신분을 낮춰 승려가 되는 데는 불심의 발동보다 군역의 무서움을 피하기 위한 것이 더 중요한 요인이었다. 농민들이 군역을 피하기 위해 승려가 되는 일이 보편화되었기 때문에 승려들은 국가에서 토목공사에 동원하는 요역 대상이 되었고, 임진왜란 당시 승병이 출현한 것도 호국불교의 전통보다 국가가 승려집단이 군역기피자의 소굴이라는 인식을 가졌던 사실과 더 관련이 깊다. 이도저도 안 되는 농민들은 도망을 쳐서 군역을 모면했다. 또 당시에는 대립(代立)이 공공연히 인정되어 돈 있는 사람은 자기가 번상해야 할 차례에 돈을 주고 다른 사람으로 하여금 현역 근무를 하게 했다.

양인들 가운데서 그래도 여건이 좋은 사람들은 향교에 입학하는 것으로 군역을 피했다. 해방 이후 대학생에게 징집을 연기해준 것과 마찬가지로, 조선에서는 향교에 입학해 교생(校生)이 되면 군역을 면제해주었다. 여기서 특기해야 할 점은 서양과는 달리 유교문명권에서는 평민도 여건이 허락되면 교육받을 수 있었다는 점이다. 그래서 평민 가운데도 드물기는 하지만 문과나 생원, 진사과에 합격하는 사람이 나오기도 했다. 그렇지만 향교의 교육 기능은 매우 취약했다. 이미 중종대에 이르면 당대의 권신 김안로(金安老)가 향교는 군역을 피하려는 자의 소굴이라고 개탄했을 정도로 향교는 교육적 기능을 상실했다. 더구나 군역면제의 특권이 있는 양반들은 평민들이 군역을 피하려고 득시글대는 향교에 자제들을 보내는 것을 치욕으로 여겼다. 17세기 이후 사교육기관인 서원이 발달하고, 공교육기관인 향교의 교육 기능이 붕괴한 것도 군역제도와 깊은 관련이 있다.

갓난아기도 군역, 죽은 사람도 군역

임진왜란 이후인 인조대에 이르면 전국의 교생 수가 4만 명을 넘었다. 교생들이 향교에 적을 두는 이유가 유학 공부에 있는 것이 아니라 군역기피에 있었고, 평생을 교생으로 있으면서도 글 한 줄 읽을 줄 모르는 사람이 수두룩하다는 것을 잘 알고 있었다. 정부는 낙강충군법(落講充軍法)이라는 것을 제정해 일정한 시험을 통과하지 못하면 교생들에게도 군역을 지게 하는 방안을 세우려 했다. 그러나 아직 향교에 빈한한 양반 자제들이 적지 않게 다니는데다가, 군역을 지느냐의 여부가 양반층의 신분의 상징이 되어버린 마당에 이 법을 시행하는 것은 곤란했다. 결국 "민심은 잃어도 좋으나 선비들의 마음을 잃어서는 안 된다"(民心可失 士心不可失)라는 명분 아래 이 법은 시행 6개월 만에 폐지되었다.

효종은 청나라의 침략에 굴복한 치욕을 씻기 위해 북벌에 힘을 기울였다. 민족주의적 관점을 가진 사람들은 북벌을 높이 평가하기도 하지만, 이 당시의 군비 확충은 농민들에게 큰 부담이 되어 이른바 양역변통(良役變通)의 논의를 낳았다. 여기서 양역이라 함은 곧 군역을 말하는 것으로, 양반들이 군역을 지지 않아 양인들만 지게 된 사정을 반영한다. 복잡한 논의를 다 소개할 수는 없지만, 과도한 군역 부담을 근본적으로 개혁하는 유일한 방안은 양반을 포함한 모든 가호에 군포를 부과하는 호포법(戶布法)을 실시하는 데로 모아졌다. 그러나 군역을 지지 않는 것을 신분의 상징으로 여기던 양반들은 이 제도에 완강하게 반대했다.

영조는 호포법이 실시되면 자신이 가장 먼저 호포를 바치겠다고 선언하며 양반들의 양보를 촉구했으나, 양반들은 한치도 물러나지 않았다. 결국 호포법은 시행되지 못하고 대신 균역법(均役法)이 시행되었다. 균역법은 종래 포 2필인 군역의 부담을 1필로 반감하는 조치였다. 균역법은 호포법만큼 강력하지는 못했어도, 잘만 시행되면 농민들의 부담을 크게 줄일 수 있는 방안이었다. 그러나 균역법은 새로운 문제를 낳았다. 세율을 줄인 대신, 세원을 넓히고자 한 정부는 군적에 올라 군역을 져야 하는 사람들의 총원인 군액(軍額)을 크게 늘린 것이다. 영조의 아버지인 숙종대에 30만이던 군액은 영조대에 이르면 50만으로 크게 늘어났다.

조선 후기에 이르면 흔히 삼정(三政)의 문란이란 말을 많이 쓴다. 삼정이란 정부 수입의 근간을 이루는 것으로, 토지세인 전정(田政), 군역을 포(布)로 받는 군정(軍政), 정부의 구휼미 제도로 사실상 고리대금업이 돼버린 환곡(還穀)을 말한다. 이 가운데서 가장 무거운 부담이 군정이었다. 균역법의 시행으로 세율은 낮아졌지만, 세원을 확대하다보니 16살 이상 60살 이하의 장정이 아니더라도 군역의 부담을 져야 했다. 갓난아이도 군적에 올려 군포를 부과하는 황구첨정(黃口簽丁), 이미 죽은 사람도 살아 있는 것으로 꾸미거나 체납액을 이유로 군적에서 삭제해주지 않고 가족들로부터 계속 군포를 거둬가는 백골징포(白骨徵布), 도망간 사람의 군포를 친척이나 이웃에 부과하는 족징(族徵)·인징(隣徵) 등은 군역이라는 이름 아래 농민들을 쥐어짜는 고전적 수법이었다. 견디다 못한 농민들이 도망갈수록 남아서 땅 파고 있는 농민들의 부담은 더욱 무거워질 수밖에 없었다.

"학질은 떼도 첩역은 못 뗀다"

또 조선 후기에는 군제가 복잡해지면서 농민들도 자신이 어떤 군영의 군역을 지는지 알 수조차 없었다. 그러다보니 중앙의 이 군영, 저 군영이, 또는 지방의 군영에서 각각 군역을 부과해 한몸으로 여러

곳에 군역을 져야 하는 첩역(疊役)의 폐단도 자주 일어났다. 때문에 농민들은 학질은 뗄 수 있으나 첩역은 뗄 수 없다고 탄식했다.

농민의 부담이 이렇게 무겁다보니 아전들에게 뇌물을 바쳐 군역을 면제받으려는 사람들은 자꾸 늘어났다. 아니, 아전을 탓할 것이 아니라 중앙정부에 더 큰 책임이 있다. 임진왜란 이후 정부는 부족한 국가재정을 충당하기 위해 납속책(納粟策)을 써서 곡물이나 돈을 바치는 사람들에게 벼슬을 팔았다. 벼슬 임명장인 교지에 이름을 비워놓은 것이 이른바 공명첩(空名帖)인데, 이 벼슬을 산 사람은 호적에 납속, 즉 돈으로 산 것임을 밝혀 군역을 면제받지 못하도록 했다. 그러나 이런 규정이 지켜질 리 없었다. 돈 주고 공명첩을 살 정도의 재력가라면, 아전

벼슬을 산 사람은 군역을 면제받지 못하도록 중앙정부가 곡물이나 돈을 받고 판 공명첩. 그러나 별 실효를 거두지 못했다.

들에게도 돈을 먹여 호적에 납속 두 글자를 빼고 기록하는 것은 너무나 쉬운 일이었기 때문이다. 또 가난한 양반들은 조상이 받은 여러 장의 교지 가운데서 중요한 것만 남기고 나머지를 팔아먹고, 이를 산 사람은 교지의 주인공이 자기 조상이라 우기고, 또 족보를 위조하고 해서 조금 힘 있는 사람들은 다 군역을 빼먹었다. 이렇게 아버지와 할아버지를 바꿔가며(換父易祖) 얻은 양반 지위는 실제 양반사회에서 양반으로 대우받을 수 없었지만, 국가를 상대로 군역을 면제받는 데는 아무런 문제가 없었다. 조선 후기 신분제의 문란과 관련해 호적을 분

석해 양반 인구가 전체 인구의 40%가 넘는다는 통계가 나오는 것도 다 이들 군역기피자들 때문이다.

그러면 호적을 정리하고 인구를 파악해 군정을 닦는 군정수(軍政修)를 해 이를 바로잡아야 하지 않았을까? 다산 정약용은 『목민심서』에서 비꼬는 말이 아니라 진지하게 차라리 그대로 두는 것이 더 좋다고 말했다. 아전이라는 것들은 일이 없으면 먹을 것이 없고, 일이 있어야 먹을 것이 생기니, 군정을 닦는다고 호적을 재정리하면 아전의 이익이 될 뿐 오히려 농민에겐 부담이 될 뿐이라서, 군정수는 현명한 수령이 할 짓이 못 된다는 것이었다. 다산 같은 철저한 개혁가도 어디서부터 손대야 할지 모를 정도가 된 것이다.

천민의 다수가 조선 후기에 가면 양인에 편입되었다고는 하지만, 어떤 사회도 특권층이 40%를 넘는다면 유지될 수 없다. 경제적·사회적 형편이 좋은 상위 40% 정도가 군역을 지지 않고, 또 노비 등 천민들을 빼고 나니 중하위층 30, 40%의 양민들만 군역을 부담하게 된 것이다. 정약용이 '애절양'(哀絶陽)이란 끔찍한 시를 쓴 것은 이런 상황에서였다. "시아버지 돌아가 벌써 상복을 벗었으며/ 갓난아기 배냇물도 안 말랐는데/ 3대의 이름이 첨정되어/ 군보에 올랐네/ 하소연하러 가니/ 호랑이 같은 문지기 지켜 섰고,/ 이정(里正)이 호통치며/ 외양간에서 소마저 끌어갔네/ 칼 갈아 방에 들어가/ 자리에 피 가득한데/ 스스로 한탄하는 말/ 애 낳아 이 고생당했구나." 이리저리 다 군역을 피하는데, 그럴 힘도 주변머리도 없는 불쌍한 농민이 군역의 부담을 견디다 못해 자신의 성기를 자른 것이다. 피임수술도 기구도 없던 시절, 아이 하나 더 태어나면 군포 2필씩 부담이 되니 그곳에 칼을 댄 것이다. 정력에 좋다는 것은 모두 다 잡아먹어 멸종위기에 빠뜨린 정력공화국 대한민국의 아아, 가련한 조상의 끔찍한 군역기피여!

보수적 대원군조차 실각시킨 호포법

1862년 대기근이 들고 삼남지방은 흔히 민란이라고 하는 농민들의 항쟁에 휩싸였다. 삼정의 문란, 특히 군정의 문란은 농민항쟁의 직접적 원인이었다. 대원군이 집권한 것은 안으로는 거센 농민항쟁에, 밖으로는 서양의 동아시아 침략에 직면한 상황에서였다. 안팎으로 조여오는 위기상황에서 대원군은 나름대로 강력한 지도력을 발휘해 국가의 재정을 튼튼히 하고, 국방력 강화에 힘을 기울였다. 보수적 개혁가인 대원군의 여러 정책 가운데서 군역과 관련된 것은 17세기 말부터 양역변통 논의 때마다 대안으로 제기됐으나 양반들의 저항으로 시행되지 못한 호포법의 시행이다. 보수적 실용주의자인 대원군은 정부의 재정을 확충하기 위해 양반들의 반대를 무릅쓰고 호포법을 시행했지만, 결코 양반들의 신분적 특권을 약화하려는 생각을 하지 않았다. 그는 군포를 부담하지 않는 것을 신분의 상징으로 여기던 양반들의 입장을 고려해 양반가에서 호포를 낼 때는 노(奴)의 이름으로 내게 했다. 그럼에도 양반들은 대원군을 용납하지 않았다. 병인양요 · 신미양요 등 두 차례에 걸쳐 프랑스와 미국 함대를 '격퇴'(당시에는 그렇게 생각했다)하고, 강력한 쇄국정책으로 보수적 양반의 지지를 받은 대원군이 실각한 결정적 요인은 민감한 호포법의 시행, 곧 양반들이 자신의 신분적 특권의 상징이라 여기는 군포를 부과시켰기 때문이다.

조선은 초기에는 국민개병제를 표방해 양반들도 군역을 져야 했지만, 세월이 흐르자 군역면제는 양반의 특권으로 자리잡았다. 이회

창씨 일가의 병역면제 의혹을 둘러싸고 많은 사람들이 노블리스 오블리제를 거론한다. 그러나 불행히도 유교가 뿌리내린 근 천년의 세월 동안 우리나라 지배층의 덕목에 군복무는 포함되지 않았다. 일반인과 똑같이 군역을 지는 것은 오히려 치욕적인 일이었다. 조선시대였으면 상류층의 병역면제는 전혀 문제가 될 일이 아니다. 그런 면에서 이회창 후보는 시대를 잘못 만난 불행한 지도자다. 그러나 한 가지 기억해야 할 것은 조선시대의 지배층에 노블리스 오블리제가 없었던 것이 아니라는 점이다. 이런 유의 글을 쓰다보면 당연히 지배층에 대해 비판적일 수밖에 없지만, 조선시대의 지배층들은 나름대로 매우 엄격한 자기관리의 잣대가 있었다. 엄청난 문제점을 안고 있었음에도 조선왕조가 500년을 버틸 수 있었던 이유를, 당시 지배층이 그들 나름대로 엄격한 책임감으로 사회를 지탱해왔다는 점을 떠나서는 생각할 수 없다. 그것을 선비정신이라 부르든 유교 지식인들의 자기성찰이라 부르든 불행히도 오늘날의 상류층은 그런 전통사회 지배층의 책임감과는 전혀 무관하다. 그렇다고 무(武)의 전통을 이은 서구의 노블리스 오블리제를 체현하는 것도 아니다. 이 땅의 주류는 정녕 어디에서 와서 어디로 가려 하는가?

상아탑은 병역비리탑?

우리나라에서 징병제가 처음 실시된 것은 일제강점기 말기인 1944년이었다. 대한제국 시기 부국강병책의 일환으로 징병제를 도입하자는 논의가 일각에서 제기됐으나, 1894년 농민전쟁의 홍역을 치른 고종은 농민들에게 무장을 쥐어주는 일을 극력 피하여 실현을 보지는 못했다.

일제치하 땐 독립운동의 수단으로

대한제국 시기나 일제강점기에 이르러 일제의 폭압에 눌려 징병제에 대한 조직적인 저항이 일반화되지는 않았지만, 상당한 수준의 병역기피와 저항이 있었음을 잊어서는 안 된다. 실제로 국내에서 징용이나 징병을 피해 도망친 청년들이 곳곳에서 산속으로 들어가 집단을 형성하고 반일무장투쟁을 준비하는 일은 드문 일이 아니었다. 1944년 경상북도 경산 경찰서에서 적발한 사건을 보면 징용을 기피한 청장년 27명이 산에 들어가 결심대(決心隊)라는 단체를 조직하고 식량과 죽창, 낫 등의 무기를 휴대하고 산속에 숨어 있었다. 일제의

제도가 실시된 한국전쟁 중에 각 도에 하나씩 만들어진 전시종합대학. 대학생에 대한 징집 보류제도도 실시되었기 때문에 이 제도는 상상 이상으로 악용됐다.

징병이나 징용을 거부한 청년들이 입산하여 조직을 결성하고 일제에 대해 무장항쟁을 준비한 대표적인 사례로는 한국전쟁 시기의 빨치산 지도자로 유명한 남도부(南道富, 본명은 河準洙)가 지리산에서 조직한 보광당(普光黨)을 들 수 있다.

일본의 중앙대학 법학부를 다니던 하준수는 학도지원병제가 발표되자 이를 거부하고 귀국하여 친구인 노동무와 함께 고향 근처인 지리산으로 숨어들었다. 당시 지리산에는 징용·징병을 거부한 청년들이 300명 가량 숨어 있었는데 하준수는 이들을 중심으로 1945년 3월 동지 73명을 모아 보광당을 조직하여 일제의 전쟁수행을 방해하고,

장차 연합군이 조선에 상륙할 경우 이에 호응할 수 있도록 군사훈련을 실시했으며, 무기를 입수하기 위해 인근의 경찰주재소를 습격하기도 했다.

또 일제에 의해 일단 학병이나 징병으로 끌려간 젊은이들 중에 목숨을 걸고 일본군을 탈출하여 임시정부나 화북조선독립동맹 등 중국 본토에서 활동하는 독립운동단체에 가담한 이들도 많았다. 광복군은 이들을 기반으로 창설된 것이고, 이런 젊은이들을 받아들임으로써 독립동맹의 조선의용군도 크게 발전했다. 즉, 이 시기의 병역기피나 탈영은 독립운동의 주요한 수단이었다. 한편 여호와의 증인들이나 제7안식일예수재림교 등 대한민국 정부 수립 이후 양심에 따른 병역거부나 집총거부를 실천해와 박해받은 교파의 신자들은 일제강점기에도 자신들의 종교적 양심에 따라 징병을 기피했다.

이 당시 악질 친일파들은 학병이나 징병에 응할 것을 일반 청년들에게 권유하면서 자기 자식을 앞장서서 전선으로 보내기도 했다. 대표적인 예가 민생단 창립의 주역으로 뒤에 조선총독부 중추원참의를 지낸 조병상(曺秉相)이다. 그는 두 아들을 모두 일제의 총알받이로 내보내면서 총독부 기관지 〈매일신보〉와의 인터뷰에서 "이번 학도특별지원병 제도는 조선에 있어서 상류계급 사람들의 애국심을 저울질하는 중대한 시금석"이라고 기염을 토했다. 입만 뻥끗 하면 안보요 애국이요 반공을 내세우면서 자기 자식들은 죄다 군대를 빼먹게 한 모모씨들에 비하면 조병상은 비록 악질 친일파지만 자기 나름대로 엄격한 도덕적 의무를 수행한 것으로 보아야 할까, 아니면 피도 눈물도 없어 자신의 지위를 유지하기 위해 아들을 사지로 몰아넣은 형편없는 부정(父情)의 소유자로 보아야 할까?

악질 친일파들의 도덕적 병역의무?

중국의 마오쩌둥 주석의 아들이 인민지원군으로 참전했다가 전사했고, 유엔군 사령관 밴플리트 대장의 아들도 한국전선에서 실종되었다. 그러나 한국의 고위공직자 아들들이 전선에 나갔다는 이야기는 과문이지만 들어본 적이 없다. 국군의 전신인 조선국방경비대의 초대 사령관이자 이승만 정권의 막후 실력자인 원용덕은 아들이 육사를 마치자 동기생 150명 전원이 전선에 투입될 때 자기 아들만 자신이 사령관으로 있는 헌병 병과로 빼돌려 후방에 배치해 빈축을 샀을 뿐이다.

제도가 바로 서지 못할 때 합법적인 병역면제나 병역연기와 불법적인 병역기피의 차이는 불분명해진다. 한국전쟁 기간 중 군대에 가는 것은 목숨을 잃을 가능성이 컸고, 또 국민방위군 사건 등이 널리 알려지면서 군에 가서 전사하는 것이 아니라 굶어죽고 얼어죽을 수 있다는 것 때문에 병역기피는 상당히 광범위하게 퍼졌다. 이 당시 병역기피의 주된 통로는 대학에 들어가 징집연기를 받는 것이었다.

그 당시 고려대학교 총장을 지낸 유진오 박사는 "총탄이 마구 날아오는 전시 중에 징집제도가 비로소 실시되고 그에 따라 대학생에 대한 징집 보류제도도 실시되었기 때문에 이 제도는 상상 이상으로 악용되어 크나큰 폐단을 자아내게 되었던 것이다. 이 제도는 마치 휘발유를 뿌려놓은 벌판에 성냥불을 켜댄 것 모양으로 우리나라의 대학들을 눈 깜짝할 동안 혼란의 구렁텅이로 떨어져 들게 했다"고 평가했다. 그 당시는 "대학다운 시설도 교수진도 없이 문교부로부터 특허받은 대학의 간판만 붙여놓고 앉아 있으면 수천 명의 학생이 삽시간에 모여"들었다. 당시 사립대학들은 이를 기회로 청강생·보결생 등

정원 외 입학을 마구 받아들였고, 당국은 이를 묵인했다.

1950년대는 사립대학의 황금시대, 그것도 그냥 황금시대가 아니라 '동화적 황금시대'였다. 5·16 군사반란으로 군사정권이 들어서고 대학정비를 단행한 직후인 1962년에도 대학생 수가 정원의 175%였던 것을 보면 1950년대 정원 외 입학이 얼마나 성행했는지를 알 수 있다. 상황이 이렇다보니 병무행정 담당자는 물론이고, 사립대학 관계자까지 대학이 병역기피자의 소굴임을 인정하지 않을 수 없었다. 1950년대 과도한 교육열에서 대학진학이 병역기피 수단이 된다는 점은, 그것이 전부는 물론 아니지만 분명히 아주 중요한 요인으로 작용했다. 이런 분위기의 최대 수혜자는 사립대학이었다. 사립대학을 감독할 능력도 의지도 없던 문교당국의 철저한 방임 아래 대부분의 사립대학은 정원 외 입학을 받아 그 돈으로 건물을 지었다. 단기적으로는 병역기피의, 장기적으로는 출세의 사다리로 대학을 바라보면서 사람들이 몰려들자 농촌에서는 소를 팔아 아들들을 대학에 보냈다. 대학이 학문의 전당인 상아탑이 아니라 우골탑(牛骨塔)이라는 비아냥거림이 나오고, 대학망국론이 대두된 것도 다 이때의 일이다. 이처럼 사립대학이 급성장하고 사학비리가 만연하게 된 일등공신의 하나는 병역기피였다.

병무행정의 근간이 되는 호적제도가 문란한 것도 병역기피를 제도적으로 조장했다. 분단으로 인해 이북 지역의 호적에 접근할 수 없게 된데다 전쟁 기간 중 많은 지역에서 호적이 손실·파손됨에 따라 임시호적·가호적을 만들었는데, 이를 통해 군대를 빼먹는 일도 빈발했다. 반대로 어떤 사람들은 호적 정리가 잘못되어 제대 뒤에 또다시 징집영장이 나와 두 번 군대에 갔다가 탈영하여 억울하게 전과자

가 되는 경우도 있었다. 한편 1953년부터 1966년까지 해외유학인정
선발시험을 통과해 해외로 유학한 사람은 모두 7,398명인데 이중 귀
국한 사람이 6%에 불과한 것도 상류층 자제들의 병역기피와 무관하
지 않다. 신생 독립국으로서는 엄청난 수준의 두뇌유출을 겪은 것이
다.

　이승만 정권이 몰락한 뒤 민주당 정권은 민심 수습 차원에서 병역
미필자에 대한 단속을 강화했다. 1960년 12월 말 정부는 제대군인이
150만 명에 병역기피자 10만 명, 그리고 탈영자가 12만 명에 달하는
것으로 추산했다. 정부는 또 21살 이상 30살 이하 공무원들의 병역사
항을 조사하여 1961년 3월 21일까지 모두 2,746명을 해임했다.

되풀이된 자진신고와 일제단속

　1961년 5·16 군사반란 직후인 6월 9일 군사정권은 내각 공고 제1
호로 병역의무 불이행자 자수신고기간을 설정하여 10일 간 24만 5천
여 명의 신고를 접수했는데, 기간이 짧았다 하여 이듬해 초 2차 신고
기간을 설정했다. 1, 2차 신고기간에 신고한 사람은 무려 41만 명에
육박하는 놀라운 숫자였다.

　그러나 1960년대 내내 병역기피가 줄어들지는 않았다. 자진신고
와 일제단속이 되풀이되었지만, 후속조치가 따르지 않았고 당국의
태도가 미온적이었기 때문이다. 병무청이 발행한 『병무행정사』는 수
차례의 자수신고기간 설정이 "어떤 면에서는 병역의무자의 병역기피
경향을 조장하는 듯한 느낌마저 없지 않았다"고 기술할 정도였다. 이
런 자진신고기간은 1969년 말에서 1970년 초에 걸쳐 세상을 떠들썩
하게 한 1차 병무비리 파동을 거친 뒤 1969년과 1970년 1, 2차에 걸

처 모두 7만여 명 기피자의 자진신고를 마지막으로 사라진다. 1968년 이후 병영국가 건설에 박차를 가하던 박정희 정권은 1차 병무비리 파동에 충격을 받고 병무행정의 일원화를 목표로 1970년 8월 국방부의 외청으로 중앙병무청을 신설하였다. 그러나 1972년 7월부터 다음 해 3월까지 제2차 병무파동이 일어나 병무청이 사직당국의 조사를 받았다.

병역기피에 대한 단속이 엄격하게 실시된 것은 2차 병무파동 뒤인 1973년부터다. 유신쿠데타 직후 정부는 그해 1월 '병역법 위반 등의 범죄처벌에 관한 특별조치법'을 제정하여 입영 및 소집기피자는 병역법상의 3년 이하의 징역에서 3년 이상 10년 이하의 징역으로 처벌을 크게 강화했다. 또 연기, 면제, 재영기간 단축에 따른 뇌물수수는 5년 이하의 징역에서 1년 이상 10년 이하의 징역으로 처벌을 강화했다. 한편 이 법은 행정착오를 빙자한 병무 부조리를 제거하기 위해 '병무직원이 위법한 판정이나 경정 처분, 허가를 하였을 때' 1년 이상의 유기징역에 처하도록 했다. 이 조항에 따라 병무청 직원들이 얼마나 처벌을 받았는지는 알려지지 않았지만, 적어도 논란이 되고 있는 이정연씨의 병적기록표처럼 수십 군데의 오기가 발생하는 것은 상상할 수조차 없는 일이다.

병역특례의 절정, 석사장교

박정희는 또 1973년 2월26일 대통령 훈령 34호로 '병무행정 쇄신 지침'을 내려 범정부 차원에서 '10월유신의 기본정신'을 받들어 "국민총화를 저해하는 각종 병무사범을 완전 근절하라"고 지시했다. 실제로 당국의 방침이 강화되면서 병역기피자는 1973년을 고비로 크게

줄어들었다. 1970년에는 3만4004명으로 전체 징병대상자의 13.2%
였던 기피자 수는 1973년 3월 이후 902명으로 0.3%, 1974년 234명
으로 0.1%로 줄어들었고, 1980~83년에는 매년 3~4명으로 0.001%
이하가 되었다. 1973년 이후 병역기
피자가 줄어들 수 있었던 것은 1968
년부터 주민등록증 제도가 실시되
고, 1976년부터는 병무자료가 전산
화되는 등 행정망이 크게 강화되었
기 때문이기도 하다. 병역기피자에
대한 단속이 강화되면서 1976년에
병무청은 병무부정이나 병역기피 등
의 낱말을 완전히 없애버리겠다고
기염을 토했다.

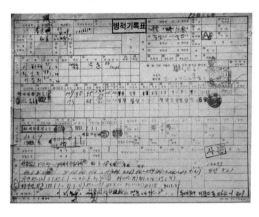

박정희 정권은 행정착오를 빙자한 병무 부조리를 엄격하게 처벌했다.
적어도 논란이 되고 있는 이정연씨의 병적기록표처럼
수십 군데 오기가 발생하는 건 상상할 수 없는 일이다.

또 박정희는 고위공직자나 재벌 등 상류층 자제의 병역의무 이행
에 대한 감시를 강화해 이들의 병적기록표에 '특'이라는 도장을 찍어
별도로 관리하게 했다. 이런 상황에서 상류층 자제들은 과거와 같이
무쪽 베어먹듯 병역의무를 빼먹는 것은 힘들어졌다. 대신 방위로 빠
지거나 군대에 일단 입대한 뒤 편한 보직에 배치받거나 의병제대나
의가사제대하는 방식을 취했다. 이런 특수층 자제에 대한 특별관리
에 대해 특수층들은 불만이 많았다. 그래서 이들은 끊임없이 이런 특
별관리를 철폐하려고 압력을 가했고, 마침내 1996년 국방부는 이런
특별관리가 상류층 자제에 대한 부당한 차별이라며 폐지하기에 이른
다.

유신 시기에 병역기피가 많이 줄어들었다고 해도 그것을 박정희

의 공적으로 볼 수는 없다. 왜냐하면 박정희는 민주주의를 파괴하고 병영국가를 건설하여 병역제도를 왜곡한 장본인이기 때문이다. 1968년 1·21사태 직후 박정희는 향토예비군을 창설했고, 현역의 복무기간을 30개월에서 36개월로 연장했다. 1950년대에 비해 인구는 거의 두 배나 늘어났는데 단축된 복무기간이 다시 늘어나자 병역 잉여자원이 엄청나게 발생했다. 이 문제를 해결하기 위해 박정희 정권은 방위나 전투경찰과 같은 제도를 만들어 이들을 흡수하는 한편, 각종 병역특례 제도를 만들었다.

즉, 병역의무의 형평성을 파괴하여 합법적으로 특혜받는 사람들을 양산하거나, 병역의 의무를 진 젊은이들을 정권연장의 도구로 삼은 것이다. 병역특례 제도가 특권층을 위한 수단으로 쓰인 것은 전두환 집권 이후 석사장교 제도가 도입되면서 절정에 달했다. 4개월 훈련에 2개월 전방실습만 받으면 예비역 소위로 제대하는 엄청난 특혜가 있는데 굳이 위험부담을 감수하면서 서류를 조작하거나 신검 판정을 위해 뇌물을 쓸 일도 없었던 것이다. 말 많은 이 제도는 전두환·노태우 두 군사독재자의 아들들이 혜택을 본 뒤 1990년 대학원 입학자들을 마지막으로 폐지되었다. 특수층 자제들이 합법적으로 큰 부담 없이 병역의무를 때울 수 있는 제도가 사라지면서 다시금 특수층 자제들을 둘러싼 병역비리는 고개를 들었다. 이 제도가 몇 년만 더 지속되었으면 오늘날의 병풍 의혹은 없었을 것이다. 이회창씨 부부는 자기 아들들만 특혜를 준 뒤 제도를 없애버린 군사독재자를 원망해야 할까?

자기 자식들은 군대를 빼먹게 하고 남의 자식들만 병역의 의무를 다하게 하는 특권층의 비도덕성과 그들이 저지른 불법행위는 마땅히

법적 처벌과 도덕적 규탄을 받아야 한다. 그러나 현재의 병역비리의 해법이 상류층의 도덕성 회복일 수는 없다. 왜냐하면 제도 자체가 엄청나게 잘못되어 있기 때문이다. 각종 병역특례 제도가 있고, 방위(지금은 상근예비역)처럼 단기 복무가 있고, 병역자원은 넘쳐나 부모가 조금만 '애를 쓰면' 현역으로 가서 고생할 필요가 없게 된 상황에서 병역비리가 발생하지 않는다면 이상한 일이다. 더구나 병역비리 사건이 터지면 졸부 몇 명만 처벌하는 시늉만 하다 말 뿐 아들은 병역면제, 부모는 처벌면제인데 왜 비리가 발생하지 않겠는가?

시민단체의 무관심도 중요한 요인

병역문제에 대해서는 시민단체가 좀더 많은 관심을 가져야 한다. 사병들의 복무 여건이 이 지경에 이른 데는 시민단체의 무관심도 중요한 요인이다. 지난해 인권운동가·평화운동가들 100여 명이 모인 자리에서 한번 물어본 적이 있는데, 현역으로 군복무를 마친 사람은 3명뿐이었고, 그나마 40대 중반에 접어드는 내가 가장 막내였다. 시민운동의 인적 충원이 학생운동을 통해 이루어지고, 1980년대 이후 학생운동가들이 군대 대신 감옥에 가야 했던 현실을 반영하는 것이기는 하지만, 놀라운 결과였다. 병역의무의 형평성을 유지하는 것은 나라의 장래와 젊은이들의 미래가 달린 일이다. 이 일은 시민사회 전체가 짊어져야 할 과제지만, 군대를 다녀온 민주시민들이 좀더 분발해야 할 일 아닐까? 재향군인회는 병역비리나 사병 인권에 대해 침묵하고 있으니, 민주재향군인회라도 만들어야 할까보다.

대한민국史 1

© 한홍구 2003

초판   1쇄 발행 2003년 2월 7일
초판 47쇄 발행 2019년 10월 1일
개정판 1쇄 발행 2025년 1월 20일

지은이 한홍구
펴낸이 이상훈
인문사회팀 최진우 김효진
마케팅 김한성 조재성 박신영 김애린 오민정

펴낸곳 (주)한겨레엔 www.hanibook.co.kr
등록 2006년 1월 4일 제313-2006-00003호
주소 서울시 마포구 창전로 70 (신수동) 화수목빌딩 5층
전화 02-6383-1602~3 **팩스** 02-6383-1610
대표메일 book@hanien.co.kr

ISBN 979-11-7213-210-1 03900